経済学で考える
人口減少時代の住宅土地問題

一般財団法人
土地総合研究所 編

山崎福寿
中川雅之 著

東洋経済新報社

刊行にあたって

一般財団法人土地総合研究所では、かねてより、土地・不動産にかかわる調査研究の推進を図るため、さまざまな取り組みを進めてまいりました。平成27年4月に発足した「不動産の流通に関する研究会」では、土地・不動産市場の課題について有識者からの所見を整理し、報告書や当研究所季刊誌「土地総合研究」などを通じて、その成果を広く一般に公表してまいりました。

こうした検討の過程で挙げられた課題の一つに、土地・不動産市場を中心に取り扱った教科書の不足があります。伝統的な都市経済学の教科書では、住宅土地問題がその内容の中心に据えられたものが少なく、また昨今の少子高齢化や人口減少社会の実態を反映した記述も限られています。本書は、この空白領域を埋めるものとして、当研究所が自主事業の一環で資金を拠出し、刊行するものです。

執筆をご担当いただいた山崎福寿先生、中川雅之先生には、この場をお借りしてあらためて御礼申し上げます。両先生には、最新の動向・議論を含む、住宅土地問題を取り扱った教科書をまとめていただくという趣旨のもと、特段の制限を設けず、自由にご見識をご披露いただきました。そのため、本書の内容は、当研究所や関係省庁の見解に合致するか否かに関係なく、両先生のオリジナルなお考えをまとめたものとなっています。

本書が土地・不動産分野を学ぶ学生のみならず、関係省庁職員や関係業界の方々にも有益なものとなることを期待しております。

令和2年7月

一般財団法人土地総合研究所
理事長　毛利 信二

はじめに

日本において現在進行している人口減少、少子高齢化、公共施設や住宅の老朽化などの現象はさまざまな分野で深刻な問題を引き起こしています。こうした問題にうまく対応するためには、個人はどのような準備をすべきでしょうか。また、社会はどのような仕組みを備えることが必要なのでしょうか。本書では、こうした問題を、標準的な経済学と行動経済学と呼ばれる新しい経済学を用いて考えます。

例えばみなさんは、どこかの家に住まなければなりませんよね。家は自分でそれを所有する「持ち家」と、家主に家賃を支払って借りる「借家」に分けられますので、家を決める際にはそのどちらにするかも決めなければなりません。「持ち家はやはり借家より得だよね。家を借りると家賃を払うだけで、あとで何も残らないからね」とか、「でも、借家のほうが気が楽だよ。だって住宅の値下がりを気にしなくていいもの」といった会話をよく耳にします。

しかし、この議論の結論は、「結局どうなの？」となって、答えはいつもうやむやになります。持ち家にするか借家に住むかは、人々にとって永遠のテーマです。住宅は一生に一度の買い物というくらい高額ですからなおさらです。本書では、こうした問題に標準的な経済学や行動経済学の知見を用いて、最終的な結論を導きたいと思います。

この問題の結論は、やはり「持ち家」が得です。しかし、その理由は冒頭で述べたものとは違います。持ち家が借家よりも有利なのは、借金をしても家を購入すれば、ローンを返したあとに家という財産が残るからではありません。キーワードは「情報の非対称性」です。その答えは本書にあります。

よく、「マンションはいつ買えばよいでしょうか」と聞かれます。「建て替え時期に来ているマンションは多くの問題を抱えるので、早めに売ったほうがよいでしょうか」という質問もあります。これについても本文で答えたいと思います。

それから多いのは、「住宅を購入するときに、新築にすべきですか中古にすべきですか」といった質問です。「住宅は一生に一度の買い物だから悩むね」という声もよく聞きます。こうした個人が直面する問題についても考えてみます。世界的にみると、住宅が一生に一度の買い物でない国もあります。米国では、住宅は頻繁に売買されて、何度も買い替えをするのが普通です。こうした住宅事情の違いはどこから生じるのでしょうか。この点についてもあとで考えます。

また、社会には持ち家をもてない人々がいます。住宅ローンを借りることができない人や資産のない人には、持ち家はもてません。もてる人と、もてない人の間には格差が発生して、生活にも無視できない不平等が生じます。これはどのように解決すべきでしょうか。本書で考えましょう。

少子高齢化に伴って発生する問題も扱います。郊外を中心にたくさんの空き家が発生して、大問題になっています。空き家によって発生する防災上や治安の問題は深刻ですが、なかなかよい解決策は見つかりません。しかし、解決策がまったくないわけではありません。

人口が減少すると、コミュニティが失われ、これまでのインフラも無駄になります。これを防ぐために、都市を集約することが政策的に求められています。これをコンパクトシティと言いますが、実現することはなかなか難しいことです。都市を拡大するよりも都市を縮小するほうが難しいのはどうしてでしょうか。このような非対称性をもたらすキーワードは「転用費用」と「分配問題」です。

少子高齢化や自然災害は、社会にさまざまな非効率性と不公平を生み出します。これらは仕方がないものかもしれませんが、少子高齢化や自然災害がもたらす望ましくない影響を緩和したり、解消したりする方法はないのでしょうか。

東日本大震災のような災害は、「何の予告もなく」「突然」その地域の人口や施設を失わせます。しかし、東日本大震災の際には復興のために国費が大量に投入されました。国費は税金や国債で調達されたものです。しかし、東日本大震災によって日本全体が被災したわけではありません。つまり、被災しなかった都市や地域の住民や将来世代から被災地に向けて多額の資金や資源の移転をしたことになります。

ところで、人々がいま直面している「人口減少」や「少子高齢化」「住宅やインフラの老朽化」は緩やかに進むため、一定の準備をもってそれを迎えることができるかもしれません。しかし、緩やかに進むために「何とかなる」という過度な楽観をもたらす結果、できるはずの準備をすることなく深刻な事態を招いてしまうかもしれません。

さらには、これは日本全体に共通する現象であるため、どこか他の地域からの資源の移転に期待することはできません。また、近い将来状況が改善する見込みをもつこともできないため、将来世代につけを回すことも適当ではないでしょう。そのような中で、どのようなことができるのかを、伝統的な経済学だけでなく、人間心理のくせを分析ツールに取り入れた行動経済学の考え方を用いて、みなさんと一緒に考えていきたいと考えています。

現在、新型コロナウィルスが、私たちの生活を大きく揺るがすほどの猛威を全世界で振るっています。専門家によれば、これが一段落しても、今後も新種のウィルスが次々に現れると予想されています。こうした感染症が私たちにとって脅威なのは、都市の集積という私たちの豊かさを保証する経済の重要な側面が、まさに感染原因になっているからです。

人口の集積には密集や混雑が副作用として付きまといます。こうした副作用を解消しつつ、都市の集積の利益を高める方法は、従来、経済学者によって提案されてきました。このような集積と混雑のバランスこそ、現在私たちが直面しているウィルス感染者を減らしつつ、経済回復を図るという困難な問題なのです。こうした対策についても考えるヒントが本書を通じて得られると思います。

こうした住宅と土地の問題を対象にして、経済学の考え方や、行動経済学を学びたい読者の役に立てればと思います。本書は、住宅問題や土地問題について興味をもっている一般の読者や学生が、こうした問題を考えるうちに、新しい経済学の考え方を学べるように配慮したつもりです。

最後にこの書籍の刊行にあたって著者からの謝辞を述べさせていただきます。日本大学経済学部助教の安田昌平さん、横浜市役所の寺山椋さん、日本大学経済学部の山浦悠一郎さんには、原稿をていねいに読んでいただきとても貴重なコメントを頂きました。（一財）土地総合研究所の白川慧一さん、著者の研究室の広畑順子さん、川久保久美さんには原稿の作成、チェックなどで面倒な作業をやって頂きました。ここに深く感謝申し上げます。

さらに、著者が本書で述べた見解は（一財）土地総合研究所の見解とは独立のものであること、および本書のもととなった研究は文部科学省科学研究費補助金（基盤研究A）（課題番号：18H03639）の助成を受けていることを申し添えます。

目 次

第3部

地域の持続性を支えるために考えなければならない住宅土地問題

第4部

ライフスタイル、ライフステージに合った快適な生活を支えるために考えなければならない住宅土地問題

序章

少子高齢化・人口減少時代の住宅土地問題とは何ですか？

1　本書の問題意識：どのようにして人々の住まいや都市は形成されたのでしょうか？　何が人々を待っているのでしょうか？

ほとんどすべての人が何らかの住宅に住み、家族の誰かが何らかの手段で通勤、通学をして、働き、学び、買い物をして生活に必要なものを手に入れる日々を過ごしています。そのような生活のスタイルは、都市という場で繰り広げられることがほとんどです。ここでの都市とは、多くの人々と企業が集積する地域のことで、それらがさまざまな機能を果たし、人々の暮らしを支えています。そしてこうした人々の暮らしや企業の活動には、政府が供給する道路や上下水道や公共的に管理された電力・ガスといったインフラが不可欠です。人々がいま生活している住宅や都市は、これまでどのようにして作り上げられたのでしょうか。過去を振り返ってみましょう。

図表序–1には、公的資本形成[1]というインフラ投資と住宅投資のGDP比が描かれています。これをみると、これまでにインフラ投資と住宅投資に関して大きな二つの山があることがわかります。一つ目の山は1960～1970年代を中心とした高度成長期に、二つ目の山はバブル期およびその崩壊後に景気対策が実施された時期（1980年代後半と1990年代）に訪れています。

1)　公的というのは政府が関与したという意味です。また公的投資形成は公的資本ストックを増加させます。

図表 序-1　住宅投資および公的資本形成のGDP比の推移（実質）

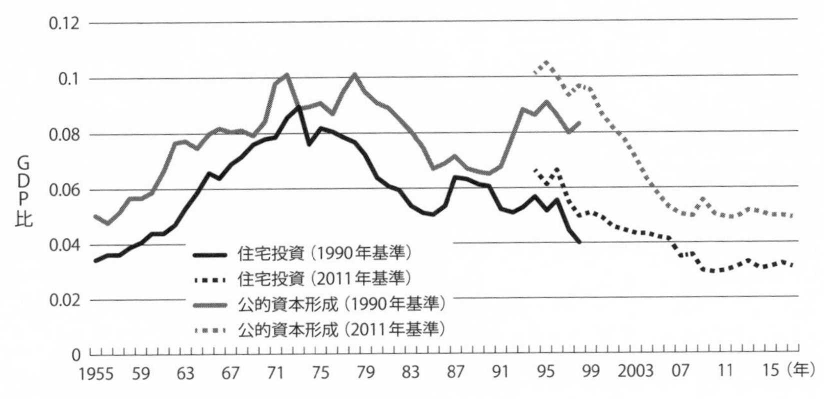

（注）住宅投資にも公的資本形成にも公的住宅が含まれています。
（出所）「国民経済計算年報」（内閣府）より作成。

ところで、人々の住まいや都市の形成期とも言える時代は、どのような時代としてとらえることができるのでしょうか。都市というのは一定の人口と産業の集積によって形成されますので、人口とくに労働者人口の変遷を調べてみましょう。まず人口動態からみてみましょう。図表序-2には、これまでの日本の人口の動きが年齢階級別（3分類）に記述されています。図表序-1および図表序-2から明らかなように、人々の住まいや都市が形成されたのは、総人口が急速に増加している時期であったことがわかります。またこの形成期は、付加価値を稼ぎ出す主体である生産年齢人口が増加し続ける時代でもありました。

あとでもう少しくわしく説明しますが、経済成長率の高い時期に自分たちの住まいとそれを支える都市を作り上げてきました。そのような時期にきわめて集中的に投資をすることで、人々は一定の豊かさを感じられるような住まいや環境を手に入れてきたと言えます。

その結果、現在では

①安全な生活

②効率的な生産活動のもとに実現した豊かな生活

③地域の持続性に支えられた安定的な居住

図表 序-2　日本のこれまでの人口推移と将来推計

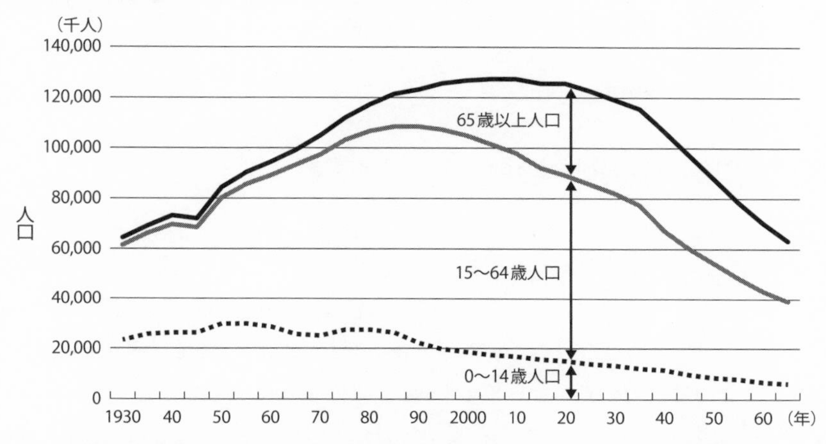

(出所) 総務省統計局資料 (http://www.stat.go.jp/data/nihon/02.html) (「国勢調査」(総務省統計局)、「日本の将来人口」(2018年推計) (国立社会保障・人口問題研究所)) より作成。

④快適な住まい

をある程度手に入れることができているのではないでしょうか。

これらを、人々が今後も維持向上したいと考える四つの目標と呼ぶことにしましょう。

さて「これから」はどうでしょう。注意したいのは、どんな住宅もインフラも耐用年数が存在するということです。つまり、一定の維持管理投資や更新投資を行わなければ、その質を維持することはできません。すでに注意したように、現在がこの時期なのです。

さらに、図表序-2から明らかなように、都市の形成期とはまったく異なる人口の動きが今後予想されています。つまり、日本は既に人口減少期に入っています。図表序-2からわかるように、1990年代後半から減少し始めた生産年齢人口を、まだ増加している高齢者人口が相殺しているため、いまは比較的緩やかな人口減少にとどまっています。しかし、2030年以降にはこの高齢者も減少するために、日本は一層急速な人口減少期を経験することが予想されています。

そのような人口動態を背景に、日本は大量のインフラや住宅の老朽化に直面することになります。果たして人々は、過去の人口の増加期と同様に、積極的なインフラ投資や住宅投資によって現在手にしている①〜④の望ましい生活を持続させることができるのでしょうか。

2　本書の構成と考えてみたいこと

本書では、前節で設定された①〜④の四つの目標について、生活の質を維持向上するために、いま起こりつつある住宅土地問題の何が問題なのか、それにどう対応すればよいのかを、経済学的な視点から考えてみようと思います。伝統的な経済学は合理的な個人を前提にして、さまざまな問題に対する回答を用意してくれる便利な道具です。しかし、合理的な個人という前提は、現実的な感覚と離れたものとなっていることも往々にしてあります。

本書では、論理的に現象を理解したうえで、現実的な解決策に近づくために、人間の非合理性を前提とした近年発展の著しい行動経済学の視点を取り込みながら議論を展開しようと思います。それでは、四つの目標に沿って4部から成る本書の構成を簡単に紹介しましょう。

(1) 誰もが安心して生活を送るために考えなければならない住宅土地問題（第1部）

第1部で安全・安心のための住宅土地問題について考えます。日本では、これまで税金によって多くの政策資源を投入することで防災関係のインフラの整備を進め、災害に対して強い街を造り、安全な生活を確保しようとしてきました。ただし、阪神・淡路大震災や東日本大震災では、多くの犠牲者を出し、これまでの努力が十分ではないことが明らかになりました。

図表序-3では横軸に都道府県を人口の少ないものから順に並べ、縦軸に一人当たりの社会資本ストック額[2]を三つの時期（1960、1985、2010年）に分けて描いています。これをみると、人口が少ない地域を中心に一人当たりの

2) その地域でどれだけのインフラが存在するかを金額ベースで表示したものです。

図表 序-3　一人当たり防災関連社会資本ストック額の推移

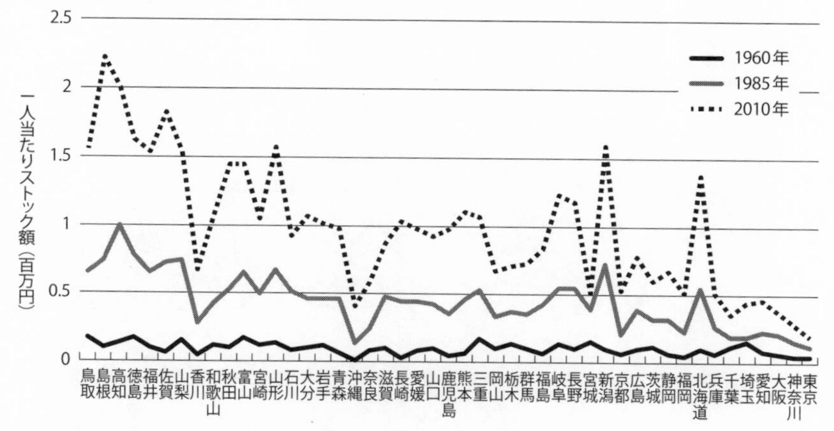

（注）防災関連社会資本ストックは、治水部門、治山部門、海岸部門の純社会資本ストック額（2011年価格）を用いている。
（出所）内閣府の日本の社会資本推計データ（https://www5.cao.go.jp/keizai2/ioj/result/ioj_data.html）と「国勢調査」（総務省統計局）より作成。

防災関連社会資本ストックが着実に増加し続けていることがわかります。

ただし社会資本ストック額が大きいということは、将来の維持管理や更新投資のことを考えた場合には、一人当たりのコストとしていずれは私たちに跳ね返ってくると考えることができます。一人当たりの社会資本ストックは、そのストックが増えることによっても増加しますが、人口が減ることによっても増加します。

そこで、一人当たりの社会資本ストックの変化を次のように分解してみましょう。右辺の第2項と第3項は同じものであることに注意すれば、この分解はすぐに理解できるでしょう。

$$\frac{t\text{年の社会資本ストック}}{t\text{年の人口}} - \frac{t-1\text{年の社会資本ストック}}{t-1\text{年の人口}}$$

$$= \left(\frac{t\text{年の社会資本ストック}}{t\text{年の人口}} - \frac{t-1\text{年の社会資本ストック}}{t\text{年の人口}}\right)$$

$$+ \left(\frac{t-1\text{年の社会資本ストック}}{t\text{年の人口}} - \frac{t-1\text{年の社会資本ストック}}{t-1\text{年の人口}}\right)$$

図表 序-4　一人当たり防災関連社会資本の変化の要因分解（社会資本ストックの変化要因）

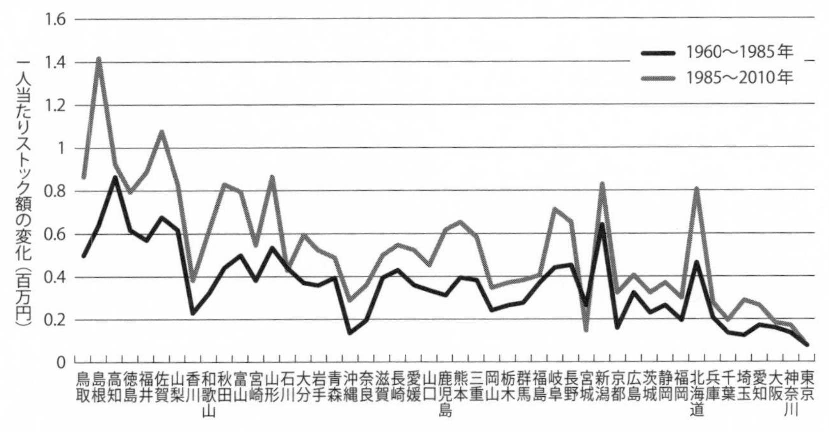

（注）防災関連社会資本ストックは、治水部門、治山部門、海岸部門の純社会資本ストック額（2011年価格）を用いている。
（出所）内閣府の日本の社会資本推計データ（https://www5.cao.go.jp/keizai2/ioj/result/ioj_data.html）と「国勢調査」（総務省統計局）より作成。

すると、右辺の最初の括弧の中は、分母がt年で共通ですから、人口を固定したときの社会資本ストックの変化要因と考えることができます。これに対して、2番目の括弧は社会資本ストックの大きさを固定したときの人口の変化要因と考えることができます。図表序-4には、図表序-3の1960〜1985年と1985〜2010年の変化のうち、社会資本ストックの変化要因（最初の括弧）を取り出したものが示されています。同じく図表序-5には人口の変化要因（2番目の括弧）を取り出したものを描いています。

図表序-4をみると、いずれのグラフも右下がりの傾向があるので、人口の少ない都道府県を中心に積極的な防災関連投資をしてきたことがわかります。この傾向は1960〜1985年においても、1985〜2010年においてもほとんど変化していません。

ところが、図表序-5においては図表のスケールがより小さくなっているものの、1960〜1985年のグラフは0の近くでほぼ平坦なので、ほとんどの都道府県で、人口の動きは一人当たりのストックの変化に影響を及ぼしていないことがわかります。一方、1985〜2010年にかけてはグラフは以前

図表 序-5 一人当たり防災関連社会資本の変化の要因分解（人口の変化要因）

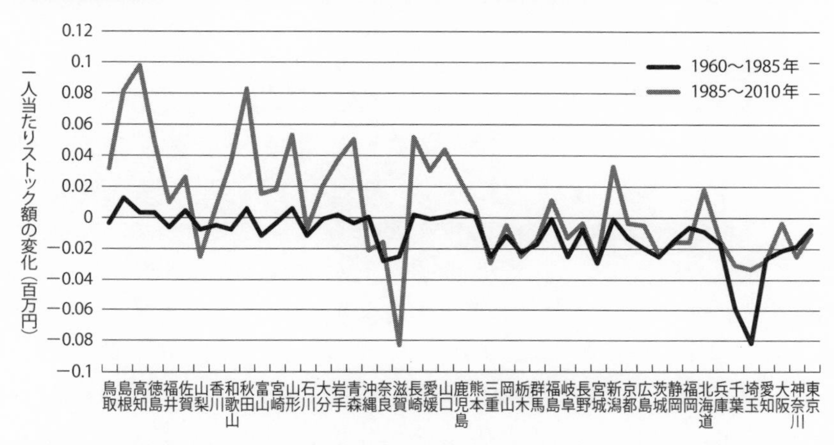

（注）防災関連社会資本ストックは、治水部門、治山部門、海岸部門の純社会資本ストック額（2011年価格）を用いている。
（出所）内閣府の日本の社会資本推計データ（https://www5.cao.go.jp/keizai2/ioj/result/ioj_data.html）と「国勢調査」（総務省統計局）より作成。

(1960〜1985年) よりもいくぶん右下がりにみえます。つまり、人口減少によって人口の少ない都道府県を中心に、一人当たりの社会資本ストック額を引き上げる形で作用していることがわかります。

前述のとおり一人当たりの社会資本ストックが大きいほど、その維持管理、更新投資コストは高くなりますから、この時期に地方の人口減少あるいは停滞が、人々の安全な生活を維持するコストを引き上げる方向に作用していることがわかります。人口減少の影響が本格化するのはこれからですから、財政的な余裕が失われつつある中、人々の安全な暮らしを守るために、どのような手段をとらなければならないかということは、たいへん重要な問題になってきています。

そこで、**「第1章　自然災害による被害を防ぐにはどんな手段があるのでしょうか？」**では、災害に対する安全性を考えていきます。災害とは、自然現象が引き金になって、人為的な原因によって多数の被害が発生することを言います。被害が人為的であるならば、こうした災害を最小限に食い止める方法が必ずあるはずです。簡単な方法のひとつは、危険な地域に住まないということです。

合理的な個人ならば、危険な地域に住むはずがないと思うのですが、そうではありません。合理的な人でも危険なところにあえて住んでしまったり、政府の行動がそうさせてしまったりすることもあります。合理的個人を前提にしたうえで、危険な地域に住む原因とそのメカニズムを明らかにして、それを防ぐ方法について考えてみましょう。

その解決方法として、災害保険制度をリスクに応じたきめの細かいものにすることや、政府が事後的に最低限の救済しか行わないと国民に約束することが提案されます。これによって、人々の十分な備え、例えば「ハザードマップをよく調べて危険な地域に住まない」とか、「危険な地域に住んだ場合には避難所の確認や保険などの十分な災害準備をする」などの行動を促すことが可能と考えられます。

また、合理的でない個人についても、行動経済学の観点から、危険回避行動に誘導する手段が提案できます。行動経済学の知見は、そもそも将来のことを十分に考えることができないという人々の認識のくせを明らかにしています。人々は自分の損失方向には危険を承知で行動する傾向があることも明らかになっています。

このように人々が必ずしも合理的でないとすれば、心理的な特性を利用した「ナッジ」などによる介入が人々の立地に関しても求められるかもしれません。

さらに、近年空き家、空き地の増加が大きな社会問題になっています。図表序-6においては、2013年までの住宅数と世帯数が描かれています。これまでに世帯数が増加するにつれて、住宅数も同じように増加してきたことがわかります。すぐにわかるように、世帯数と同じ数の住宅しか存在しないのでは、世帯は移動をすることがとても難しくなります。

まったく空き家がなければ、引っ越しは同じ日時でみんなが同時にやらなければなりません。それでは運送業者がいくらいても足りません。つまり住宅市場において、一定比率の空き家は転居をスムーズにするためにも

図表 序-6　世帯数、住宅数のこれまでと将来の姿

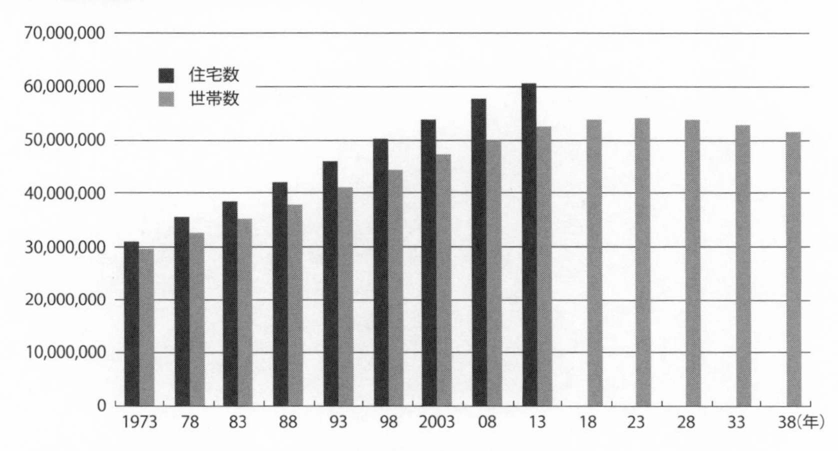

（出所）2013年まで実績。「住宅土地統計調査」（総務省統計局）より作成。
2018年以降は推計。「日本の世帯数の将来推計」（2018年）（国立社会保障・人口問題研究所）より作成。

不可欠なのです。住宅数と世帯数の差はそれを表していますが、その差が年々大きくなっていることがわかると思います。それはなぜでしょうか。

図表序–7の横軸には、1973～1978年の都道府県の世帯の増加率がとられ、縦軸には、世帯の増加に住宅数がどの程度増加したかを示す調整率＝(1973～1978年の住宅の増減数)／(1973～1978年の世帯の増減数）が描かれています。この時期には、世帯の増加率がどの都道府県においても高いことと、調整率が1を少し上回る値にきれいにそろっているという特徴を指摘することができます。2に近い地域もあります。

いま、人口が増加した地域を考えてみましょう。この5年間で世帯が20％増加したとき、住宅の増加も同じだけだとすると、ずいぶん窮屈で住宅間の移転はさきに述べたように、たいへん難しくなります。これに対して、調整率が高く2に近い都道府県は、将来の世帯の転入が予想できるということで、世帯増の2倍近い住宅開発が生じたことになります。

ところが、図表序–8に示された2008～2013年の両者の関係はどうでしょうか。グラフは1973～1978年に比べて全体的に左にシフトしていることがわかります。図表序–7の時期から40年経った2008～2013年では、世

図表 序-7 世帯増減率と住宅の調整率（1973年〜1978年）

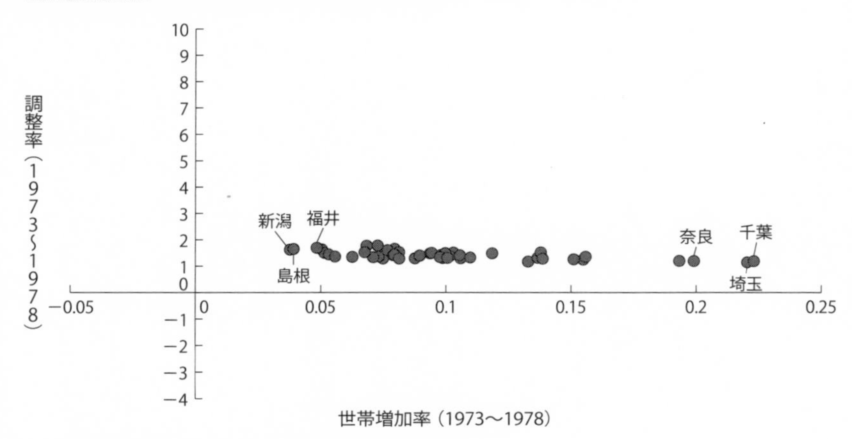

（出所）「日本の土地住宅」（2013年）（総務省統計局）より作成。

帯数の増加率は一様に低下し、マイナスになった地域も現れ始めたのです。世帯の増加率が高い都道府県においては図表序-7と同様に1をいくぶん上回る調整率が観察されていますが、世帯の増減率が低い、あるいは世帯が減少している県では、調整率が大きな範囲にばらけています。

都道府県の中で世帯の減少にともなって住宅をうまく減らせない場合（これが空き家ということです。原因はあとで考えます）には、この図のように、調整率はマイナスになったり、1を大きく超えたものとなる場合があります[3]。

この二つのグラフから、住宅は世帯数が増えていく局面においては、それに的確に対応した数量調整が円滑に進みますが、世帯数が減っていく局面においては、その耐用年数が非常に長いことも相まって適当な調整ができないことが示唆されます。

このため、人口減少社会においては、その調整過程において多数の空き

3）都道府県レベルで世帯数は減少する一方で、（それにともなう住宅ストックの減少は起こらずに）新たな開発によりかえって住宅数が増加した場合には、調整率はマイナスになります。また、（人口減少市町村があるため）都道府県レベルでわずかな世帯数増加にとどまる一方で、人口が減少した市町村で住宅ストックが減らずに、新たな開発で住宅が増加した場合には調整率が1を大きく超えることになります。

図表 序-8　世帯増減率と住宅の調整率（2008年～2013年）

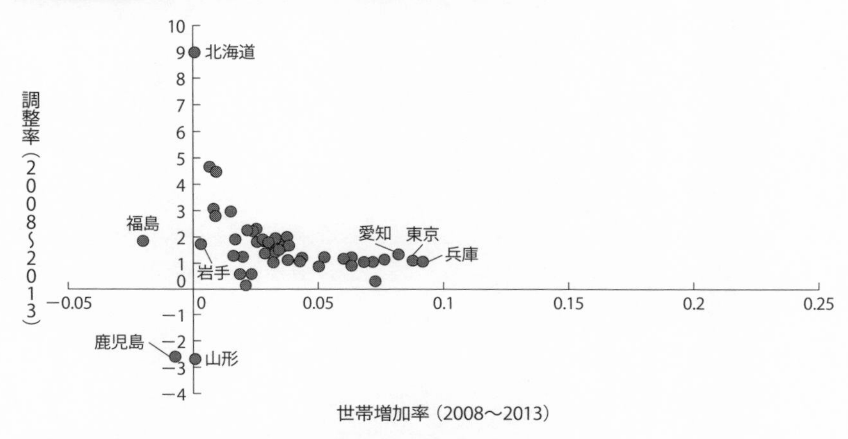

（出所）「日本の土地住宅」（2013年）（総務省統計局）より作成。

家、空き地という遊休資産、都市における低未利用地域、遊休インフラが発生することになります。つまりこのままいくと、日本の都市は、快適な住まいや生活の基盤としてはとても非効率な場となってしまうことが予想されます。

「第2章　空き家・空き地はどうして存在するの？」では空き家・空き地問題を取り上げます。これらは管理水準が不十分になってしまうケースが多く、衛生上、防犯上、防災上、危険を周囲にまき散らしている可能性があります。

戦後の都市開発で、人口が増加したときに生じたように、農地を宅地に転用したのとは逆に、人口減少期に宅地から農地へ転用するということが起こりそうなものですが、なぜこうしたことが起こらないのでしょうか。誰もその土地や住宅を使いたくないために空き家や空き地になっているので、その価格はゼロ、すなわちタダです。つまり宅地の価格がタダになって宅地としての機能を果たさなくなった地域でも、なぜ空き地は農地に戻らないのでしょう。

それは一言で言うと、転用費用があるからです。宅地としての役割は終わったとしても、この土地は農業利用も含めて何らかの役に立ちそうです。土地があれば何らかの作物が生産されそうなものですが、住宅地を農地に変えることは簡単ではありません。いまある住宅を解体して撤去して、地盤も壊して、土をもう一度農業ができる土地に戻すには、相当のコストがかかります。こうした費用が転用費用です。

第2章でくわしく説明するように、転用費用がかかるために、タダで宅地を買っても、転用費用を加えると農地価格を上回ってしまうために、農地への転用が生じないのです。それでは、空き家を減らす方法を考えてみましょう。方法のひとつとして、宅地から別の土地利用方法への転用費用を下げる方法を考えます。

空き家は超過供給という現象で、需要と供給のミスマッチがその原因のひとつですが、社会的に望ましい居住水準や居住形態を実現できない人々もいます。これは社会的な要請とのミスマッチと言えるかもしれません。誰もが安全な生活を求めるのは当たり前ですが、十分な所得がない人、身体状態に何らかのケアが必要な人など、思ったとおりの住生活をなかなか手に入れられない人々もいます。

「第3章　誰もが豊かな住宅に住めるようにするためにはどうすればいいのですか？」では、所得の低い人、高齢者、何らかの障害がある人にとっても、安心して住生活を送ることのできる環境を備えるためには何が必要かという問題を取り上げます。住生活さえよければ、豊かな生活を送ることができるかと言えばそうではありません。しかし、何をするうえでも住宅は生活の基礎であることは言うまでもありません。

最近のデータによると、就職氷河期（ロスジェネ）世代のように、日本の労働慣行などを背景に人的資本を蓄積することができなかった世代が、居住というクオリティオブライフ（生活の質）の重要な要素においても厳しい状態に置かれていることが示されています。

それでは、このような現実に対して、公共部門は何をやるべきなのでしょうか、あるいは何をすべきではないのでしょうか。不公平を緩和することや回避しようとすることが望ましいことについては、社会的な合意が形成されていると思われます。

問題はどのように格差を解消するかという手段にありそうです。これまで、日本では地方公共団体が「公営住宅」を直接供給することによって、これらの人々に対する支援をしてきました。しかし、これは本当に理想的な手段と言えるでしょうか。公営住宅の問題を考えながら、より望ましい再分配手段について考えてみましょう。

近年、日本においても、米国においても、住宅を供給するだけでなく、見守りなどの居住支援サービスや職業訓練との連携など、より広い支援のあり方が模索されています。さらに人口減少下の日本では、住宅の総量は十分にありますから、世帯の人数と住宅の広さなどに生じているミスマッチを解消することで、多くの人に豊かな居住を提供できる余地があることをお話ししたいと思います。

(2) 豊かな生活を支える生産性を向上させるために考えなければならない住宅土地問題(第2部)

第2部では、経済全体の生産性に関わる住宅土地問題について考えます。ここで都市の生産性を高める方法について検討します。

第1部では、人々が住んでいる都市が高度成長期やバブル期などの時期に、その骨格が作られたことを説明しました。このような時代を、経済成長という側面から振り返ってみましょう。図表序-9では、これまでの実質経済成長率の動きが描写されています。ここから明らかなように、図表序-1において示された住宅投資およびインフラ投資の1番目の山(1955年から1970年)は、経済成長率が高い時期に該当します。2番目の山も、前半期(1980年代後半)は相当程度高い成長率を実現した時期と、その急落を支えようとした時期(1990年代)にあたることがわかります。

前述の図表序-2においても、これらの時期は、生産年齢人口が大きく伸びた時代にあたることが示されています。標準的な経済学では、短期的な景気の変動は需要が原因と考えられていますが、長期的な経済成長は、供給面が決定的な役割を果たします。

それでは、その国の生産能力は何によって決定されるのでしょうか。そ

図表 序-9　これまでの日本の経済成長率

（出所）国民経済計算（内閣府）より算出。1998年までは1990年基準の実質経済成長率、それ以降は2011年基準の実質経済成長率。

こでは、どれだけの労働力や資本を提供できるのか、さらに物的インフラだけでなく、生産性に影響を及ぼす知的インフラ、技術水準が重要です。

そのような意味において、図表序-2で示されたように、労働力の主たる供給源である生産年齢人口が1990年代の後半から減少している点は注目すべきです。これは労働者の潜在的な減少をもたらしますので、近年の経済成長率の低下と密接な関連があると考えることができるでしょう。さらに、人口の将来推計は、この生産年齢人口の低下が将来ますます激しくなっていくことを予想しています。

このような人口動態は、長い期間にわたって積み重ねられたものであり、いますぐ出生率を引き上げたとしても、この全体傾向を短期的に変えることはできません。この生産年齢人口の減少は、人々の生活の質が低下し続けることを意味するのでしょうか。

さきほど説明した供給力を規定する要因として、その国の技術水準に代表される生産性があるとお話ししました。経済学では、この生産性に集積の経済が決定的な影響を及ぼすと考えられています。とくに、第3次産業、知識集約産業がリーディング産業となるこれからの時代において、人々が集まって情報やアイディアを交換する場である都市の機能の重要性は、いくら強調してもしすぎることはありません。日本全体の生産力を決めるうえで集積の経済は、決定的に重要な役割を果たすと考えられています。

いま述べた点については第2部でくわしく議論していきます。まず**「第4章　なぜ、人は集まりたがるのですか？　どうして混雑が発生するの？」**では、都市集中のメカニズムと混雑の関係について、都市における土地の有効利用という観点から考えてみることにしましょう。都市というのは、非農業的な土地利用、とくにサービス業を中心にした産業とそこで働く人々や、都市でしか供給されないサービスを消費する人々のための住宅が、一定の地域に高密度に集積している状態です。

どのような理由から人々や企業は一定の地域に集まってくるのでしょうか。都市集積の過程で、人と人とのコミュニケーションの重要性、規模の経済性、輸送や移動の費用、そして都市インフラなどの公共財が重要な要因として働いています。これらが総合的に機能して都市が形成され、高い生産性を生み出します。

またその副産物としての混雑については、従来、経済学者が提案してきた混雑料金制という方法があります。それを説明しながら、都市の混雑解消のために何が必要かについて考えてみましょう。

混雑料金制については、これまで、走行している車両に対する細かなモニターが必要なため導入は難しいと考えられてきましたが、テクノロジーの進歩により世界の各地域で導入が現実化しました。「無料」という言葉は人々の心を強くとらえるため、無料の道路サービスの消費にわずかながらも値段をつける混雑料金制度は、著しい効果を発揮しています。

しかし、前払いの定額制にしてしまうと逆効果です。既に支払ったサンクコストを回収しようとして、交通量はかえって増えてしまったという事例も報告されています。そのような意味において、人間の心理状態に寄り添った制度設計が求められると言えるでしょう。

「第5章　都市の構造はどのようにして決まるのですか？」では、人口減少時代にふさわしい都市のあり方を都市構造の側面から議論します。都市の構造、つまり都市の範囲やその内部の土地利用方法はどのようにして決まるのでしょうか。経済学では、都市の境界はその都市の中心業務地区(Central Business District：CBD)で生み出すことができる付加価値額と、人々の選好、そして人々をCBDに運ぶ交通・輸送コストで決定されると考えます。この章では、そのメカニズムについて解説します。

従来の日本の都市開発では、公共部門のみならず民間の鉄道会社が輸送網としての鉄道を敷設し運営するとともに、その沿線の宅地開発を通じて高水準の収益を生み出してきました。もちろん、これは都市居住者にも大きな便益をもたらしました。

しかし、いま述べたビジネスモデルは人口増加、都市拡大期に適合したものであり、現在、そして将来人口減少が本格化する日本においては、これまでのようにはうまく機能しなくなる可能性があります。言いかえると、人口減少期においては、大都市でさえ都市の縮小を図らなければならなくなることは、将来の人口予測からも容易に想像できます。

その場合、郊外部においては都市的な土地利用から農業的土地利用への回帰が起こる必要があるのですが、現実はこれに反して、郊外において依然として農地の減少が続いているといった矛盾が生じています。この点を指摘したうえで、今後の都市に求められる対応策として、都市のコンパクト化に対応した交通網整備や都市的土地利用と農業的土地利用の共存、CBDの生産性上昇などの手段について議論します。

最後に**「第6章　東京に人口が集まると、日本の人口が減る？」**では、日本の生産性を高めるためにどんな政策が必要なのかについて議論します。現在、出生率の低い東京都への人口集中が人口減少に拍車をかけているといった誤った議論により、東京への一極集中を是正し地方を創生するという一群の政策が実施されています。この章では最初に、これまでの東京一極集中是正策を批判的に検証したうえで、今後の人口減少時代において、東京大都市圏でさえも人口減少を経験することが確認されます。

東京都への一極集中が出生率を引き下げているという議論は、東京大都市圏全体をみれば、過大に評価されていることがデータで示されます。そのうえで、東京都の出生率の低下は、これまでの所得再分配政策と規制の失敗に、その原因を求めることができます。

それらを踏まえて、人口減少時代に地域間の人口の平準化を政策的に実現しようとすると、かえって生産性が低下するため、人々の生活水準が一層低下したり、所得の低い人への再分配の財源も確保できなくなる可能性が指摘されます。むしろ、今後の日本では集積を促進する政策が求められるのではないでしょうか。

現在は、地方の人口を維持するために地方への補助金が投入されていますが、それよりも、人口移動や資源の移動に対する障害をとりのぞくことが重要だと考えられます。

都市への集積が高まると、大地震などによる被害が一層大きくなるという心配の声が聞かれます。これに対しては、第1章で議論した災害対策で対応すべきと考えます。

(3) 地域の持続性を支えるために考えなければならない住宅土地問題（第3部）

しかし、日本経済の生産性を保ち向上させるために都市への集積を促すことだけで、人々は「それなりに」豊かな生活を送り続けることができるのでしょうか。豊かな生活とは、物質的な豊かさのみを意味するものではありません。豊かな自然や、多様な文化を育む環境に住むことも、人の幸福感に無視できない影響を与えるのは間違いありません。しかし、多くの人々がそのような豊かな生活を今後も送ることができるか否かは、多様性のある地域が今後も持続可能かどうかに依存しています。

図表序−2に示された将来の人口減少の中身をもう少し詳細にみてみましょう。図表序−10は、日本の2015年時点の市町村を人口が少ない順に左から並べて、2015年の人口を基準に将来どのような増減を経験するのかを、市町村の規模別にみたものです。将来になるにつれてグラフが下方にシフトしていることがわかります。また、いずれのグラフも負の値を示しており、右上がりになっているのが特徴的です。

図表序-10　市町村の規模別人口増減率（総人口）

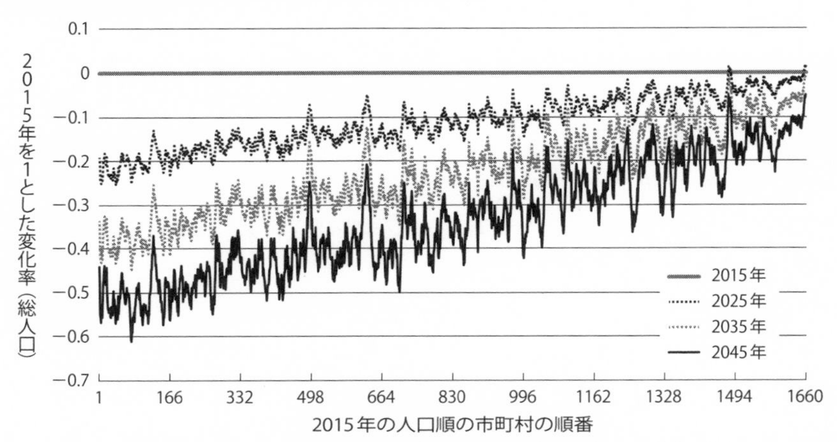

（注）横軸に2015年時点の人口順に市町村を並べて、縦軸にはその2015年を基準とした将来の変化率を10市町村単位の移動平均で記述している。
（出所）「日本の地域別将来人口推計」（2018年）（国立社会保障・人口問題研究所）より作成。

この傾向は、人口規模が小さな市町村ほど急激な人口減少に直面するということを示しています。図表序−10は総人口について記述していますが、生産年齢人口についてもほとんど同じような傾向が観察されます。

図表序−10によれば、小さな市町村ほど総人口の減少率が50％程度ときわめて高く、規模の大きな市区町村は2045年においても10％程度にとどまっています。生産年齢人口についても調べてみると、規模の小さな市町村では60～70％という大幅な人口減少を経験しますが、規模の大きな市町村も20～30％と比較的大きな生産年齢人口を失うことがわかります。

これに対して、図表序−11に示されているように、高齢者人口については、規模が小さな市町村においては40～50％の人口減少が2045年には予測されている一方で、規模が大きな市町村においては20～40％もの人口増加が予想されており、生産年齢人口の減少を相殺する可能性があります。

このような中、第3部では地域の持続性を保つための3つの課題を議論します。まず**「第7章　コンパクトシティって何ですか？」**では、現在の都市政策の主流となりつつあるコンパクトシティ政策について批判的に評

図表 序-11 市町村の規模別人口増減率（高齢者人口）

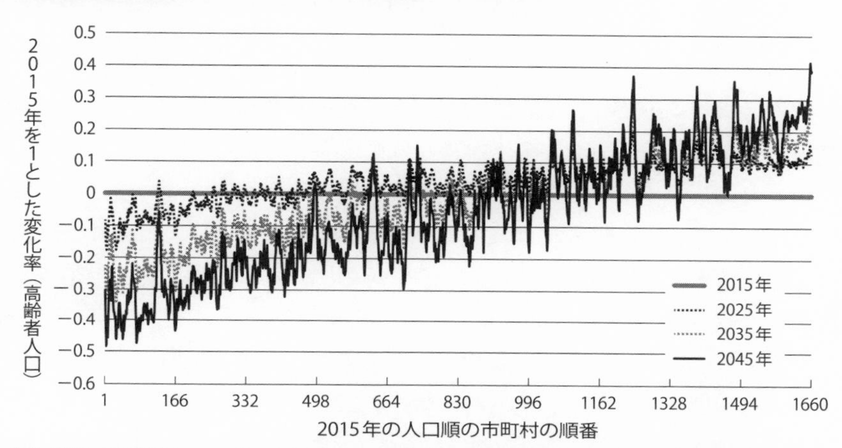

（注）横軸に2015年時点の人口順に市町村を並べて、縦軸にはその2015年を基準とした将来の変化率を10市町村単位の移動平均で記述している。
（出所）「日本の地域別将来人口推計」（2018年）（国立社会保障・人口問題研究所）より作成。

価します。この政策によって都市の空間的な範囲を狭めて公共施設の再配置をすることで、人々の負担は軽減され、その地域の持続可能性が高まるであろうことが、データからも理論からも支持されます。

しかし、コンパクトシティ化にともなう公共施設の縮減は容易にはできないことが知られています。それは、第一に、地域間の利害調整においては、公共施設の廃止によって便益を受けるコミュニティの住民を意思決定に参加させていないことが理由と考えられます。第二に、都市のコンパクト化にともなうコストは一部の住民に集中的に発生するのに対して、その便益は将来の都市住民も含めて薄く広く発生するといった理由があるからです。これを解決するためには、討議型世論調査など集団的意思決定の仕組みを工夫する必要がありそうです。

行動経済学の知見から、人間は利得方向よりも損失方向を大きく評価しがちであることや、将来の価値を低く見がちであることがわかっています。すると、地域住民が将来の子孫の便益と、現在の自分の公共施設へのアクセスコストを交換するようなコンパクトシティ化を受け入れがたいのは、当然なのかもしれません。そのような意味において、これからの都市政策は、将来の住民や子孫の利益を代弁する主体を仮想することや、住民間のコミュニケーションを一層円滑にする工夫が求められます。

次の「第8章　どうして相続税が空き家を増やすのですか？」では、税制、とくに相続税が地域住宅環境に及ぼす影響を検証します。相続税は土地に固有の税制ではありませんが、土地の保有に無視できない重要な影響を及ぼしています。相続税は実際の納税者はけっして多いとは言えませんが、それは土地を保有することで、節税が可能だからです。実際の納税者は相続件数の5～8％程度です。

節税を可能にしている第一の理由は、土地のほうが金融資産よりも課税上の評価が低いからです。第二に、税率が高く、しかも相続税の増加に応じて税率が上昇する累進度も大きいので、節税のメリットもかなり大きいと言えます。それが資産保有者にとって、金融資産よりも土地保有や賃貸住宅の保有を有利にしています。

結果的に、相続税は土地需要を増大させるとともに、賃貸住宅の供給を増加させることになります。これが地価を高め、賃貸住宅市場にも影響を及ぼすことになります。空き家がたくさん存在する一方で、空き家を生み出すような仕組みが相続税にはあるのです。人口減少と高齢化を止められないとすると、空き家の増加に歯止めをかけるためにも、相続税制の改正が必要だと思われます。

最後に「第9章　どんどん進む高齢化にどう対応すればいいの？」では、地方の高齢化に関する問題を議論します。地方では、高齢化が既に十分に進んでしまったうえに、高齢者さえも減少し始めています。そのため、なじんだコミュニティから離れるなど移動のコストが高い高齢者は、地域に点在することになると考えられます。第8章で、日本の高齢者は相続税の歪みによって、過剰な不動産を人生の終わりまでもち続けるインセンティブがあることを指摘しました。この章では、それに加えて既存住宅市場の未発達や、過度な借家権保護により、保有している不動産資産をうまく売却したり利用したりできないことを明らかにします。そのために、自身のライフステージに適した居住サービスの購入が妨げられています。

しかし、そのようなことが短期的に是正できないとすれば、他に手段はないのでしょうか。サービス付き高齢者住宅は、集積を通じて効率的な介護・医療・福祉サービスの実現を意図したものと評価できるかもしれません。

いずれにしても、これまでの地域政策は、日本が現在経験している人口減少、少子高齢化という環境下で、高齢者の生活の質をできるだけ高いものとするためには、適当なものと言えません。その原因は、公共部門が推進している施策が、エイジング・イン・プレイスという高齢者の移動を前提としないものに偏っていることにあります。

高齢者に対する生活支援サービスの質は、その地域の生産年齢人口比率、高齢者の人口密度に左右されます。これまでは、ほとんどの市町村で、高齢者の人口密度が上昇していましたので、生活支援サービスの品質を維持することが可能だったのかもしれません。

しかし、もう少し長期的な観点からすると、ほとんどの市町村で生産年齢人口とともに高齢者の人口密度も低下するために、エイジング・イン・プレイスの維持は技術的に不可能であることが示されます。今後は、住宅、都市政策の企画立案において高齢者の人口移動を前提とすることが求められるのです。

(4) ライフスタイル、ライフステージに合った快適な生活を支えるために考えなければならない住宅土地問題（第４部）

人口減少、少子高齢化という動きに憂慮すべき問題が多いことは、これまでに議論してきたところですが、逆に言うと図表序-6に示されているように、住宅ストックが潤沢にある時代だとも言えます。

住宅は物理的な耐用年数が長いため、これまでのものを十分に有効活用すれば、新たな住宅投資や宅地開発は必要ないと思われます。また、それらに必要なインフラ投資などのコストも負担せずにすみますので、人々は豊かな住生活を送ることができるのではないでしょうか。そのためには、人々のライフスタイル、ライフステージごとのニーズに合わせた個人の住

図表 序-12　ライフステージごとの一人当たり住宅面積

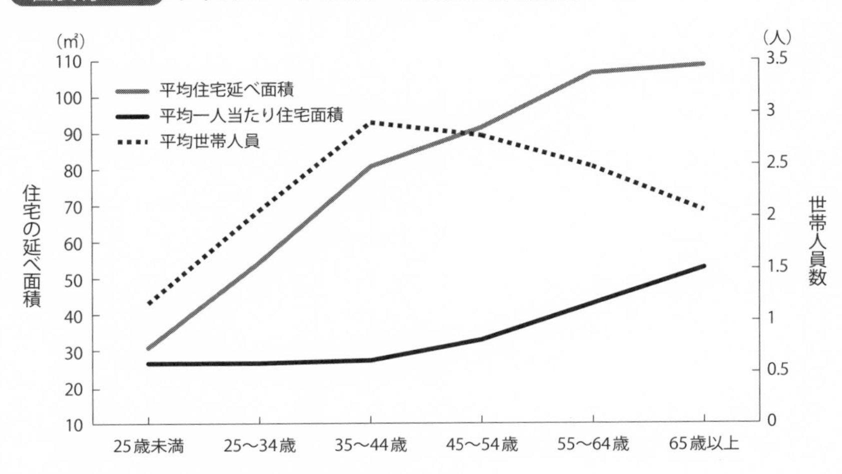

(出所)「住宅土地統計調査」(総務省統計局)(2018年)より作成。

宅サービスの選択が、どれだけスムーズにシームレスにできるかが重要です。

図表序–12には、横軸の世帯主の年齢ごとに、世帯の平均住宅面積、世帯人員と、両者から得られるライフステージごとの一人当たり住宅面積が描かれています。これをみると、35〜44歳までは世帯人員が増加し、世帯の平均住宅面積も上昇しています。

しかし、45〜54歳にかけて世帯人員は減少しますが、依然として世帯当たりの住宅面積は伸び続けます。その結果、小人数の世帯が中心の高齢者ほど、大きな居住面積を抱えることになります。これは、個人のニーズに合った住宅の選択ができない何らかの理由によるのではないでしょうか。

第4部では個人の住宅の選択問題に焦点を当てます。まず「**第10章　持ち家と借家は結局どちらが得なのですか？**」では、持ち家か借家のどちらが有利かという質問に答えることにします。情報の非対称性を考慮すると、答えは圧倒的に「持ち家有利」です。

この点を考えるために、「ばかげた提案」をしています。それは、広さも質もまったく同じ住宅を購入したばかりの二人の人間が、その住宅を取り換えて住む（借家）という内容です。お互いに同額の家賃を相互に支払えば、それらは相殺されて、実際は払わなくてよいので、所得や消費額は交換前と同じことになります。ここでは、税金も考えないことにします。

そのうえで、「何が違うのでしょう？」という質問を始めます。情報の非対称性がカギになります。情報の非対称性がなければ、すなわち、住宅を交換する二人が同じ情報を共有していれば、持ち家と借家には差がなくなり、どちらでも同じという結論になります。なんだか変だなと思った読者はすぐにこの章を読んでください。

しかし、現実に二人はお互いのことをよく知らないので、つまり情報は非対称なので、お互いが交換した住宅をどのように使うかわかりません。そこで、自分の家を交換するのはやめておいたほうがよいでしょうとなります。これが、借家は不利、持ち家有利の結論です。

とくに借地借家法のもとでは、借家の平均的な規模は持ち家よりもはるかに小さいのが現実です。持ち家と同規模の100㎡を超える大きな借家がときおり供給されていますが、一般のサラリーマンにはとても手が出ないほど家賃が高いアパートです。そんなに高い家賃を毎月支払うならば、住宅を購入して持ち家を選んだほうが得です。逆に40㎡程度で家賃も手ごろな賃貸住宅は、家族3、4人で住むには狭いというのが本音です。これらは持ち家が借家よりも有利なことを示す証拠と言えるでしょう。

税制を考慮しても総合的に考えると、持ち家のほうが有利という結論になります。

そこで持ち家について、次に考えてみましょう。**「第11章　既存住宅の価格は安いのに、誰も買わないのですか？」**では、既存住宅市場の取引量が少ない点を問題として取り上げます。欧米の既存住宅はきちんと維持管理されたものであれば相応の値がつくのに、日本では20年経ったら建物の価値はゼロになるとも言われています。価格が安いなら、既存住宅はどんどん売買されてもよさそうなものですが、そうなってはいません。日本では建てては壊し、建てては壊しという無駄な行為を長年にわたって続けています。

こうした日本の既存住宅市場の特殊性の背後には、情報の非対称性という問題があると言われています。これは、自分が住んできた住宅の状態を売り手は知っていますが、買い手はわからないという状態を指します。情報の非対称性が存在する場合、逆選択という現象が発生し、質のよい既存住宅は市場からなくなってしまうことが知られています。

行動経済学の観点からすると、人間は、不合理なものであっても何かとっかかり（アンカー：錨）になるものを参考にするそうです。そのため人は、それに引きずられた判断をするという認知の特性があることがわかっています。これはアンカリングと呼ばれています。税法上の扱いや、20年経ったら上物の価値はゼロという風評や思い込みがこのアンカーになっている可能性があります。

さらに、売り手と買い手の交渉をゲームとしてとらえた場合には、二つの均衡があって、「売り手はきちんとした維持管理を行わない」「買い手は住宅の状態をきちんと調べない」という悪い均衡に、日本の既存住宅市場は陥ってしまっているという考え方を紹介します。

この場合、売り手と買い手が同時に行動を変えなければならないという点で、事態を改善することがとても難しい状態になります。これを解決するためには、市場の外側からの強い力が必要です。政府の住生活基本計画など、関係者の利害調整だけでなく、将来のビジョンのコーディネーション機能をもつ政策手段で、消費者と金融業者、建設・不動産業者が相互にWin-Winになる将来像の共有を強く図る必要があります。

最後に「第12章　マンションは買って大丈夫ですか？」では、都市ではポピュラーな居住形式として定着しているマンションを取り上げます。マンションは前の東京オリンピック（1964年）以降に急速に普及した居住形態で、古い建築基準（1981年以前）のもとで建設されたものが数多くあり、耐震上問題があることがわかっています。

防災上の観点から、老朽化したマンションを建て直すことが必要です。しかし、老朽化したマンションを建て替えるためには克服すべき法律上の問題点が数多くあります。もちろん、これは地震に備えるという意味で、事前の対策です。

しかし、事後の課題もあります。阪神・淡路大震災では、被災したマンションが実際に使えなくなって、しかもそれを取り壊すことさえも難しい状態になりました。こうした観点からすると、マンションを建て替えたり、マンションを成立させている特別な所有権関係を解消したりする際の法律が、大きな障害になっていることがわかります。

日本の区分所有法は、マンションを建て替える際に、反対者を排除しにくい仕組みになっており、建て替え問題を助長する原因になっていることを明らかにして、解決策を考えることにします。「反対者を排除」と言うといかにも強硬的に聞こえますが、そうではありません。いまの法律のもとでは、所有権者が意思表明する際に、建て替えに反対するほうが賛成するよりも有利な仕組みがあります。この点についてくわしくお話しします。建て替え決議を迅速化する新しい提案もしてみたいと思います。またその際に解消に関する米国の法律が参考になると思います。

3　緩やかな災害としての少子高齢化、人口減少

(1) 東日本大震災は何を都市にもたらしたか?

これまでに述べたような調整過程を経た後に出現する住まいや都市の姿というのは、どのようなものでしょうか。「人がいなくなる」「世帯がなくなる」「住宅が滅失する」「公共施設やインフラが破損する」。そのようなものをもたらすものとして、真っ先に頭に浮かぶのは災害ではないでしょうか。例えば、東日本大震災は、東北地方の広い範囲の都市・地域に壊滅的な打撃を与えました。

図表序-13においては、東日本大震災の宮城県の被災市町村の2010～2015年の人口増減率の実績が折れ線グラフで、被災前の2008年に予測された各市町村の2015年と2025年の将来人口推計が棒グラフで示されています。横軸の市町村は2010年時点の人口をもとにして、それが少ない順に

図表 序-13　宮城県被災市町村の人口増減（予想と実績）

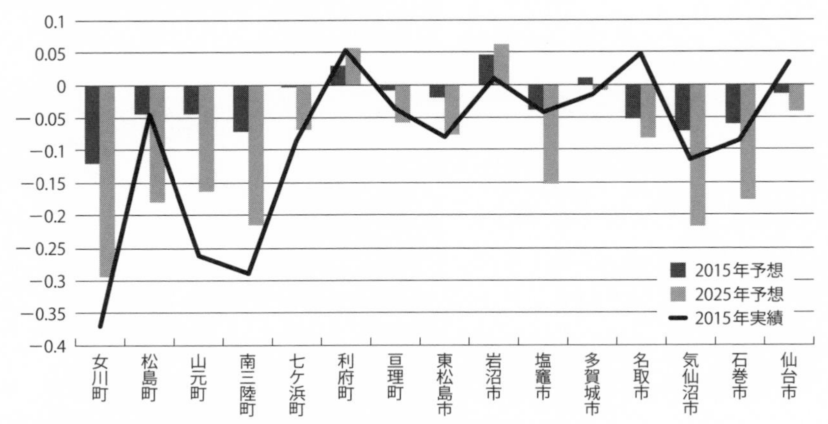

（出所）2015年実績は、「国勢調査」（総務省統計局）をもとにして算出。
2015～2025年予想は、「日本の地域別将来人口推計」（2008年）（国立社会保障・人口問題研究所）をもとに算出。

並べられています。

この図をみる限り、東日本大震災はほとんどの市町村の人口を大きく減少させましたが、以前（2008年時点）からほとんどの市町村において大きな人口減少が予想されていたのです。東日本大震災のショックはそれを10年程度早めていることがわかります。とくに人口規模の小さな市町村では10年以上人口減少の動きを加速させていますが、人口規模の大きな都市部においてはその程度が緩かったり、逆に人口が増加したりしています。

東日本大震災は多くの地域の人口減少を加速しましたが、大都市への集積も加速化しています。この点は集積の経済を実現できる地域とできない地域の二極分化が、震災によって促進されたと言えます。

第4章で説明した集積の経済がもたらすこうした反応は、自然な結果と言うことができます。人口が減少する中、生産性を高めたり、良好な生活の基盤となる行政サービスの効率性を上げたりするうえで当然に求められることなのかもしれません。

本書は、このようなほぼ確実に起きると考えられている人口減少、少子高齢化、公共施設や住宅の老朽化などの都市の老いに、うまく対応するためにはどのような社会の仕組みを備えることが必要かについて考えたものです。

(2) 新型コロナウィルスの蔓延は何を都市にもたらすのだろうか?

いま私たちは、新型コロナウィルスの蔓延という大きなショックを経験しています。世界中でたくさんの人が亡くなるだけではなく、感染を防ぐために各国が都市のロックダウンを行ったため人々は家の中に引きこもらざるをえず、経済活動も停滞を余儀なくされています。働く場を失った労働力は返ってくることのない社会全体の損失ですし、多くの人が貧困化の危機に直面しています。また友人と会えないことがどんなにつらいことなのかを、多くの人々が実感しています。

とくにこの新型コロナウィルスは人の「密集」によって感染することが知られています。そのような意味で本書が強調している、人口減少下の日本における人や機能が集積した都市の役割に対して、新型コロナウィルスは多くの課題をつきつけているのかもしれません。

ここで日本の歴史を振り返って、大きなショックの後に都市への集積がどのような影響を受けたのかをみてみましょう。

図表序-14は日本の長期の都道府県別人口をもとに、都道府県別のハーシュマン・ハーフィンダール指数(HHI)を描いたものです。HHIは第9章でくわしく説明されますが、人口の集中度を表す指数で、その値が高ければ高いほど、人口の都市への集中が進んでいることを表しています。そして、図表序-14には都市に大きなダメージを与えただろうと推測されるショックが重ねて描かれています。

スペイン風邪は、今回の新型コロナウィルスと同様に人の密集が感染拡大をもたらすことが知られていました。しかし、この病気がウィルスによって引き起こされることさえも判明しておらず、マスクの着用や密集の回避などが政府から呼びかけられましたが、全国で40万人以上の死者を出したとされます。

ただし、その後の都市の集積を示すHHIの動きをみると、むしろ集積は加速化されているようにもみえます。第二次世界大戦こそ、疎開などの動

図表 序-14 日本の都道府県人口のHHI

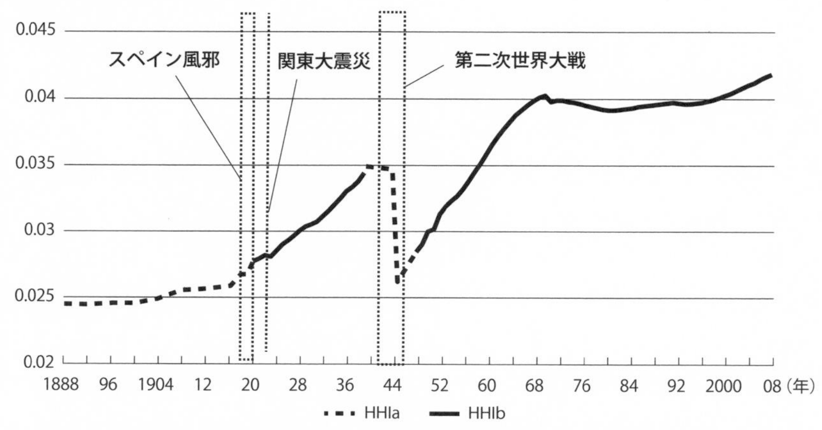

（注）HHIaは、1919年以前は「乙種現住人口」、1940～1947年は「人口調査」。HHIbは「国勢調査」および「人口推計」。
（出所）総務省ホームページ「日本の長期統計系列」（https://warp.da.ndl.go.jp/info:ndljp/pid/11423429/www.stat.go.jp/data/chouki/02.html）より作成。

きから一時的に日本の人口は大きく分散化されますが、その後急速に都市への人口流入が起こっています。

これは何を意味するのでしょうか。集積の魅力、利点がきわめて大きなものであり、特定の時期のショックは長期的な流れを変えるまでには至っていないことを示すのかもしれません。今回の新型コロナウィルスは、これまでのショックと比べものにならないほどの影響を与えるという意見も聞きます。

しかし、避けられない人口減少下で私たちの豊かな生活を守るためには、一定の生産性を維持することは不可欠でしょう。その場合、「集積」と「密集」や「混雑」を混同することなく、後者を避けた「集積」を形成していくことに心をくだくべきではないでしょうか。

確かに、混雑や密集というのは、私たちの感じる豊かさに対して負の側面をもつものです。これを経済学では負の外部性と呼び、経済学者は従来、興味深い解決策を提案してきました。混雑料金制というのはそれらのうちのひとつの提案ですが、現在のICT技術がこうした料金制も容易に可能にしました。こうした手段がウィルス対策にも有効に使えるかもしれません。

第4章では「混雑」を回避するさまざまな政策が議論されていますが、テレワーク、オンライン授業、遠隔診療など、今回の新型コロナウィルスの感染拡大で新しい密集を避ける手法の有効性も社会に実装されつつあります。これらの技術を巧みに使って、第1節で示した四つの目標を達成する仕組みを社会に導入することが、いま求められていると思います。

人々がいま直面している「人口減少」や「少子高齢化」「住宅やインフラの老朽化」は緩やかに進むため、一定の準備をもってすれば、それに十分備えることができるはずです。しかし、緩やかに進むために「何とかなる」という過度な楽観をもたらす結果、できるはずの準備をすることなく深刻な事態を招いてしまうかもしれません。

こうした「先送り」を私たちは何度も繰り返しています。行動経済学は、人間は「つらいこと」や「面倒なこと」を先送りする傾向があることを教えてくれています。そして先送りにしない方法も教えてくれるでしょう。

人口減少や高齢化は日本全体を襲う現象であるため、どこか他の地域からの資源の移転に期待することはできません。また、近い将来、状況が改善する見込みをもつこともできないため、将来世代につけを回すことも適当ではないでしょう。そのような中で、どのようなことができるのかを、伝統的な経済学だけでなく、人間心理のくせを分析ツールに取り入れた行動経済学の考え方を用いて、みなさんと一緒に考えていきたいと思います。

第1部

誰もが安心して生活を送るために考えなければならない住宅土地問題

第1章

自然災害による被害を防ぐには
どんな手段があるのでしょうか？

1　はじめに

日本では東日本大震災以降、毎年のように洪水や土砂くずれ等によって、たくさんの被害が発生しています。これを気候変動のせいととらえてしまうのは簡単ですが、そうとばかりは言っていられないような気がします。

図表1-1は、日本の1970年代以降の自然災害の被害状況を示したものですが、阪神・淡路大震災や東日本大震災を含む時期に被害額が突出しているのがよくわかります。それを考慮しても、自然災害による被害の発生件数や被害額は長期的に増加しているとみてよいでしょう。

東日本大震災では、およそ17兆円の資産の被害が発生しましたが、将来予想される南海トラフ地震の被害額は、その10倍のおよそ170兆円と報告されています（2016年内閣府推計）。

現在の日本の財政状況を考えると、とても悲観的になってしまいます。それはひとたび大地震が発生したら、将来世代にとってはたいへんな負担額になると思えるからです。図表1-2は、東日本大震災発生後の集中復興期間に投入された予算の規模25.5兆円とその内訳を示していますが、さらに2021年度までには、累積額で32兆円が投入される予定です。

ここで、特徴的なのは、「住宅再建・復興まちづくり」の予算規模が最も多く34.0％を占め、この5年間で約10兆円もかかっているという点です。

図表1-1 日本の自然災害発生頻度および被害状況の推移

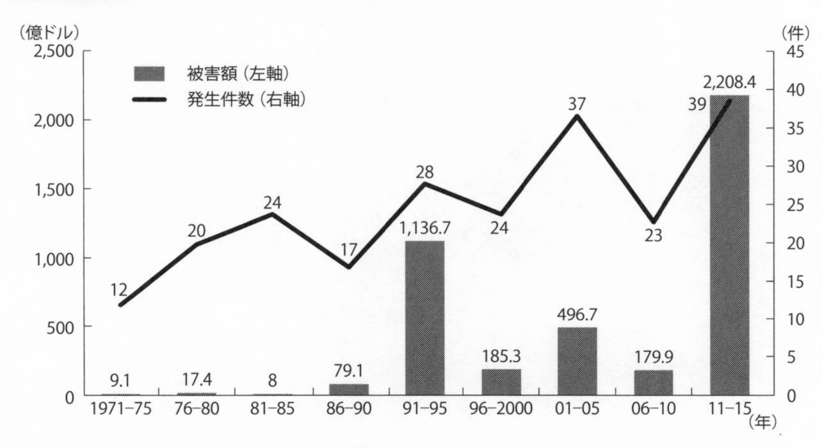

(注1) 1971〜2015年の自然災害による被害額を集計している。
(注2) EM-DATでは「死者が10人以上」、「被災者が100人以上」、「緊急事態宣言の発令」、「国際救援の要請」のいずれかに該当する事象を「災害」として登録している。
(出所) ルーバン・カトリック大学疫学研究所災害データベース(EM-DAT)から中小企業庁作成。

もし、南海トラフ大地震や首都直下型地震が発生したら、その復興には莫大な予算が必要になることがわかると思います。また、被災者支援の予算規模は全体の7%程度で、約2兆円ですから、その他の予算がいかに多いかということになります。こうした予算を削減できないものでしょうか。人道的な観点からの支援は当然必要なので、削減すべきとは思われませんが、他の予算を削減する方法があれば、将来を悲観しなくてもよくなります。

ところで、もともと天災というものは、そのほとんどが人災と言われています。災害とは、自然現象が引き金になって、人的な原因によって多数の被害が発生することと言えます。被害が人為的であるならば、こうした災害を最小限に食い止める方法が必ずあるはずです。簡単な方法のひとつは、危険な地域に住まないということです。自然災害の多くは局地的に起こるもので、あらゆる地域で同時に起こるなどということはありえません。

東日本大震災といった大災害であっても、被害にあったのは東北を中心とする一部の地域です。もちろん局地的だとしても被害が小さいとは必ずしも言えませんが、危険な地域に住まないという選択で、災害を予防する

図表1-2 復興関連予算の執行状況

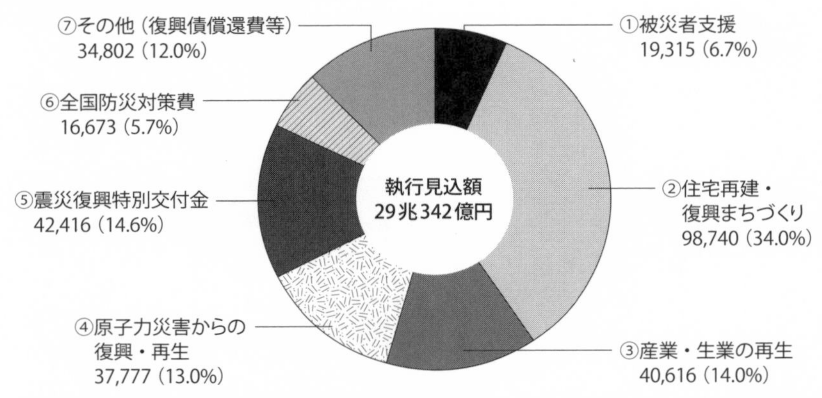

（注1）執行見込額から東京電力への求償対象経費、復興債償還費等を除いた復興財源フレーム対象経費の執行見込みは24.6兆円程度。これに加え、2016年度予算における予備費（0.5兆円）および復興・創生期間に持ち越された事業（0.4兆円程度）があり、合計25.5兆円程度。
（注2）集中復興期間における財源フレーム（25.5兆円程度）に加え、復興・創生期間（2016～2020年度）の事業費を6.5兆円と見込んだうえで、復興期間10年間に見込まれる事業費32兆円程度に見合う財源を確保。
（出所）「東日本大震災からの復興の状況と取り組み」（復興庁）より。

方法は重要な戦略と言えるのではないでしょうか。

東日本大震災の被災地は、過去にも同じような津波が何回も襲った地域です。歴史を調べてみると、津波の被害があるので、この標高よりも低いところに住んではいけないという先人の教えがあったと聞いています。このような教訓を忘れて、人々はより便利なところに住居を構えてしまったために、多くの被害が起こったと思われます。しかし、人々はこのような先人の教えを忘れてしまったのでしょうか。さきほど述べた被害の長期的な拡大傾向はどうして生じるのでしょうか。

災害が起こるたびに、善意ある多くのボランティアが被災者の救済や町の復興に乗り出します。政府もいち早く救済行動を開始します。社会が豊かになるにつれて、政府や人々は被災者を前にして、黙っているわけにはいかなくなります。人々や政府のこうした反応は、民主的な政府やマスメディアと関係があるのでしょうか。

こうした点について、この章で考えていくことにしましょう。自然災害と言われているものが局地的に起こるということと、大きな自然災害が近年頻発していることから、住宅・土地問題が、災害対策において重要な位置を占めることを明らかにしたうえで、自然災害に対する予防と復興について考えていくことにしましょう。

2 合理的個人のリスク回避行動（合理的個人は災害にあわないのでしょうか?）

（1） 合理的個人の行動

まず、経済学では個人を合理的だと仮定しています。もう少し具体的に言うと、自分の満足度を最大にすることを目的に、得られるすべての情報を集めて、一時の感情に左右されることなく、論理的に一貫した行動をとる人間です。現実にいる人間がそのような人間ばかりかと思われるかもしれませんが、標準的な経済学のテキストでは、このように合理的な個人を想定して議論をスタートします。

ところが、最近の行動経済学の考え方は必ずしもそうではありません。人はややもすると合理的ではなくて、多くの誤りを犯すことになります。災害の問題を考えるうえでも、誤りの多い個人を考える必要があります。しかし、この点はこの章の後半で考えることにして、さしあたり合理的な個人を考えて、そうした人たちがなぜ危険な地域と知りながらそこに住居を構えたり、そこで生産活動をしたりするのかについて考えてみましょう。

合理的な個人であれば、どこに住むかを考えるときに、なるべく便利で地価の低いところを選ぶでしょう。都市に住むサラリーマンであれば、通勤になるべく時間がかからず、さまざまな財の消費が可能な都心に近いところに住みたいと考えます。しかし、多くの人たちがそのように考えるので、当然便利なところは需要が集中します。その結果、便利なところは土地に対する需要が増えて地価が高くなります。したがって、広いところに住みたいのであれば地価の低い郊外へ住む必要があります。

ここで言う便利さとは、都心に近いというだけではありません。子供たちの教育や親の介護に便利といったことも含まれます。人々はそうしたバランスをみながら、住むところを決めることになります。

しかし、いま述べたようにさまざまな消費の可能性が存在する地域には、当然需要が集中しますので、地価が高くなるという現象が生じます。したがって、便利さを犠牲にする代わりに地価の安いところを選択するといったバランスを考えながら、住む地域を決めます。そうしたバランスの上で人々は居住地を選択していると言えます。

(2) 災害リスクと地価

さて、災害のリスクについても同じように考えるでしょう。リスクの高いところというのは、過去に何度も災害に見舞われたような地域です。歴史的にみると、土砂崩れの危険のあるところは、多くの人たちが住みたいとは思わないでしょうし、洪水リスクのあるところも同じです。こうした自然災害のリスクを考慮に入れて、人々は住むところを決めます。

したがって、他の条件を等しいと考えると、地震や津波・洪水のリスクや土砂崩れのリスクといったものが高いところは、当然人々は住むのを避けようとしますので、地価が下がります。誰もそんな危険なところに住みたいとは思わないでしょう。

しかし、市場メカニズムのもとでは、こうした災害のリスクの高いところは地価の低下が起こるので、相対的にリスクを低く評価する、つまりリスクを過少に評価する人たちが、地価の安いことを良いことにそこに住もうとしてしまいます。結果的に、リスクが高いために多くの人たちがその地を離れようとする結果生じる地価の低下が、リスクを気にしない人々をひきつけてしまうことになります。

多くの人たちが敬遠しているにもかかわらず、地価が下がったために住み始めてしまった人たちをどう考えたらいいのでしょうか。いざ災害が起こると、こうした人たちに大きな被害が発生しますが、「どれだけ危険を評価して人生を生きていくか」は個人の信念のようなものであり、たくさんの人々がそのような傾向をもたない限り、「そのような人が危険な地域に住む」こと自体を否定すべきではないかもしれません。

そのような行動もある意味で合理的なものであり、考えなければならないのは、そのような人々の行動が他人や社会に大きなコストをもたらすかどうかという点ではないでしょうか。つまり、社会の仕組みが、そのような人が危険な地域に住むことを認めたうえで、災害を対象とした保険に加入することで倒壊した家屋の修復費用を賄うなど、自らの行動の責任をとることを促すものとなっているかどうかということです。

3　保険は危険地域への居住を抑制できるか

保険はこの問題を解消できるでしょうか。保険は被害者を救済する仕組みです。保険があればどのようなことが起こるでしょうか。合理的にリスクを考える人たちならば、危険なところに住む代わりに、保険をかけるのもひとつの方法です。

日本では、あらゆる地域が地震のリスクにさらされています。したがって、地震のリスクを考慮して地震保険に入るということが考えられます。この保険は、地震、津波などを原因とする火災、家屋や家財の損壊などを補償してくれます。地震はきわめて大きな被害をもたらすため、政府と保険会社が共同で運営しています。合理的な人たちの多くはこうした地震保険に入ろうとしますが、日本でも、まだこの地震保険の加入率は30％程度だと言われています。

地震保険を考慮すると、どういうことが起こるでしょうか。保険会社はまず、危険な地域と危険でない地域の情報を集めようとします。既にハザードマップというものがインターネットでも公開されており、どの地域が地震のリスクが高いか低いかについて、地図上で表示できるようになっています。ハザードマップをみれば、自分の地域がどのくらいのリスクにさらされているかを知ることができます。

こうした情報を用いて、保険会社は保険料を設定します。保険会社が保険料を決めるときに重要なことは、ある地域の住宅が自然災害の被害にあうときの確率です。その確率が高ければ保険料は高いものになります。保険会社は被害が生じたときにその被害額を算定して、被害にあった場合の保険金を支払いますので、保険料は被害にあう確率に比例します。つまり災害の起こる確率が高い地域では保険料を高くしなければ、保険会社もやっていけません。

それに対して、災害リスクの低い地域では、被害にあう確率が低いので、保険料も低いものになります。ほとんど災害が起こらない地域では、被害にあったときに保険会社から保険加入者に保険金が支払われることもめったにないので、保険料も低いままでいいことになります。繰り返しますが、保険金の支払いが度重なるような場合には、保険料も高くなるということです。したがって、災害リスクの高いところでは保険料も高くなります。

合理的な人たちであれば住宅購入とともに保険に入ることを考えるでしょう。いざ地震の被害にあったときに保険に入っていなければ、自分の住宅が失われたときに大きな損失を受けることになりますが、保険に入っていれば失った住宅を保険金によって取り戻すことができます。これが保険に入る理由です。

それでは、危険な地域に住む人たちが合理的であるならば、どういうことが起こるでしょうか。自然災害のリスクが高い地域は、保険料も高くなります。地価は低くても保険料が高いということで、そこに住むことを敬遠する可能性が出てきます。地価が安い分だけ保険料が高いということは、安全なところに住んでいるのとコストはあまり変わらないことになります。こうした保険に入ることを考える人たちにとってみれば、やはり危険な地域に住むことは必ずしも合理的なことではないことになります。

しかし、問題はそれほど簡単ではありません。さきほど指摘したように、危険をいとわない人は、そもそもそうした災害保険には加入しようとしないでしょう。保険料は災害の起こる確率に比例しますので、その確率を低く評価する人、被害額を低くしか想定しない人にとっては、保険会社が提示する保険料はたいへん割高に思えるでしょう。その結果、そもそも（地価が安い）危険な地域に住む人々は保険に加入しようとしません。したがって保険に強制加入させることができないのであれば、保険があっても災害危険地域への居住を抑制することはできないのです。

したがって、保険加入を強制することが必要になります。この点はあとで再度、検討することにしましょう。ただし、今の地震保険は地域の区分を都道府県ごとに3段階にしか分類していません。このため地域のリスクを正確に反映した保険料設定ができていない可能性があります。もし、不正確なリスク評価によって中途半端な平均的な保険料設定しかできない場合は、非常に危険な地域は実態よりも割安な保険料が設定されるという結果になります。この場合、保険加入を強制したとしても、危険な地域に多くの人が住んでしまうことになります。

4 優しい政府は被害を小さくしているか

もうひとつの可能性を考えてみましょう。その可能性は実は大きな被害が発生したときの政府の行動にあります。政府は国民の安全を守るという原則を前提に行動します。被害にあった人たちの救済はもちろんのことです。しかし、被害にあった地域を復興することを目標に掲げて、人気取りをしようとする可能性もあります。被害にあった人たちを即座に救済し、そして命や健康を保ち回復させることは、政府にとってきわめて重要な仕事のひとつだと思われますが、その地域全体を復興させることを目標とすべきかどうかについては、意見の分かれるところです。

しかし、世論は復興に対する否定的な議論を許しません。被害にあった人たちの生活を守るという観点から、そうした被害地域の復興を最優先にするという政治的な目標を掲げることがしばしばみられます。過去には、そうしたことで誰も住まなくなった地域にも多くの資源が投入されるといったことが起こっています。日本でも奥尻島の地震の際にたくさんの資本が投下され、避難のための防災上の投資が進められましたが、地震の後に住民が減少した結果、そうした投資が十分生かされませんでした。

それでも、政府はいざ地震が起こったときに、こうした被災地を復興させることを第一に考えるでしょう。これは政府の大衆への迎合的な対応を指すポピュリズムと言っていいかもしれません。ところで、人々はこうした政府の行動を予想していないでしょうか。大きな地震がやってきても、いずれ政府が自分たちを救済してくれる、街が被災しても必ず元通りに復旧してくれるという考えが人々のどこかにあるとすると、政府の行動は一種の保険として機能します。

そして、この保険に入ることは一人ひとりの国民にとってはタダのようなものです。政府は人々を救済し、そして街を復興してくれるという期待のために、人々はリスクを過少に評価しがちです。その結果、地震や自然災害のリスクがあるにもかかわらず、人々は危険な地域だと知りながらその地域に住み続けるといった現象が起こりがちです。

例えば、自動車保険に入ったとたんに乱暴な運転をするようになったりすることを、モラルハザードと言いますが、これと同じ問題が発生することになります。これは、人々にとって良かれと思って政府は被災者の救済、被災地の復興という政策をとりますが、それがかえって危険な地域に住む人を増やす、いわゆる時間非整合性と呼ばれる問題が起こっていると言っていいかもしれません。

これを防ぐには、政府は危険な地域に住んでいる人たちは危険を知りつつも自分の自由な意志で住んでいるのだから、災害が発生したときも必要な応急措置はとるが、つまり人命を尊重するが、街の復興や人々の生活の保障まではできないと明言する必要があります。

しかし、政府は人気取り政策のために、あるいは「なぜそうしたかわいそうな人たちを救済しないのか」「被災した街をなぜ復興しないのか」といった世論に負けてしまう可能性があります。どんなに保守的な政府であっても、こうした世論に勝つことはできません。なぜならこれをやると次の選挙に負ける可能性が高いからです。被災地を見捨てた政権・政党を支持する人たちは、なかなかいないと言っていいでしょう。

ところが、こうしたことを繰り返していると、人々は政府に甘えてリスクを過少に評価することになります。自助努力で危険を回避し、被害を最小限のものにしようとする個々人の努力は、そのモチベーションを失うことになります。災害を回避するという個々人の賢明なインセンティブは、政府によって失われてしまうのです。

心優しい政府はもちろんありがたい政府で、選挙にも強いですし、人気取りのために高く評価されるかもしれませんが、個人を甘やかすことになります。危険な地域であってもそこに住み続け、ハザードマップさえみたことのない人たちを生み出し、普段からの防災努力をしない人たちを増やすことになるでしょう。これが合理的な個人でありながら、社会的にはきわめて非合理的な結果を生むという時間非整合性の問題、あるいはモラルハザードの問題と言っていいかもしれません。

人々が自然災害のリスクを過少に評価し、それによって政府の無駄遣いを助長してしまうことになります。さらに、政府は復興対策と同時に防災事業をたくさん実施するようになるでしょう。高い防潮堤を作ったり高台を作ったりして、街を復興しようとするでしょう。また、大きな土砂災害リスクがある地域には砂防ダムを作り、そしてそこに多くの人たちを住み続けさせることになります。

こうした防災投資の予算と復興予算はみるみる膨らんでいくというのが、近年の日本の姿と言えます。しかし、いま述べたような理由から、これに歯止めをかけることは、民主的な政府のもとでは、きわめて難しいと言えます。

これまでに、人々が危険なところに住まない、災害を対象とした保険に入るなどの防災行動を、粗いリスクの評価を前提とした地震保険制度や、政府の事後的な救済などの制度的な要因が妨げてきたことをみてきました。しかし、そこで前提とされているのは、集めることのできる情報を集めて、現在のことだけでなく将来のことも考慮に入れて、自分の行動がもたらすであろう利得と損失を計算したうえで行動できる合理的な個人でした。

経済学では伝統的にそのような合理的な個人を前提として、さまざまな議論を展開してきましたが、近年発展著しい行動経済学においては、個人はそれほど合理的ではない、システマティックな誤りを犯す可能性が高いということがわかってきました。このような人々が社会の大部分を占めるのであれば、いま述べたような制度を整えても、災害は大きな社会的コストを発生させることになってしまいます。次節以降は、このような合理的でない人々が社会の大層を占める社会ではどのようなことが起こるのかをみてみましょう。

5　人々の行動が合理的でない場合

（1）人々はどれだけ将来のことを考えるのか？

人々が必ずしも合理的ではないという心理的な特性のひとつとして、「非現実的な楽観主義」というものがあります。Weinstein（1980）では、教室実験であなたの人生で起こりうるイベントの確率予想が、他人のそれよりも高いか低いかを調査した結果が報告されています。よいイベントの場合は高く、悪いイベントの場合は低く感じる傾向が有意に推定されています。このように人々は、起こって欲しいことは起こると予想し、起こって欲しくないことは起こらないと予想しがちです。

災害などは起こる確率を低く推定する傾向があると示唆されます。日本では阪神・淡路大震災や東日本大震災などのイベントをきっかけに、危険な地域でのリスクの過小評価が修正されたことを示す研究が報告されていますが、このようなリスクの過小評価がある場合は、いくら前節までに議論したような社会の仕組みをつくっても、危険地域に多くの人が住むことにつながってしまいます。

そもそも人は、将来のことをどれだけ考えているのでしょうか。これまでの研究からは、とくに遠い将来のことを驚くほど考えないということが示唆されています。筆者のひとりが小学生のころノストラダムスの大予言というのが大流行して、世界が滅びるということに大きな恐怖を感じたのを思い出します。しかし、「1999年に僕は何歳だろう？　38歳じゃないか」と思い至った瞬間にどうでもよくなったことを覚えています。これは子供だからでしょうが、立派な大人も将来についてそれほど遠くまで見つめられないことがわかっています。

経済学では将来のことをどの程度考えられるかということを、時間割引率という指標で表しています。詳細は第7章で説明しますが、ごく簡単な説明をしてみましょう。ここにＡさんとＢさんがいるとします。Ａさんは、今の１万円と１年後の１万500円を同じ価値だと考えています。一方Ｂさんは今の1万円と1年後の1万2,000円を等価値だと考えています。この場合Aさんの時間割引率は5%、Bさんの時間割引率は20%だと言います。Aさんは金利が10%ならいまの消費1万円をがまんして貯蓄し、将来の消費1万1,000円（>1万500円）を増やそうとしますが、Bさんはそれができません。つまり時間割引率は、その値が低いほど将来のことを慎重に考えて高く評価することができるという選好を表すことになります。

大阪大学の調査「くらしの好みと満足度についてのアンケート」では、全国の20～60歳の男女の時間割引率、つまり現在と将来（7日後）の利得を比較して、将来のそれがどれだけ割り引かれるかを調べています。

その結果、年率に直して5%の時間割引率の人が最も多いのですが、0～5,000%まで広く分布しているという結果が得られています。この数値が大きいほど、将来の価値を高く評価しないことを意味しています。男女別に中央値をみると、なんと男性は150%、女性は70%となっています。この数値を前提として、現在もらえるのであれば1の価値で評価されているものが、1年後、2年後…にもらえるのであれば、どの程度の価値として認識されるのかを、男女別に描いたものが図表1-3です。

このような場合、将来の損失を、どのように認識することができるでしょうか。例えば、政府は首都直下地震が今後30年間で70%の確率で起こるという調査結果を発表しています。しかし、図表1-3にみられるように男性は5年後、女性は10年後程度の将来については、利得についても損失についてもほとんど真剣に考えることができないという実験結果が出ています。

さらに、家屋の被害に限れば、61万棟の被害が想定されていますが、被害が及ぶ地域全体の建物棟数1,450万棟のうちの被害ですから[1)]、「かなり将来まで見通さなければ」「差し迫ったものとして認識できない」損失については、平均的な個人を前提とする限り、自発的な危険回避行動を期待することは難しいのかもしれません。

1）「首都直下地震の被害想定と対策について」（2013年）（中央防災会議首都直下地震対策検討ワーキンググループ）（http://www.bousai.go.jp/jishin/syuto/taisaku_wg/pdf/syuto_wg_siryo01.pdf）より。

図表1-3 計測された時間割引率と将来の価値

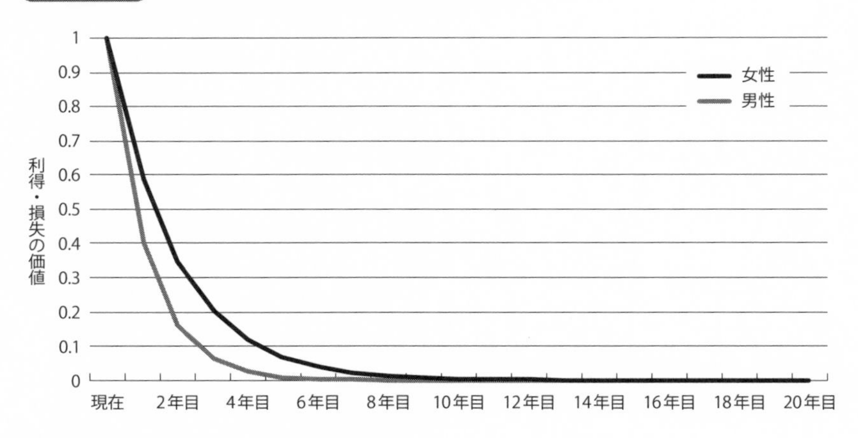

（出所）大阪大学GCOE調査「くらしの好みと満足度についてのアンケート」より作成。

このように、そもそも将来のことを適切に考えることができないという人々の認識のくせは、多くの人々が危険地域に何の用意もなく居住する結果をもたらします。

(2) プロスペクト理論

第3節においては、もしも危険な場所に住んでいる場合には、保険に加入することでそのリスクを減殺することができるかもしれないことを述べました。つまり「将来発生するかもしれない大きな損失」を「現在以降確実に支払わなければならないコスト」と引き換えに、解消することができるのではないかということです。

日本でも地震保険が政府と保険会社によって提供されていますし、米国では水害保険が連邦政府によってバックアップされています。このような保険は被害の影響を抑制する決め手になりうるのでしょうか。

ここでは、まず行動経済学を扱った書籍や論文で多数ふれられているトヴェルスキーとカーネマンの実験を紹介します。これはアジア病という伝染病が大流行し、このままでは、その地域の600人の住民が死亡すると予想されているため、二つの対応プログラムを用意したという前提で、二つ

図表1-4 トヴェルスキーとカーネマンの実験

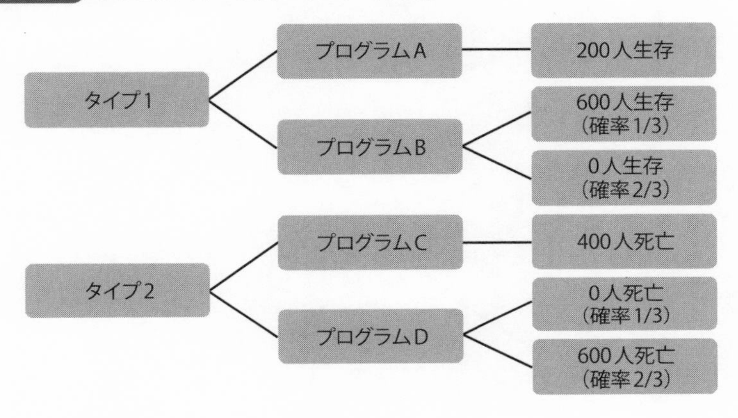

のタイプの問いを発しています。

タイプ1の問いでは、下記の条件下でプログラムを選択させています。

「プログラムAを採用した場合、200人が助かる。プログラムBを採用した場合、1/3の確率で600人全員が助かり、2/3の確率で1人も助からない」

タイプ2の問いでは、下記の条件下でプログラムを選択させています。

「プログラムCを採用した場合、400人が亡くなる。プログラムDを採用した場合、1/3の確率で1人も死亡しないが、2/3の確率で600人全員が死亡する」

いまの問いを図にしたものが図表1-4です。落ち着いて考えればすぐわかるように、このうちプログラムAとCはまったく同じ効果をもたらすものであり、プログラムBとDもまったく同じ効果をもたらします。異なるのは、タイプ1では「感染者が助かる」という文脈でプログラムを選択させているのに対し、タイプ2の問いでは「感染者が死亡する」という文脈でプログラムの選択が行われているという点だけです。

この実験の結果、タイプ1ではプログラムAが72%の回答者から選択された一方で、タイプ2ではプログラムDを78%の回答者が選択しています。このように、「利得を得る」という文脈のもとにおいては、人々は危険回避的になり「確実に200人助かる」ことを選びますが、「損失を被る」文脈で

図表1-5 プロスペクト理論の解説

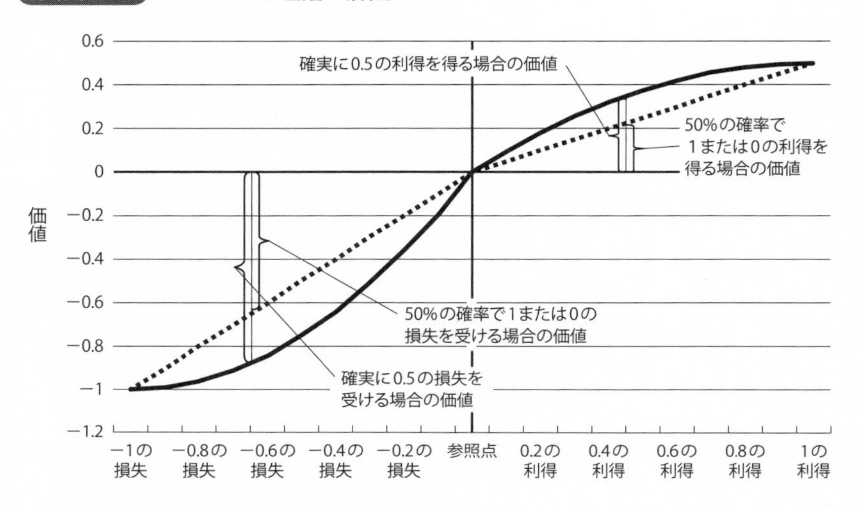

は人々は危険愛好的になり「全員助かる場合もあれば、全員死亡する場合もある」ことを選んでいます。これはどういうことでしょうか。

行動経済学では、このような実験結果をプロスペクト理論という人々の利得と損失の認識の仕方によって説明しています。

図表1-5においては縦軸に「価値」と呼ばれる人々の利得や損失に対する認識を示しています。横軸の真ん中の参照点とは、現在の状態だと考えてください。この価値関数の特徴は、①人々は同じ規模の利得と損失であれば、損失のほうを大きく評価する、②利得方向には曲線が凹（傾きが小さくなっていく）であり、損失方向には曲線が凸（傾きが大きくなっていく）、というものです。

図表1-5では横軸に沿って右方向に、「現在の状態」からどれだけの利得が得られたのかが測られています。そして実線はそのときにどれだけの「うれしさ」を感じたのかを示しています。例えば確実に0.5の利得が得られる場合は、0.35くらいの「うれしさ」を感じます。一方、50％の確率で利得がないが、50％の確率で1の利得がある場合は、どの程度の「うれしさ」を感じると考えればいいでしょうか。利得の大きさだけを考えれば、(0×0.5)＋(1×0.5)＝0.5と期待値は一緒です。

しかし、「うれしさ」についてはどうでしょうか。経済学では、その「うれしさ」を、0.5×(何も得られない場合のうれしさ)＋0.5×(1の利得が得られた場合のうれしさ）で計算できると考えます。図表1–5ではこの「うれしさ」の期待値は、参照点の実線の値と1の利得の実線の値を結んだ中点で表されています。0.2を少し上回る程度の「うれしさ」しか感じられないようですから、利得の大きさだけを考えれば0.5で一緒ですが、より大きな「うれしさ」を感じられる確実な選択をこの場合人々は選ぶことになります。

一方横軸に沿って左方向には現状からの損失が測られています。そして実線は、そのときの「痛み」を表していると考えましょう。利得の場合と同じように考えれば、0.5の損失に対応する実線の値は、確実に0.5の損失を受けるときの「痛み」を、点線の中点は50％の確率で何も損失を被らないものの、50％の確率で1の損失を被る場合の「痛み」の期待値を表すと考えることになります。この場合、図表1–5から明らかなように確実な損失の「痛み」の程度（実線の絶対値）が大きくなっていますから、人々はそのような選択肢を選びません。

つまり、人々は利得方向においては危険回避的になります。一方、「損失を被る」文脈においては人々は危険愛好的になります。つまり、災害が起こって生命、財産を失うという文脈の中では、「確実に発生する保険料」という損失よりも、「災害が起こらないかもしれない」という「いちかばちか」に賭けることになります。

つまり、損失方向には危険愛好的に行動するというくせは、危険を顧みることなく、「危険地域に住む」、さらに「(保険などの）用意を何もしない」という行動をもたらします。

6　おわりに

このように人々が必ずしも合理的でないとすれば、保険制度をリスクに応じたきめの細かいものにして、政府が事後的に最低限の救済しか行わないということをしたとしても、人々の十分な備え、例えば「危険な地域に住まない」「危険な地域に住んだ場合には保険などの十分な準備を行う」などの行動を促すことでは十分な成果は得られないでしょう。つまり、多くの人々が「保険加入」「家屋の耐震化」などの準備なしに、危険な地域に住むことになるため、災害の事前・事後に生じる社会的コストはきわめて大きなものになってしまうでしょう。このような場合は、自己決定、自己責任を超えた公共部門の介入が求められるかもしれません。これを、リバタリアン・パターナリズムと呼びます。

危険地域に住む場合には、災害への準備、例えば保険加入を強制する、人ではなく危険地域の不動産に保険を付保しておくなどを、個々の人々の判断ではなく社会の判断として行うことが最終的には求められるかもしれません。しかし、合理的に振る舞うことができる人の存在も前提とするならば、もっと柔らかい介入の仕方が適切かもしれません。このような介入の仕方をナッジと呼びます。

例えば、オーストリアなどの国では臓器提供希望者が多く（85～99.9％）、英国などの国では少ない（4～28％）という数値があります。前者の国では、臓器提供意思表示カードは「移植のために臓器を提供しない場合はチェックを入れてください」となっているのに対して、後者の国では臓器の提供を希望する者がわざわざチェックを入れる臓器提供意思表示カードになっています。つまり、人々の「何も行動をしない」ことを好むことを利用したデフォルトの設定という、非常に弱い介入が大きな効果を上げています。

これらのことを考えれば、危険地域に居住する場合には、地震保険加入をデフォルトとした保険加入意思の確認を義務づけるなどの方策が有効かもしれません。

第2章

空き家・空き地はどうして存在するの？

1　空き家は非効率？

日本では2018年時点で、849万戸の住宅が空き家になっています。現在ある住宅の戸数は約6,241万戸ですから、そのおよそ14%が空き家になっていることになります。このような資源を未利用資源と言います。一見すると、使えるのに使われていない資源があることは、もったいないことですし、何らかの無駄が発生しているように思えます。かなり老朽化したものもあるので、空き家のすべてがすぐに利用可能だとは思われませんが、果たしてどのような無駄があるのでしょうか。

注意したいのは、空き家には大きく二つの種類があるということです。849万戸の空き家の中には、別荘などのいわゆるセカンドハウスや、売却や賃貸されるのを待っているもの、つまり何らかの利用が予定されているものが含まれています。

そうしたもの以外に「その他空き家」と呼ばれる、利活用の予定がはっきりしない種類のものが349万戸あります。このような「その他空き家」が深刻な問題を発生させると思われます。

ところで、利用を前提にする場合とその可能性がないものの違いはどこにあるのでしょうか。この答えは住宅や宅地の管理の程度にあると言えます。所有者の意思で、現在は利用していないが、いずれ自分ないし他人が活用するからとっておくということなら、問題の程度は小さいように思えます。将来の利用を前提にする以上、所有者は十分な管理をして、資産価値を減じないように注意するはずだからです。

しかし、何の利用可能性も見い出せないまま所有している場合は、そうではありません。一般に、住宅や土地を管理するにはコストがかかりますので、利用可能性の乏しい土地や住宅の管理はしなくなります。その結果、資産価値は低下し、周辺にも望ましくない影響が及ぶことになります。日本には、登記もされずに、誰が所有者かもわからない土地がたくさんあることが大きな社会問題にもなっています。これは管理されない点が問題なのです。

管理の行き届かない住宅や土地が多数存在することは、明らかに社会的な問題です。近所にこうした空き家があれば、防犯上望ましくありませんし、治安の悪化につながります。不審な人がその空き家に入り込んでしまったりするのも問題です。その空き家から失火が生じるかもしれません。ひとたび火事になれば、空き家は古い住宅であることが多いので、近隣の住宅に被害を及ぼすかもしれません。これが、空き家の管理状態が悪いことが引き起こす問題と言えます。そこで、本章では、この将来利用される予定のない「その他空き家」を対象として議論をします。

空き家自体が無駄であるかどうかはともかくとして、十分な管理がされていない空き家をそのままにしておくことは、防災上の観点からも望ましくありません。ひとたび空き家が生じて周辺地域の環境が悪化すると同時に地価が下落します。それはこうした地域が危険であることを、人々が察知するからです。危険な地域から人々が流出していき、その地域の衰退が始まります。

2　空き家と人口減少

それではこうした空き家はどうして発生するのでしょうか。現在、日本では人口が減っており、少子高齢化が急速に進んでいるため、住宅に対す

図表2-1 普通世帯増加率とその他空き家率

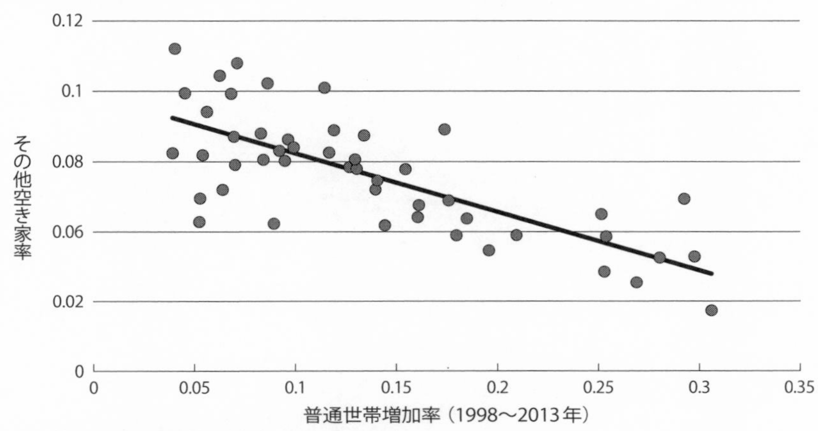

（出所）「住宅土地統計調査」（総務省統計局）より作成。

る需要が少なくなるというのは、当然のことかもしれません。住宅の需要が減って、現在ある住宅ストックの量を下回れば、それが空き家になるというのが、最もシンプルな説明です。しかし、疑問は残ります。住宅価格がゼロならば、誰かが買いたいと思うのではないでしょうか。あるいは家賃がタダならば、誰かが住みたいと考えるのではないでしょうか。この疑問には、あとで答えることにしましょう。

図表2-1は都道府県別の1998〜2013年の「普通世帯」の増加率と、「その他空き家」率（＝「その他空き家」／全住宅数）の分布図です。普通世帯とは、主に「住居と生計を共にしている人の集まりまたは一戸を構えて住んでいる単身者」を意味します。この中に含まれない世帯は「準世帯」と呼ばれ、代表的なのは学校の寮や病院に入っている人たちです。準世帯は、積極的に選んだ住戸ではないということで、ここでは排除しています。

図にあるように、普通世帯とその他空き家の関係は、負の相関を示しています。つまり、人口減少がもたらす普通世帯の減少が、空き家の増加をもたらしていると考えられるかもしれません。その一方で、図表2-2にあるように、別荘などの二次的住宅や将来の販売・賃貸を予定している空き家については、両者はほとんど関係がないことがわかります。これをみる

図表2-2　普通世帯増加率と二次的住宅、賃貸・売却用住宅率

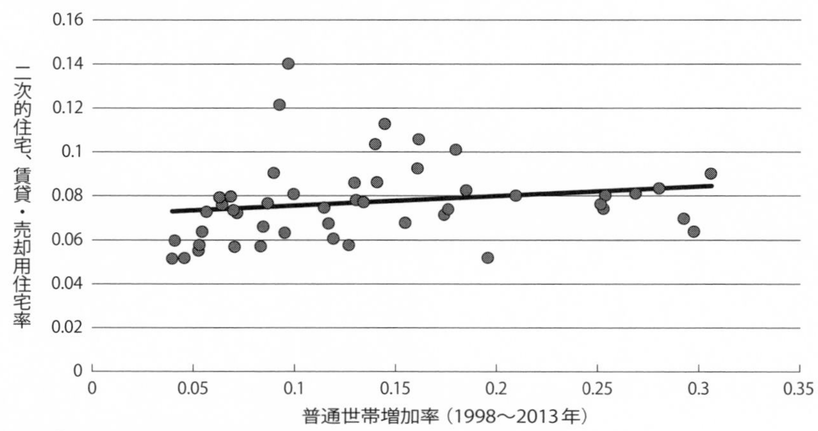

（出所）「住宅土地統計調査」（総務省統計局）より作成。

と、人口減少が空き家問題の主要な原因であるという主張には一定の説得力がありそうです。

しかし、人口が減少したのであれば、供給量が減るか既存の住宅ストックが処分されて、それに見合った数の住宅が市場に残り、何らかの利用がされると考えるのが自然ではないでしょうか。さきほどの疑問の繰り返しになりますが、空き家が多いならば誰かが買って使うのではないでしょうか。それでも買う人がいなければ処分されるのではないでしょうか。需要がない財が、長い間市場に放置されたまま残ってしまうという状態を、どう考えればいいのでしょうか。

例えば、日本ではかつてガラケーと呼ばれる携帯電話を多くの人々が使っていましたが、スマホが現れたことによって、市場に出回っているガラケーは減少して、取引される価格も低下しています。人口が減少する、つまり需要が減退することで、その消費量が減るという当たり前のことがなぜ起こらないのでしょうか。

3　失業と空き家

この問題を解くカギは、転用費用という概念にあります。一定の資源を他の用途に振り替えることを、資源の転用と言いますが、転用するには費用がかかるのが普通です。これは一般的にあらゆる資源について言えることです。

土地だけではなく人間についても同じことが言えます。これまで一定の訓練や経験を経て、ある職場で働いていた人たちが、急にこの仕事はもういらなくなったからといって、他の仕事にすぐ就けるようになるかというと、そうは簡単にはいきません。きわめて単純な労働であるならば、簡単かもしれませんが、そうした単純な労働には低い賃金しか払われません。

そのため、いったん失業して他の職場に転職しようとするのはかなり大きな心理的抵抗をもたらすものですし、新しい仕事に必要なスキルを身に付けるための職業訓練が必要になってきます。これが失業の問題なのです。失業が深刻になるのは、こうした失業に伴って多額のコストが発生するからです。労働の場合は転用とは言いませんが、労働には技能訓練のコストや再就職のための費用が発生します。このように人間の再就職・再配置にはかなりのコストがかかるために、景気が悪くなったり、技術進歩が生じる際にも資源の未利用状態、つまり失業状態が発生するのです。

倒産した企業で働いていた人たちや、それまで繁栄していた産業が急速に衰退したために失業してしまった労働者にとって、これが深刻な問題であることは言うまでもありません。これは財やサービスに対する需要が急速に減少したために生じる問題で、マクロ経済学や労働経済学の重要なテーマのひとつとなっています。そして、これと同じ現象が、いまの空き地・空き家の問題です。次節以降で、転用費用についてもう少しくわしくみていくことにしましょう。

4　都市近郊にある宅地の供給と宅地価格の決定

図表2−3は、都市近郊のある地域の宅地面積を横軸に、宅地の価格を縦軸にとったグラフです。宅地面積は、短期的には宅地価格が変わってもすぐには変更できませんが、長期的には農地からの転用によって増加します。ここはそうした短期と長期の変化を考えることにします。

周辺には農地がたくさんある地域を考えていますが、すぐに宅地を増やそうとしてもそうはいきません。そのため現在の宅地面積の水準Q_0の上に伸びる垂直線で、宅地の供給量は与えられています。地価が変化しても短期的にはこの宅地面積を変更できないので、垂直線で描かれています。

しかし、宅地価格が上昇し、その価格が農地の宅地造成によって利益を生み出せる水準を超えると、宅地面積は増えていきます。つまり、農地をP_Aで買い上げて転用費用をかけて宅地造成をしても利益を生み出せるのは、宅地価格がP_0を超えた場合だけですから、その場合についてだけ価格の上昇に応じて宅地の供給量は増えていきます。つまりP_0を上回ると、その曲線は右上がりになっています。この折れ線SSが宅地の供給曲線です。

図表2−3　人口増加期の住宅市場

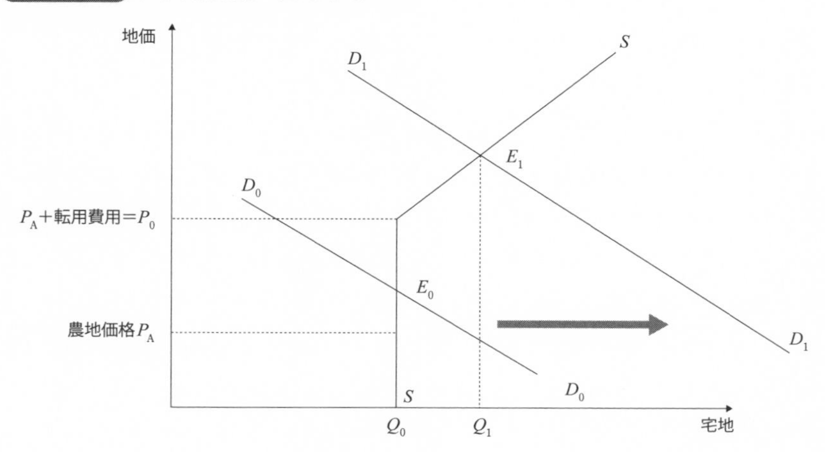

この折れ線が転用費用と深く関わっています。宅地に対する需要が増加するときの転用費用とそれが減少するときの転用費用は異なりますので、まず高度経済成長期に住宅の需要が増加しているときの、都市近郊の農家を考えてみましょう。

このとき農地の所有者は二つの選択肢をもっていると考えることができます。ひとつは、農地でこのまま農業を継続することです。将来にわたって得られる農業収入を勘案して農地の価格が決定されます。もうひとつの選択肢は、農地を宅地化して分譲することから収入を得ることです。

一般に、この過程ではまず農地が開発業者に売られ、開発業者が費用をかけて宅地化することになります。農地を整地し地盤を作り、上下水道や電気の配管や取り付け道路を建設します。これを宅地への転用と言い、これにかかるのが転用費用です。その上に住宅を建築してそれを消費者が最終的に購入することになります。

したがって、宅地価格には、農地価格に加えて転用費用が算入されることになります。1960年代の都市郊外には多くの畑や山林がありましたので、こうした土地を一定の価格で売却してくれる農家はたくさんありました。いまそうした農地の価格をP_Aで一定と考えてみましょう。

このとき宅地の価格Pは次の条件が満たされなければ開発は起こりません。

$$P \geqq P_A + \text{転用費用} = P_0 \qquad (1)$$

開発業者が農家から農地を購入して、開発するためには、いま述べた転用費用がかかりますので、宅地価格が農地価格＋転用費用を上回っていなければ、利益が出ません。したがって、宅地の価格がP_0を下回る限り、宅地は増えないので、Q_0の垂直線になります。

しかし、図表2-3にあるように、宅地価格が農地価格＋転用費用（$=P_0$）を上回るようになると、住宅地の新規供給が始まります。また、一般に郊外になるほど転用費用も高くなります。より郊外にある転用費用の高い土地を開発して、より多くの宅地を農家が供給しようとしますから、P_0を上回ると宅地の供給量が増えるので、供給曲線は右上がりになっています。

次に宅地に対する需要を考えてみましょう。宅地需要は、どれだけの人たちがこの宅地を保有しようと考えているかを示す計画量ですので、価格の変化に従って保有したい量も変化します。この地域に存在する住宅に対する需要は、宅地価格の低下に従って増えるものと考えられます。宅地価格が安くなれば、多くの人たちが宅地を保有しようとするでしょうから、この需要曲線は右下がりに描くことができます。

これで需要曲線と供給曲線が描けたことになります。このときの需要曲線D_0D_0曲線は右下がりになっています。需要と供給が等しくなるのは、この需要曲線と供給曲線の交点です。もし、この交点よりも宅地価格が高ければ、宅地の供給量が需要量を上回っているために、宅地価格の下落が生じ、逆に、この交点よりも宅地価格が低ければ、住宅の需要量が住宅の供給量を上回る結果、住宅価格の上昇が生じます。

これによって、宅地価格は需要曲線と供給曲線の交点E_0で決まることになります。この交点での価格が、ある地域の住宅の需要と供給を等しくする均衡価格と呼ばれるものです。これが、ミクロ経済学が教える宅地価格の決まり方です。

5　戦後の土地開発がうまくいったのはどうして？

このような考え方で、人口が増大してきた当時のことを描写してみましょう。序章の図表序−9（P26）のように戦後の日本経済が成長していたときには、都会を目指して地方からたくさんの若い人たちがやって来ました。そうしたときでも、地方にたくさんの空き家が発生するといったようなことは、生じませんでした。一方、東京や大阪のような大都市では、人口が増えていくのに対して住宅が不足するという、現在とまったく逆の現象が発生していたのです。

このことは図表2−3のE_0点に均衡があったことを示しています。高度成長期前は需要曲線がD_0D_0のところにありました。そのため郊外の住宅供給量はほとんどゼロでした。この需要曲線がさらに右へシフトして価格がP_0

を上回ったときに、はじめて郊外の宅地（住宅）供給が始まります。宅地価格＞農地価格＋転用費用＝P_0つまり、宅地価格が農地を取得して宅地を造成する際の総費用を上回らなければ、農家や業者の利益になりません。

需要曲線がD_0D_0のときは、この条件が満たされません。人口の増加によって需要曲線は右にシフトしますが、多少の変化では宅地面積は増えません。このとき、住宅不足が生じていたと言えるかもしれません。言いかえると、転用費用のために、郊外の宅地開発は遅れがちになり住宅不足がなかなか解消しなかったと言えます。このように、転用費用は土地利用の変更に遅れをもたらし、資源配分の変更に時間を必要とします。

1950年代後半から70年代までの日本の高度経済成長は、こうした人口移動の連続だったと言えます。地方から若い人たちが大都市に移動してくることによって、住宅や宅地の不足が発生しました。都心の土地の高度利用が叫ばれながらも、高度利用よりもさきに郊外の宅地開発が進み、日本は多くの人たちに一戸建ての住宅が買えるような政策や制度を進めていったのです。

すると、何が起こったでしょうか。街の中心部は高度利用することを抑えられたために、郊外へ郊外へと開発圧力が生まれました。その結果、いままで農地だったところが宅地に変わっていきました。

つまり、農地として使うよりも宅地としての価値が高まっていったということです。郊外の農地は次第に宅地化されていって、通勤圏はどんどん大きくなっていったのです。さきほどの需要曲線と供給曲線を用いると、需要曲線がD_0D_0からD_1D_1に大きくシフトしたことによって、農地から宅地への転用が生じて宅地の供給量が次第に増えていったということができます。いままで農地や林地として使われていた土地に資本を投下して、道路や上下水道を整備して宅地化していったのが60年代以降の都市開発です。

つまり、一戸建ての家を買うというサラリーマンの夢は郊外の開発を促進し、そしてその郊外の安い土地を求めて人々が移動し、住宅を建てた結果、混雑と通勤時間が長くなるという都市固有の問題が発生したのです。

しかし、このときは需要曲線の右へのシフトに従って宅地の供給もQ_0からQ_1に増加していったので、郊外での地価の上昇は比較的抑制されたと言ってもいいでしょう。一方、宅地価格が上昇したために、農地から宅地への転用によって、農地の所有者だった人たちは巨額の利益を得たことになります。農地の価格P_Aに転用費用を加えた額よりも宅地の価格が高いので、農地を宅地に転用すると、かなりの売却益が発生したのです。宅地開発業者も含めて、大都市の郊外で以前から農地を所有していた農家は、これによって大きな利益を得たのが、戦後から90年代にかけて発生した現象と言ってもいいでしょう。

6　人口減少と地域の衰退、空き地の増加

さて、時間を現在に引き戻して、この地域で人口が減少したとしましょう。何らかの理由で、この地域の衰退が始まりました。この地域の衰退は、人口の減少という形で生じます。人口の減少は住宅に対する需要曲線を左にシフトさせることになります。このことを図表2-4を用いて説明しましょう。人口減少前の宅地面積はQ_0の水準にあったとします。このときの需要曲線D_0D_0が人口減によってD_1D_1にシフトしたとします。

こうしたシフトが時間とともに繰り返し起こることによって、D_1D_1はさらに左へシフトしていくことになります。住宅のストックは長い耐久性をもつために、住宅の需要が減っていっても、いまある住宅ストックの量は簡単に変えることはできません。宅地もまったく同じで、簡単に減らすことはできません。これが、実は重要なポイントです。つまり住宅のある土地、すなわち宅地の面積をすぐに変えることはできません。住宅の需要曲線は左にシフトするのに対して、住宅地の供給曲線SSはQ_0のところで垂直線のような状態になります。

この点も転用費用に関係しています。すぐに住宅を壊して、他の用途に土地利用を変更することができれば問題は生じません。しかし、住宅地を減少させるのにはやはりコストがかかります。ここでは、宅地を再び農地に転用するケースを考えてみましょう。このときのコストは農地を宅地に転用する場合とはまったく異なります。まず住宅の解体に費用がかかりま

図表2-4　**人口減少期の住宅市場**

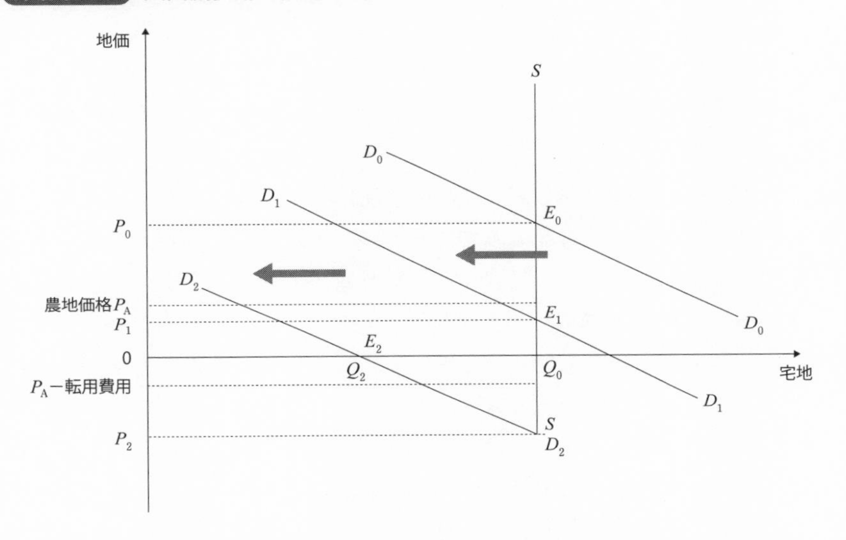

す。このうえで地下の配管などを撤去して農地にするにはかなりのコストが必要です。これに要する転用費用は農地から宅地に転用するケース以上にかかるのではないでしょうか。

ただし簡単化のために以下においては、農地から宅地への転用費用とその逆の転用費用はP_0-P_Aで同一だとして議論を進めましょう。このとき、宅地が農地に転用される条件を考えておきましょう。宅地を取得して農地に還元するための条件は

宅地価格＋転用費用＜農地価格、
あるいは、宅地価格＜農地価格－転用費用　　(2)

です。

これが宅地の保有者が住宅を売却して開発業者が農地に転用するときに利益が生まれる条件です。つまり宅地価格が右辺の農地価格－転用費用を下回るまで下落したときに農地への転用が始まります。

この点を図表2-4を用いて考えてみましょう。まず、均衡価格はどうな

るでしょうか。均衡価格はDD曲線とSS曲線の交点で決まることから、均衡点E_0は次第に低下していくことになります。需要曲線が左にシフトすれば、新しい均衡点はさらに下方に変化します。その結果、宅地価格の下落が続くことになります。これが地域の衰退に伴って発生する宅地価格の下落という現象です。

さきに述べた理由と同じように、その地域の宅地面積は短期的には一定です。なぜ一定かよく考えてみてください。宅地の量は簡単に変更することはできません。それでは、もう少し話を進めてみましょう。D_1D_1のもとでは均衡点はE_1で決まり、まだ地価は正の値にあります。つまり、タダではないということです。まだそこに住み続けたいという人たちがいて、住みたい人（需要量）と住むための宅地（供給量）が等しくなっています。土地に対する需要と供給は一致しています。つまり、誰かがこの土地を必要としており、この土地に対する需要があります。

そのとき、そこを所有するときの価値が発生します。何らかの価格がついているのですから、まだこの土地には価値があることになります。つまり、土地の値段がゼロではなく価格がついていることになります。この場合はとても低い値段しかつきませんが、うまくマッチングをさせることで宅地は市場で流通させることが可能です。

ここで問題です。このE_1点の宅地価格は農地価格P_Aを下回っています。しかし、宅地から農地には転用されません。これはどうしてでしょうか。それは転用費用が存在するからです。

このE_1点の価格P_1に転用費用を加えると、農地価格を上回ってしまうので、(2) 式が成立せず、農地への転用が生じないのです。それでは、どこまで宅地価格が下がれば (2) 式が成立するようになるのでしょうか。この点はもう少しあとで考えてみましょう。

7　空き家と空き地の発生メカニズム

さて、宅地価格がP_1のように低い水準になると、そのときに何が起こるでしょうか。この図が示していることは、土地の値段がついている以上、その土地に対して何らかの需要があり、そして住宅としての利用価値があるということになります。

そうであれば、住宅が一時的に空き家や空き地になることはあったとしても、その空き地をていねいに管理し、そして不審な人物が出入りできないように住宅には厳重に鍵をかけるでしょう。ずっとそこに住まないにしても、所有者はときどきやってきて住宅を見回り、庭の手入れも怠らないでしょう。近隣に迷惑をかけると、それは住宅価値の低下に結びつく可能性がありますので、家の管理もきちんとしたほうが本人のためでもあります。

これまで述べてきたのは宅地についてですが、まったく同じ議論が、その宅地の上物である住宅についても成立します。住宅の価値を維持するためには、つまり住宅の価格や土地の価格を維持するためには、その住宅を管理し手を入れることが必要になります。住宅価格が高ければ高いほどそうした誘因（インセンティブ）が働くことになります。十分な管理や修繕をすることによって、将来売却するときにも高い価格で売ることができるでしょう。一般に、住宅に限らず、値段の高いものほど大切に扱おうとするのは、こうした理由からです。

しかし、さらに住宅価格が下がってくるにつれて、そうしたことが割に合わなくなってしまうかもしれません。土地や住宅を見回り、メンテナンスをするのにも何らかのコストがかかりますので、地価や住宅価格が低くなるにつれて、こうしたことは次第に面倒になってきます。住宅の傷みを直しても庭の手入れをしても、住宅の価格が影響を受けないほど低くなってしまうかもしれないからです。

たいした値段もしない住宅であれば、そこに手を入れてもしょうがないと思うのも人情として理解できなくはありません。土地でもそうです。地価が下がってくると、雑草を刈ったりすることは割に合う仕事ではなくなってしまうのです。地価や住宅価格が下がってくると、人々は次第に手をかけなくなります。土地や住宅を管理するためのコストが相対的に高くなると感じてしまうのです。掃除や管理のコストのほうが住宅価格を高めるよりも大きくなってしまえば、あまり掃除をしたり庭の手入れをしなくなったりするのはよくわかります。

こうしたことが続けば、家が荒れて空き家になっていくことが想像できます。その地域の人口がさらに減っていき、もっと深刻なことが起こります。つまり、需要曲線がさらに左にシフトすると何が起こるでしょうか。例えば、需要曲線が、ここの図にあるようにD_2D_2のようなところまで下がってしまえば、需要曲線と供給曲線はこの第一象限では交わらなくなってしまうのです。地価はゼロ以下にはなりませんので（地価が負になるというのはどういうことか考えてください）、価格がゼロになっても需要と供給は等しくなりません。

そのとき、その住宅を所有したいと考えている人たちが圧倒的に不足してしまうので、図表2-4にあるようにQ_2Q_0だけの空き地や空き家が発生し、住宅価格や地価はゼロになり、そして誰も住まなくなってしまいます。そのとき空き家や誰も所有したくない土地が出てくることになるのです。

需要曲線と供給曲線がゼロでも交わらないというのはどうしてでしょうか。価格がゼロ、すなわち、住宅価格や地価がゼロならば、誰か買ってそこに住もうという人や、他人に貸して地代や家賃を稼ぎたいという人が出てきそうです。そうであれば、空き家や空き地は解消していくはずですが、そうはなりません。それはどうしてでしょうか。もうおわかりだと思いますが、ヒントは転用費用です。

8　なぜ土地がタダになっても所有したがらないのか？

高度成長期には都市を拡大する開発圧力が発生していましたが、いまは逆の方向の圧力が発生しています。需要曲線が右へシフトするのではなくて左にシフトしています。左にシフトした結果、さきほども述べたように、たくさんの未利用地や空き地や空き家が発生しています。そこで宅地価格や住宅価格の下落が生じています。このとき、60年代と逆のことが起こりそうなものですが、なかなか起こりません。

農地から宅地へ転用したのとは逆に、宅地から農地へ転用するということが起こりそうなものですが、なぜこうしたことが起こらないのでしょうか。つまり宅地の価格がゼロになって宅地としての機能を果たさなくなったこの地域でも、なぜ空き地は農地に戻らないのでしょう。

それは転用費用があるからです。宅地としての役割は終わったとしても、この土地は農業利用も含めて何らかの役に立ちそうです。土地があれば何らかの作物は産まれそうなものですが、そうした考え方は素人考えにすぎません。住宅地を農地に変えるには、相当なコストがかかります。いまある住宅を解体して撤去して、地盤も壊して、土をもう一度農業ができる土地に戻すには、相当のコストがかかります。こうした費用が転用費用です。

そのため、地価がゼロになっても土地を買って所有したがらないのは、まず宅地としての価値がないということです。地域が衰退して、周りの商店は店をたたみ工場も閉鎖されていきます。そのため、仕事や就職機会が失われ友人たちもどんどんその地域を離れていきます。その結果、地価がゼロになっても、誰も住もうとしないし、店を開こうともしません。ましてやオフィスなどはもってのほかです。

そこで、次に農地として再利用できないかということですが、転用費用がかかるために、タダで土地を買っても、転用費用を加えると農地価格を上回ってしまうために、農地への転用が進まないのです。それが需要曲線がD_1D_1やD_2D_2にあるときに生じます。このときの均衡価格P_1またはゼロ価格が、(2) 式の条件を満たさないのは図表2-4から明らかです。

仮に地価がマイナスになり、図表2-4のP_2まで低下すれば。$P_2 \leqq P_A -$転用費用になり、(2) 式が成立するので、農地への転用が生じて宅地が減少し都市の縮退という現象が生まれます。しかし、地価は負の値にはなりませんので、この条件は満たされず、空き地や空き家のままの宅地が長い期間残されるのです。

ここまで説明してきてわかったことは、次のようなことです。土地の用途を変更するには多額のコストがかかるために、現在、空き家や空き地が生じています。しかし、高度成長期には、農地から宅地へ転用することによって、お金（転用費用）をかけても多くの人たちが利益を得ることができました。

従来の農地の所有者は農地を開発業者に売却し、開発業者はコストをかけて開発をすれば大きな利益になりました。それは宅地の価格が上昇したからです。それによって農地の所有者や開発業者が利益を得ました。地方から流入して東京や大都市に職を得てコツコツとお金を貯めたサラリーマンにとっても、一戸建ての家を購入することは大きな夢でした。そうした人たちにとっても郊外に家をもつことは幸せなひとつの成果だったと言えるでしょう。

つまり多くの人たちがこれで利益を得たのです。さて、現在ではこうしたことによって誰が利益を得ることができるでしょうか。宅地の代わりになるような土地の利用方法があるでしょうか。それがもしあるのであれば、そして多くの利益を生むのであれば、そうした空き家になっている住宅を壊して、宅地を他の用途に転用することが可能になるでしょう。

農地に戻すための転用費用が高いために地価がゼロになっても誰も所有せず、荒れ放題の宅地が残り、農地に戻すこともできない状態になっているのです。

9　おわりに　解決策はどこにあるのか?

それでは、空き地・空き家の解消策を図表2-4に基づいて、考えてみましょう。その原因は需要曲線が大きく左にシフトしたことです。これは地域の人口が減少したからに他なりません。人口が減らなければ、この地域も宅地としての魅力を維持し続けたかもしれません。空き地が発生するもうひとつの原因は、図表2-4の農地価格－転用費用が負の値になっていることです。宅地価格がゼロになってもこの転用費用があるために、農地価格を上回ることができません。これは、農地価格が低いことと転用費用が高いことがそれをもたらしています。したがって、農地への転用を促進するには農地の価格を上昇させることと、転用費用を下げることです。この点についてはあとで考えてみましょう。

まず宅地需要を増やす方法を考えてみましょう。直感的に、人口減少が空き地や空き家を生み出しているのだと考えるのは間違ってはいません。しかし、それでは十分な解決策はみえてきません。あるとすれば、人口を増やすことしか方法はありません。それが簡単でないことは、みなさんもよく理解されているでしょう。出生率を上げることは難しいですし、時間もかかります。

さらに、外国からの移民受け入れに対しては強い政治的な抵抗が生じます。外国からの投資を活発に受け入れるという方法があるかもしれませんが、それが地域を再生することにつながるためには、さまざまな条件をクリアしないといけないようです。

ここではカナダ政府が実施した、アジアの高所得者、高度人材を引き寄せるためのBusiness Immigration Programの結果を紹介しましょう。このプログラムは一定の不動産投資を実施した者に対して、市民権と類似の地位を与えるものでした。その結果、バンクーバーへの不動産投資や移住が大きく増加しました。

しかし、その一方で、普通のバンクーバー市民が購入できない水準まで、戸建て住宅価格が上昇して大きな政治問題となりました。また、外国人の不動産投資が大きく増加したロンドンにおいて、高所得の外国人による住宅の所有が集中している地域があります。そのような地域では、セカンドハウスや賃貸住宅が増加したことが、地域の環境を一変させてしまった例も報告されています。確かに、これらの例はインバウンド投資に限らず、伝統的な住宅コミュニティに新しい用途や、新しい住民が移入してくる場合の問題と変わらないかもしれません。

しかし、異なる国の国民、法人の手によって、自身が住めなくなってしまう、住みづらくなってしまったことに関して、怒りを抑えられない住民が多数生じるかもしれません。多文化共生社会というきれいな言葉によるビジョンが盛んに喧伝されますが、このような社会では、生活習慣上、文化上の摩擦を覚悟しなければなりません。移民の受け入れという問題は、日本がどのような社会になろうとするかという共通認識をもてるかということにかかっている問題なのです。

この例は、地域再生というよりも、いまだに魅力のある地域に外国の資本を導入したケースだと思いますので、地域の再生が手遅れにならないうちに、こうした外国人投資家に門戸を開放する必要があるのかもしれません。

ところで、現在の日本は相対的に不動産が手に入りやすい時代に入っていることは間違いないでしょう。高度成長期やバブル時のように価格が高いために、「うさぎ小屋」と呼ばれるような住宅しか購入できなかった時代に、小規模宅地に対する税制上の優遇策が導入されたり、セカンドハウスをさまざまな政策措置から除外する政策がとられてきました。これらの狭くてもかまわない「一家族一住宅」をひたすら追い求める政策のスタンスを修正することで、需要曲線の下方シフトはある程度緩和できるかもしれません。

一方、人口減少を止められないとしたら、他に方法がないのでしょうか。ひとつは農業の生産性を上げるということが考えられるでしょう。農業の生産性を上げることで、農地価格が上昇すれば農地価格－転用費用は正の領域に上昇するかもしれません。そのために農業に関わるさまざまな規制緩和を進めて生産性を上げることは重要でしょう。農地価格－転用費用が正の値になれば、宅地価格がゼロでも (2) 式が成立するので、宅地は農地に戻されることになります。同様に農地転用のコストを下げる技術革新が生まれれば、これは可能になるでしょう。

あまりいいアイディアが出ていないのが実情ですが、農地に転換するだけではなく、住宅をオフィスなど別用途に転換する需要は今後増えていくかもしれません。実際、新型コロナウィルスへの対応や働き方改革をめぐって、リモートオフィス、サテライトオフィスへの注目が高まっています。自宅では切り替えができないという人には、自宅周りの地域で働く場所が欲しいというニーズが一定程度存在するのではないでしょうか。

その場合、建物や土地の利用転換を妨げているさまざまな規制を総点検することは、今後放棄された建物だらけの荒廃した地域を出現させない意味からも必要だと思われます。さらに、近年、都市計画に都市的土地利用と農業的土地利用の共存を図る田園居住地域という用途地域が創設されました。また、菜園付宅地は人気があるようです。アメニティとしての農地を積極的に評価する試みは、ひとつの解決策の方向を示しているのかもしれません。

第3章

誰もが豊かな住宅に住めるようにするためにはどうすればいいのですか？

1　はじめに

豊かな暮らしというのは、どのような暮らしを言うのでしょうか。暮らしとは、衣・食・住生活が基本ですが、それだけでもありません。仕事や勉強、家族や友人との会話やコミュニケーション、さまざまな趣味やスポーツも含まれることは言うまでもありません。そうしたひとつひとつを人々は各自で自由に選びとっています。しかし、すべての人々が自由にそれらを選択できるわけではありません。

ひとつの重要な制約は所得です。十分なお金がなければ自分の好きな生活を送ることはできません。もちろん、それはどんな所得の人にとっても考えられることですが、とりわけ制約が厳しいのは低所得者です。そうした低所得者を支援し、所得水準を高めるための努力を促す一時的ないし長期的な措置を提供するのが、政府の役割のひとつと考えられます。

政府は徴税権といった権限を用いて人々に課税して得た収入を、低所得者に再分配します。これを政府の再分配政策と呼びます。どのような形で低所得者に届けるのがよいのでしょうか。低所得者ができるだけ豊かな生活をしながら、所得水準を高めるために必要な技能の取得や再訓練によってよりよい就職をするためには、どのような仕組みが必要なのでしょうか。住宅による再分配政策を正当化するためには、どのような根拠が必要なの

図表3-1　所得水準別最低居住水準未満世帯割合

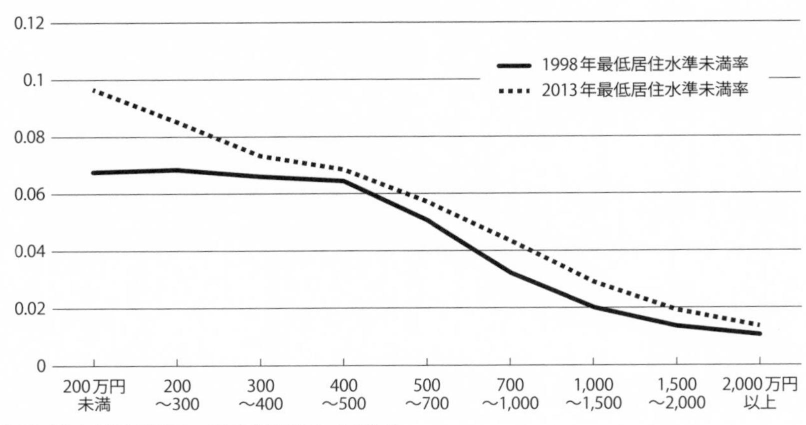

（出所）「住宅土地統計調査」（総務省統計局）より作成。

でしょうか。弱い人々を「差別」から守るためには、どんな政策手段が必要でしょうか。この章では、こうした住宅に関連した再分配政策について考えていくことにしましょう。

現在の日本において、誰もが豊かな住宅に住むことができているのでしょうか。そもそも、何が豊かな住宅なのかを定義するのは難しいことです。そこで反対に「豊かな住宅」ではない住まい方を考えてみましょう。政府が定める住生活基本計画では、「世帯人数に応じて、健康で文化的な住生活の基本として必要不可欠な住宅面積」（最低居住水準）が定められています。

政府がこうした面積を定めることが適当かどうかという大問題はともかくとして、具体的には単身世帯で25㎡、二人以上世帯については、20㎡×世帯人数＋15㎡と定められています。この水準以下の住宅に住んでいる世帯というのは、日本でどのくらい存在するのでしょうか。

図表3-1は、1998年と2013年の2時点で、こうした最低居住水準に満たない世帯の全世帯に占める割合をそれぞれ示しています。ここにあるように、2013年時点で世帯主の所得が200万円未満の世帯においては10%程度の世帯が、最低居住水準未満の住宅に居住していることがわかります。

図表3-2 年齢階級別最低居住水準未満世帯割合

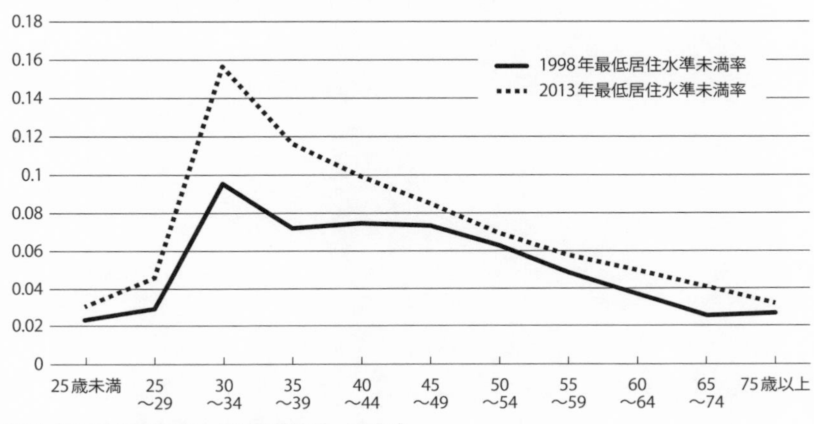

（出所）「住宅土地統計調査」（総務省統計局）より作成。

1998年の水準と比較した場合[1)]、2013年の水準は低所得階層を中心にその比率が上昇している点は特徴的です。ただし、年収が2,000万円以上というきわめて高い世帯でも最低居住水準未満の世帯が1％程度存在している点は驚きです。こうした高額所得者の中にも狭い居住面積を自ら選好している人がいるのはやや意外です。

これを図表3-2で年齢階級別にみてみましょう。全世帯に占める最低居住水準未満の住宅に居住している世帯の比率が、1998年に比べて全体的に悪化している点は図表3-1と同様です。なかでも30～44歳の人たちの比率がこの15年間で上昇している点は特徴的です。これらの世代は、バブル崩壊以降10年間の間に就職活動をした、いわゆる「就職氷河期（ロスジェネ）世代」と呼ばれるコーホートとほぼ重なっています。

バブル崩壊以降、不動産価格は全体的に下落傾向が続いたため、図表3-1、図表3-2で示されている結果はいくぶん奇妙にみえます。確かに地価だけをみれば、住宅はより広いものに住み替えやすくなるはずです。

しかし、卒業時一括採用という日本特有の労働慣行が、これらの世代に

1）2013年のデータは「不詳」が非常に多いので、単純な比較には注意が必要です。

対して、生涯賃金の低下や、家族形成の遅れだけでなく、家族形成期、世帯成長期に表れやすい居住水準の低下という負担を強いた結果が表れているとみることもできます。すなわち、バブル崩壊が人々の将来所得、とくに就職氷河期に直面した若い人たちの将来所得の低下を予想させた結果が、住宅需要を減少させたのではないでしょうか。図表3-1では、それが所得300万円以下の人たちの住宅面積水準を低下させたと考えられますし、それが図表3-2では、2013年に30～44歳であった人たちに該当するのだと思われます。

私たちの社会では、著しく不平等な富の分配が存在する場合においては、政府が高所得者から税金を徴収し低所得者に再分配することが望ましいと考えられています。この章では、「住まい」に関しても厳しい状況に置かれている人に対して、政府はどのような対応をとるべきなのか、あるいは、とるべきではないのかについて考えていきたいと思います。日本では、地方政府が低所得者向けに直接住宅を供給する手段として「公営住宅」を管理・運営しています。しかし、近年は、その政策を大きく転換しようとしています。それらの政策転換を米国の経験に照らして評価し、今後の住まいに関する再分配の議論を再検討してみましょう。

2 「住まい」に関する再分配がなぜ必要なのか?

(1) 伝統的経済学における再分配

さきほどみたように、高額の所得を得ている人が、一定水準未満の質の住宅に住んでいることは別として、少なくとも現在の日本で、「誰もが豊かな住宅に住める」ような状態にあるとは考えられません。社会の中で、他の人よりも大きな負担を抱えていたり、不平等に扱われている人がいたりする場合、社会はこうした人たちに対してどのように振る舞うのが望ましいのでしょうか。

伝統的な経済学では、市場メカニズムは、市場の失敗というケースを除けば、効率性という観点からは最適な社会を実現してくれると考えられています。効率的な社会とは、少し乱暴な言い方をすれば、資源の利用に無駄がない状態を言います。しかしその状態には、公正性や公平性という観点は必ずしも十分に反映されていません。つまり、効率的ではあるものの、不平等な状態が実現するかもしれません。とくにその不平等が世代を超えて継続する場合は、若い世代の勤労意欲が減退したり、治安が悪化したりするなどの重大な影響が社会に生じると考えられています。

このため、標準的な経済学では、社会は選挙などの集団的な意思決定を通じて、何らかの価値観を選び取り、富の再分配をすることが望ましいと考えられています。何が平等か不平等かというと、意見はさまざまですが、これは明らかに不平等だという点については多くの人々の間に意見の一致がみられるのではないでしょうか。

(2) 利他的な人間

近年発展著しい行動経済学において、このような社会の選択は人間に本質的に備わったものと考えられています。ここでは二つのゲームから得られる重要な結論を紹介しましょう。

ひとつは「独裁者ゲーム」と呼ばれるゲームです。このゲームは、二人で構成されるグループを作り、一人は配分者、もう一人は受益者という役割を演じてもらいます。まず、配分者には一定の金額（例えば1万円）が与えられます。そのうち自分で好きな額を決定し受益者に提供するという実験です。受益者はその配分を単に受動的に受け入れ、ゲームは終了します。

もし人間が、利己的で合理的に行動するという、伝統的な経済学で前提とされてきたような存在だとすれば、「受益者には1円も配分しない」という結果になると予想されます。しかし、たくさんの研究者がこの独裁者ゲームの実験をしていますが、多くの実験で配分者は20％以上の額を受益者に配分することが確認されています。伝統的な経済学者たちは、この結果に驚いています。私たちの社会は合理的な個人の集合からなる社会とはどこが違っているのでしょうか。

次に紹介するのは、「最後通牒ゲーム」というゲームです。このゲームも途中までは独裁者ゲームと同じ設定で進められます。異なるのは、配分者から0円を含む配分額を聞かされた受益者が、それを「受け入れる」か「拒否する」かを選択するというプロセスが付け加えられていることです。受益者が配分額を受け入れた場合は、そこでゲームは終了します。

これに対して、受益者がその提案を「拒否する」場合には、配分者も受益者も配分額は0円となります。前述のように利己的で合理的な人間を前提とした場合、配分者はどのような配分をすると考えるでしょうか。伝統的経済学は以下のように考えます。配分者は、受益者が「拒否する」を選択して両者ともまったく利得が得られない状態が望ましくないことを知っています。したがって、配分者は受益者に「拒否する」を選ばせないことを前提に、自分の配分額を最大にすることを目指すと考えます。その結果、「1円の配分をする」というのが理論的な答えとなります。

しかし、経済学者の予想に反して多くの実験では、配分者は40～50%の額を配分することを決めることが多く、20%以下の配分では、受益者はそれを拒否することが報告されています。行動経済学では、このような「不平等回避性」と呼ばれる性質が、人間には備わっているものと考えます。つまり、個人には偶然得られた利得の半分程度を社会のメンバーと共有しようとする性質が、本来備わっているのかもしれません。このため、社会が何らかの形で再分配という選択をとるのは、自然なこととも考えられます。

(3) どのような形で再分配を行うのか？

ところで、図表3-1と図表3-2で示したように、居住に関して厳しい状態に置かれている人が社会に存在する場合に、どのような形で再分配をするべきでしょうか。低所得者等に対する再分配のために住宅政策を用いることは、先進諸国で広く実施されています。米国ではバウチャーを中心に、日本では低家賃の公営住宅を通じて所得移転が行われています。

公営住宅とは、地方自治体が建設して管理運営する住宅で、低所得者に市場家賃よりも低い家賃で供給されるものです。こうした方式を、政府による直接供給と言います。

バウチャーとは、特定の目的にしか使用できないクーポンのことで、ここでは低所得者の家賃支払いに用いられるものを指しています。金額の書かれたバウチャーを低所得者に配分することで、低所得者は自分が支払う家賃を低減することができます。また好きなタイプ、好きな立地の賃貸住宅を選ぶことができます。

しかし伝統的な経済学は、再分配のための住宅補助に対して、いくつかの点において非効率であると批判しています。そこでの主な議論は、

①住宅を通じた再分配（住宅補助）と使途を定めない現金（バウチャーは含まない）による再分配のどちらが効率的でしょうか

②公的部門による住宅の直接供給と家賃補助（バウチャーも含む）のどちらが効率的でしょうか

という点についてです。

とくに①については、消費者主権の立場に立つならば、本来、住宅も含めた自分の好む財、サービスを自分の好きなだけ消費するという主体性とその責任を重視すべきでありますので、現金給付が望ましいということになります。そのため、住宅補助は本人に代わって政府が「本人に必要なものとしての住宅」の消費を強制するという、消費者の意向を無視しているという問題を含んでいます。

しかしこの点については、三つの重要な反論があります。その第一は、パターナリズム（家父長主義と呼ばれます）という考え方で、「本人よりも本人にとってより望ましい選択」ができる主体（ここでは政府）が存在しうるという考え方です。お金で低所得者に分配すると、本来住宅に使ってほしいのに、それを住宅以外の酒やギャンブルに使ってしまうという心配があります。そこで住宅で分配をしてしまえば、他のモノには使えなくなるので安心です。

第二に、前述の行動経済学では、人間が自身にとって最適な選択を行えない場合が多くの局面で存在し、その際によりよい選択に向かうようにそっと後押しするという意味の「ナッジ」、あるいは「選択アーキテクチャ」という手法が重視されています。つまり、政府が「よりよい」住宅に住むようにと後押しをしてあげるべきだというのです。しかし、住宅に関する

再分配について現実的な提案が議論される状況にはいまだに至っていません。

第三に、分配を受ける側が、十分な所得や富があるにもかかわらず、嘘の申告をしたときに、政府がそれを見抜く能力を十分に備えていない場合には、現金で再分配をするよりも現物（ここでは住宅）で再分配をしたほうがいいという考え方があります。

この考え方は、次節で詳述することにして、この節では②について、住宅の供給、とくに賃貸住宅の提供に関して差別が存在するために、公的部門による住宅の直接供給方式を支持する議論を紹介しましょう。

賃貸住宅市場において、高齢者に対する入居差別は広く知られています（中川（2002））。

貸主には、借り手から安定的な家賃収入を得るため、あるいは借り手が病気になったり、突然亡くなったりする場合に生じるさまざまなコストを回避するために、身体状況が変化しやすい人、雇用状況が安定しない人の入居を回避したいという動機が働きます。市場で差別されてしまう場合には、いくら現金による再分配を受けても、豊かな住生活を手に入れることはできません。こうした差別は経済合理的な動機に支えられていると考えられています。

しかし、「家を借りに来た人」一人ひとりについて、いま述べたようなリスクを判断することは至難の業でしょう。つまり、借り手は自分が抱えるリスクを十分に承知しているものの、貸し手はそれを把握できないという情報の非対称性が存在します。このため、貸主は「家を借りに来た人」が「属すると考えられるグループ」のリスクによって、その人の入居の可否を判断することになります。「高齢者」とか「女性」といった属性です。もちろん高齢者の中にも、若い人たちと何ら変わらず、いま述べたようなリスクの低い人々が存在することは言うまでもありません。

しかし、そうした人々を外見だけで判断することは難しいものです。そこで、健康な高齢者であるにもかかわらず、相対的に身体状況が変化しやすい高齢者というグループに属していることを理由に、まとめて差別されてしまうことになります。これを「情報の非対称性」に基づく「統計的差別」と呼びます。

いくら政府が低所得者に金銭的な補助をしようとしても、このような人々が市場で差別されてしまうので、必需品である住宅を手に入れることができなくなってしまうのです。そのため、こうした人たちには、公的部門は住宅の現物支給によってしか再分配せざるをえないことになります。これは、定額の現金支給やバウチャーでは解決できませんので、政府による住宅の直接供給を部分的に支持する根拠になります。

3　日本はどのように対応しようとしているのか?

(1) 公営住宅の整備

これまで日本では、所得水準の高さで人々を4分割して、その中で最も所得水準が低いグループを対象に、地方公共団体が公営住宅を整備してきました。現在192万戸の公営住宅ストックがあります。地方公共団体にその整備を促すために国は手厚い補助制度を用意してきました。まず公営住宅の建設費の45%を国費で負担します。残りの建設費は地方自治体の負担です。また入居された方の家賃は市場家賃よりも低額なものとする必要がありますので、公営住宅の家賃は近隣の規模やスペックが同じような民間賃貸住宅家賃との差額の45%を国が補助しています。残りの55%が地方公共団体の負担です。

しかし、現在の住宅ストックの建築時期別に公営住宅の比率をみてみると(図表3-3)、1960年代、1970年代においては全住宅ストックの8%程度を占めていたにもかかわらず、次第に減少してきています。近年は東日本大震災の影響を受けてやや増加傾向にあるものの、それでも2%程度にすぎません。

この背景には、財政的な制約があります。とくに、住宅という施設のライフサイクルコスト(建設から滅失までに毎年かかる費用)のうち、住宅の建設費はその費用の一部にすぎず、その後の維持管理費用や更新費用は地方公共団体がすべて負担しなければなりません。このため、現在、各自治体

図表3-3　建築時期別住宅ストックにおける公営住宅の比率

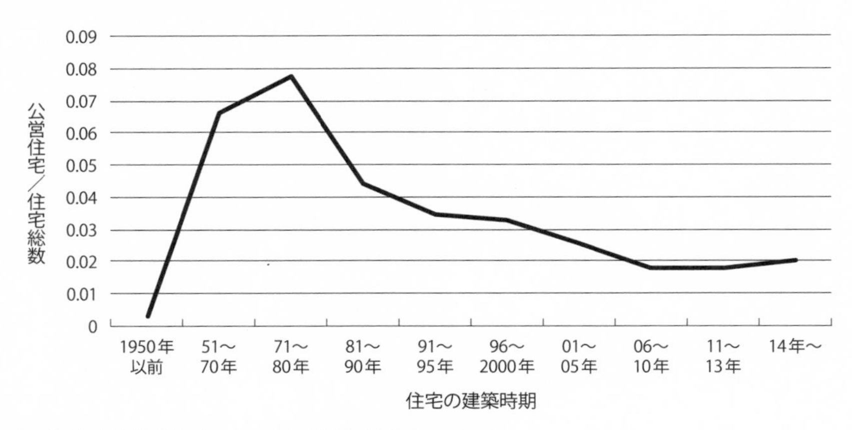

（出所）「住宅土地統計調査」（2018年）（総務省統計局）より作成。

では公営住宅について、財政状況を勘案してその総量を圧縮、少なくとも増加させない方針をとっているところが大部分です。

(2) 新しい住宅セーフティネット制度の特徴

これらを背景として、2017年10月に「住宅確保要配慮者に対する賃貸住宅の供給の促進に関する法律」が改正されて、新しい「住宅セーフティネット制度」がスタートしました。この新しい住宅セーフティネット制度の特徴は、以下の3点に集約できます。

①需要者として、高齢者、子育て世帯、低額所得者、障害者、外国人などの従来公営住宅が対象としてきた層よりも、より広範な層を制度の対象としていること

②供給されるものとして、公営住宅という公的主体が整備、管理するものではなく、民間が既に整備、管理をしている既存住宅ストックを用いること

③住宅と入居者のマッチングだけでなく、居住支援という形で、家賃債務保証や入居後の見守り支援などのサービス提供についても、民間事業者、社会福祉法人、NPOなど多様な主体の参画を得ること

このような政策は、これまでの公営住宅のような再分配的な住宅政策と、どの部分が本質的に異なるのでしょうか。

そもそも公営住宅の目的とは、住宅が量的に不足していた時代に、公的主体が市場では供給されにくい低所得者等向けの住宅を整備することにあります。このため公的主体が、低所得者をはじめとする入居希望者に望む住宅を提供して、その後の管理も実施することになっています。ところで、公営住宅を管理する公的主体、すなわち地方公共団体は、いま述べた業務にあたって、最も適した主体でしょうか。

まず公営住宅の目的について批判的に評価してみましょう。本来公的主体が、住宅の整備について、民間企業をはじめとした他の主体よりも、優位性をもった主体かというと、首をかしげざるをえません。それでも、誰も供給しないのであれば、地方公共団体による直接供給という手段をとるしかなかったのかもしれません。しかし、もはや空き家・空き室が849万戸存在する現在の状況下では、公的な主体による直接供給を支持する根拠はかなり失われたと考えられます。

ところで、空き家・空き室を再分配用の住宅として提供することは、適当でしょうか。もっと質のよい、ぴかぴかの住宅を提供するほうが望ましいのではないでしょうか。

この議論は、なぜ現金支給ではなく、住宅という現物で再分配をしているかという理由に戻って考える必要があります。「自分が何を必要としているかについては、自分が一番よく知っている」、これが消費者主権を支える大切な根拠です。そのため、経済学では一般的には、再分配の手段は生活保護のような現金支給が望ましいとされています。

それではなぜ、公営住宅などの現物支給が残っているのでしょうか。前述の賃貸住宅市場における入居差別に加えてもうひとつの理由を紹介しましょう。それは公的主体が、所得や資産があるにもかかわらず、それを偽って再分配を申請する不正受給者を見つけ出し、そうした不正を排除する能力がないことです。現金であれば、所得の低い人であろうと、お金持ちでもいくらでも欲しいものです。

しかし、財の中には下級財という財も存在します。普通の財は、所得が上がれば需要が増えます。これに対して、下級財とは所得が上がれば需要が減少する財を指します。著者にとっても、大学の学生食堂は、学生時代のようにお金がないときにはありがたい存在でしたが、懐が豊かになるにつれてあまり積極的に使おうとは思わなくなりました。

すると、市民生活を送るうえで最低限の機能を備えてはいるが、「とても良質」とは言えない公営住宅は、下級財によって再分配をしていることになります。このように下級財で再分配をするのは、いま述べたような理由があるからなのです。十分な所得や資産をもっている人は、下級財である住宅への入居を希望しないため、不正受給問題はそもそも発生しないことになります。

言いかえると、下級財とは言えないようなぜいたくな立地、間取りの住宅は再分配として用いるべきではないのです。このように、住宅の現物支給は、地方自治体が不正を見破る能力に限界があることと、密接に関連しています。消費者主権の立場からは現金支給が望ましいという原則はあるものの、不正受給をモニターする能力に限界があることを考慮すれば、下級財による現物支給を取り入れざるをえないというのが現実と言えましょう。

ところで、今回のセーフティネット住宅については、高齢者などの必ずしも低所得でない人々も対象としています。こうした相対的に裕福な人に対して、政策資源を投入することは、納税者としては抵抗があるのではないでしょうか。下級財のように、質について一定の上限がある財による再分配は、その問題を回避することができます。このため、耐震性能などに関しては、一定の性能を確保する点は当然ですが、空き家・空き室となっている既存住宅を用いることには、対象者のスクリーニング（選別）をしているという意味があると考えられます。つまり、こうした空き家であれば、本当に住宅に困っている人以外は住もうとはしないでしょう。

もちろん、政府の進めるマイナンバーが普及してくれば、所得だけでなく資産も捕捉できるようになるので、不正受給は困難になります。そうなれば、下級財として住宅を供給する根拠も失われてしまいます。

(3) 居住支援サービス

次に、公営住宅の機能について検討しましょう。

公営住宅は、公的主体が、低所得者をはじめとする入居希望者と住宅のマッチングを行って、その後の管理も実施することになっています。果たして、公的な主体がいま述べた低所得者や高齢者向けにサービスを提供する主体として最適でしょうか。

公的主体は、不動産業者のように、入居者と物件のマッチングをするために訓練された人材を集めたプロフェッショナルでもなければ、賃貸住宅管理業者のように、住宅を管理する専門的な人材を集めたグループでもありません。

また、低所得者、高齢者、障害者、外国人などに、単に住宅を提供し、物理的に良好な状態に維持管理するだけでは、そうした人々が好ましい生活を送ることは難しいかもしれません。高齢者や障害者にとっては、一定の見守りを含むサポートが必要な場合が多いと考えられます。また、低所得の人や外国人などについては、職業訓練や生活習慣の違いを克服するなど、社会に参加し、融合するための教育が必要かもしれません。

地方公共団体とは、総合行政主体であると言っても、このようなサービスを直接供給することに優位性をもつ主体ではありません。実際、県や市の住宅部局が管理する公営住宅においては、縦割りの弊害から、さまざまな分野を所管する他の部局との連携が円滑に進まなかった事例も多いと聞いています。

これに対して、マッチングを行う主体としての不動産業者は、既にビジネスとして長い歴史があります。賃貸住宅管理、家賃債務保証などのサービスも発展してきています。また、高齢者や障害者のケアといったサービスも、社会福祉法人だけでなく、NPOなどさまざまな主体によって提供されています。

対象者の入居後のクオリティオブライフ（生活の質）を確保するためのサービスを提供する民間主体が、地方公共団体以外に着実に育っているのであれば、地方公共団体はすべての「居住支援サービス」を抱えこまずに、それらを分割化して一部を民間等に委ねたほうが、効率的で高い水準のサービスを供給することが可能になります。

このように、住宅セーフティネット制度は、空き家・空き室を活用するだけでなく、入居後の居住支援サービスを、アンバンドル化（異なるサービスに切り分ける）して、アウトソース（外部に発注）した点にもうひとつの重要な特徴があります。

しかし、ここで留意すべき点があります。それは、地方公共団体が全部抱えていたサービスをアンバンドル化したため、異なる複数の主体がそれを分担することになり、その調整（コーディネーション）が必要になったことです。

これまでは、公的主体が公営住宅への居住者の入退去、建物の維持管理から、高齢者等の見守りなどをすべて行っていました。このときには、高齢者が入居する際に、同じ市役所の福祉部局と連絡をとることで、住居と見守りサービスを同時に提供することが不完全ながらもできていました。

さて、今後はどうなるでしょうか。いま、高齢者が民間賃貸住宅に入居する場合を考えます。この場合、住宅の入退去や建物の管理は大家さんまたは賃貸住宅の管理を委託された不動産業者が行うことになります。一方、社会福祉法人、または高齢者サービス事業者が独自に見守りサービスを提供することになります。つまり、住宅サービスの提供と高齢者に対する生活支援サービスの提供を別々の主体が担うことになります。

さきに議論したように、通常大家さんや不動産業者は、身体状況が急に悪化するリスクがあるため、とくに単身高齢者を入居させることには消極的です。また、高齢者が住んでいない地域においては、人手が必要な見守りサービスを展開することは、事業者にとっては十分な採算がとれません。

そこで、大家さんは生活支援サービスを提供してくれる事業者がその地域にある場合に限って住宅サービスを提供し、社会福祉法人などは、高齢者を入居させてくれる大家さんがその地域にある場合に限って生活支援サービスを提供することが可能になります。

高齢者を民間賃貸住宅に入居させる場合には、大家さんと不動産業者と社会福祉法人、高齢者サービス事業者が密接なコミュニケーションをとって、双方の協力を取り付けることが必要になります。双方とも協力しない場合はもちろん、大家さんと不動産業者だけが高齢者の入居に前向きになっても、社会福祉法人、高齢者サービス事業者の協力が得られなければ、前者は大きなリスクを抱えることになります。逆に、大家さんや不動産業者のサービスがなければ、社会福祉法人、高齢者サービス事業者は採算のとれない地域でビジネスを展開することになってしまいます。

アンバンドル化された場合には、異なる主体間を連携させる仕組みが重要になります。新しい住宅セーフティネット制度においては、この役割を地方公共団体、不動産業者、社会福祉協議会等、さまざまな主体が参加した居住支援協議会が担うことになっています。この試みの成否はこのコーディネーションの成功にかかっているということができます。いま述べたプロセスを経済学的に理解したい読者は、ゲーム理論を用いた補論を参照してください。

これまでに、前節で立てられた問い、つまり現金支給と住宅補助のどちらが望ましいかを検討してきました。そして経済学を用いて考えた場合、現金を用いた再分配のほうが消費者主権の立場から望ましいものの、さまざまな制約から住宅補助が採用されていることや、日本ではその方法も公営住宅という住宅の新規供給をともなうものから、既存住宅ストックを利用する現在の経済社会状況を反映したものに変化しつつあることを説明してきました。

このように一定の住宅補助がやむをえないものであっても、できるだけ望ましい方法が求められるのは当然です。日本ではバウチャーが導入されていませんが、やはり自分の好きな立地、スペックの住宅を選べるバウチャーの導入は、本格的に検討されるべきではないでしょうか。

さらに、高齢者が賃貸住宅市場で差別される点を考慮すると、所得の低い高齢者に対しては、単なるバウチャーだけでなく生活支援サービスを含めた各事業者間でコーディネートされた総合的な対策が必要とされます。

ここまであまり明確に議論してきませんでしたが、以下では、バウチャーを本格的に導入している米国の経験を参照することで、そのメリットと課題を確認することとしましょう。

4　米国の経験

(1) 公共住宅政策のハイブリッド化（混合化）

日本で展開されてきた、また今後展開されようとしている再分配的な住宅政策を評価するために、米国の経験を参考にしてみましょう。まずは米国の公共住宅政策の変遷を振り返ることにしましょう。伝統的な公営住宅は、連邦政府と地方政府、具体的には地方の準政府機関であるLocal Housing Authority（以下LHAという）の協力のもとに運営されていました。

現在の公共住宅政策は、公共機関、私企業、非営利団体（NPO）など、多様な主体が関わるハイブリッドな政策となっています。このハイブリッド化は、公共住宅政策が単に住宅を供給するという政策から、アメニティや生活サポートサービスを含めた生活環境の質を高めるという方向に転換したことにともなうものだと考えられています。

それでは、その歴史を追ってみましょう。1937年にUS. Housing Actが成立して、公営住宅の建設が始まりました。公営住宅はその後順調に整備されていきましたが、1973年にニクソン大統領は、財政上の理由から新規建設に関するモラトリアム（停止）を実施しました。

そして社会実験による評価を経て、1974年にはSection 8 Housing Allowance Programによるバウチャーが導入されることとなりました。

バウチャーは、どこで働いているのか、子供をどんな環境で育てたいのかなどの個別の事情を反映しやすいだけでなく、後述のように低所得者の同一の建物への集中を招きにくいという好ましい性質があると考えられています。このバウチャーの活用を通じて、公共機関と私企業、賃貸住宅の所有者などによる協業を通じて、公共住宅政策を担う主体のハイブリッド化が始まったとも考えることができます。

(2) 低所得者の集中の回避

これまで述べたようなハイブリッド化とは異なる方向の、新しいアプローチも模索されました。それは、低所得者の集中化に関する懸念です。公営住宅のような直接供給では、ひとつの地域に低所得者が集中してしまいます。これは望ましくない副作用を地域や居住者本人に及ぼすという点が問題と指摘されました。公営住宅に住んでいるというだけで差別されたり、いじめを受けたりする事例も発生しました。この観点から、1994年からモデル都市でMoving to Opportunity Program（以下MTOという）というプログラムが実施され、その後の住宅政策のあり方に大きな影響を与えました。

MTOは、低所得者が集中している公営住宅居住者に対して、低所得者比率の低い地域（ミックスト・インカム・コミュニティ）に移転した場合にのみバウチャーを交付するという実験でした。そのため、低所得者の集中が居住者にどのような影響をもたらしているかについての分析評価ができる設計になっていました。

MTOについてはU.S. Department of Housing and Urban Development (2006）で中間報告が行われています。そこでは、公営住宅居住者のミックスト・インカム・コミュニティへの移動によって、住環境の改善効果が観察されたものの、雇用への影響は有意には観察されないというものでした。数多くの先行研究の中には、福祉への依存度を低下させる効果や教育上の効果、健康を増進させる効果が観察されたという報告もありますが、雇用や福祉への依存度への効果には疑義があるとするものもあり、幅広い議論が展開されてきました。

このような、近隣環境が居住者の経済的状況に与える影響に対する関心の高まりを背景として、連邦政府はHOPE Ⅵという新しい公共住宅政策を1992年に開始し、いま述べたMTO実験の分析やさまざまな検証を経て、その内容を次第に進化させています。このプログラムではLHAは荒廃した公営住宅の再開発を進め、低所得者のみならず多様な所得階層が混在するミックスト・インカム住宅整備を進めるために、連邦からの補助を得ることができるようになりました。これまでに、低所得向けの住宅に限定された活動を行ってきたLHAは、必然的に私企業、NPOとのパートナーシップを結ぶことになりました。

また、連邦はすべての投資資金を拠出するわけではないため、純粋に市場ベースの住宅供給が資金とセットで供給される必要があります。さらに連邦はLHAの監督下において私企業に対して、公営住宅を含むミックスト・インカム・コミュニティの保有、管理を認めたため、公共住宅政策のハイブリッド化は一層進みました。また、HOPE Ⅵでは居住者に対する社会経済的な流動性を高めるためのサポートサービス、例えば就業関連教育などを重視しています。これらはプログラム内容のハイブリッド化ということができるでしょう。

こうした一連の政策、とくにHOPE Ⅵについては、当然批判も存在します。例えば、多くの人が公営住宅から追い出されてしまうことを懸念する声や、家賃の低廉なアフォーダブル住宅が減少するという指摘がされています。とくに高齢者や障害者などに関して、十分な再分配が確保されない可能性があるとする指摘は重要であるように思われます。

(3) 人的資源開発との融合

さらに1996年には、Moving to Work（MTW）デモンストレーションが行われるようになりました。これはHOPE Ⅵに関するさまざまな懸念に応える形で、自立性、就業倫理を醸成し、居住者の教育、就業上の環境改善をねらったものとなっています。連邦政府はLHAに対して一括交付金を交付したうえで、LHAに公営住宅の管理補助、バウチャー、投資関連補助の一括管理を認めました。こうした一括管理を認めることは、従来はありませんでした。しかし、これによって地域のニーズに合った柔軟性の高い支出が可能になりました。

この場合、LHAは多様な収益団体、非営利団体（NPO）ともパートナーを組むことが可能となります。例えば、MTWプログラムを実施することを認められたMTW機関は、公営住宅やバウチャーに充てられていた連邦からの資金を、コミュニティ環境を改善するメンタルクリニックなどに支出することも可能となります。すなわち、さまざまな手段を用いて精神的な問題を抱えた居住者たちと周辺住民が安心して暮らすための環境を整備しています。さらに、居住者の自立性の向上を目標としたため、伝統的な住宅の管理から就業関連のサービスなどに資金を重点的に用いることが可能となります。しかしこのMTWについても、支給対象者がこれまでよりも限定されるといった懸念が指摘されています。

5 おわりに

この章では、暮らしの中で最も重要な要素のひとつである住生活を形成する住宅について、政府が低所得者に対してどのように関わるかについて考えてきました。これまで日本では、公営住宅という手段が低所得者向けの標準的な再分配手段でした。この制度が低所得者の自立や再出発のための本来の機能を果たしているかと言えば、「Yes」と答えることができる人は少ないのではないでしょうか。

そこで、従来の公営住宅を改善する試みについて、日本で始めた住宅政策や米国の経験をお話ししてきました。新しい住宅セーフティネット制度では、住宅という施設を単に提供するのみならず、関連する市場の多様な経済主体の参入を通じて、きめの細かい生活サービスを提供することが期待されています。しかし、現時点では、セーフティネット住宅としての登録戸数は6,000戸程度にとどまっています。十分な普及が図られている状態にはありません。

人口減少、少子高齢化の本格的な進展など困難な趨勢を踏まえて、図表3-1および図表3-2のような豊かな居住を享受できていない層のクオリティオブライフを向上させるために、どのような住宅政策が必要なのかについて再度考えてみましょう。

まず住民が住んでいる住宅について、1998～2013年の間に世帯人数と住宅の部屋数の関係がどのように変化したかを、住宅土地統計調査によってみてみましょう。図表3-4の三次元の棒グラフには1998～2013年の間に世帯人数（平面の縦軸）、住宅の室数（平面の横軸）ごとに世帯の増減数が描かれています。

この15年で単身世帯が大きく増えたために、一番左の一人世帯が1室お

図表3-4　1998～2013年の世帯人数×住宅の室数の組み合わせ変化

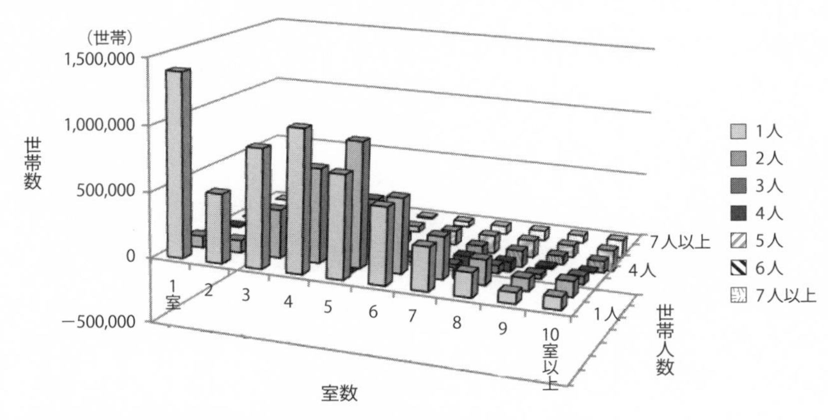

（出所）「住宅土地統計調査」（1998年および2013年）（総務省統計局）より作成。

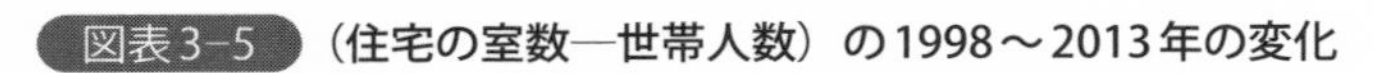

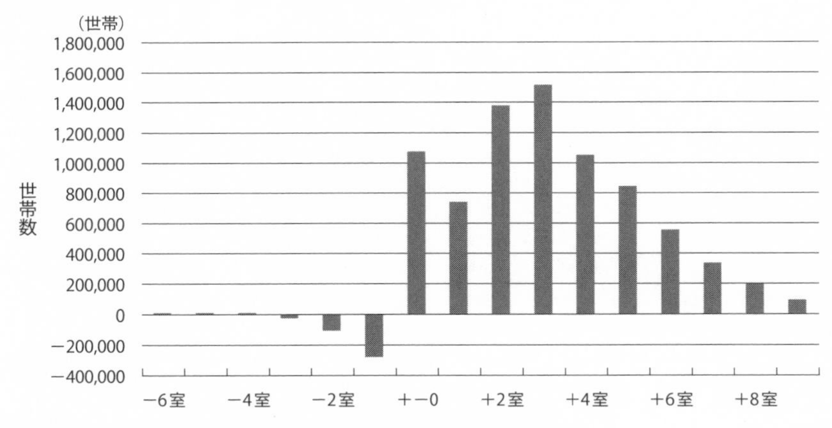

（出所）「住宅土地統計調査」（1998年および2013年）（総務省統計局）より作成。

よび3室から6室程度の住宅で大きく増加していることがわかります。住宅の室数が世帯人数をどれだけ上回っているか、すなわちどれだけ住宅の部屋数が、人数に比べて大きくなっているかを知るために、図表3-5では（住宅の室数一世帯人数）を横軸にして、1998～2013年における増減を表して

図表3-6 （住宅の室数―世帯人数）の2013年の状況

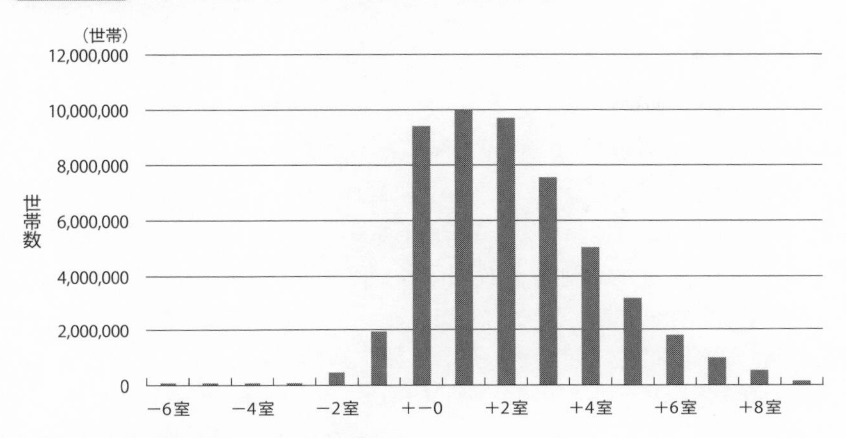

（出所）「住宅土地統計調査」（2013年）（総務省統計局）より作成。

います。

ここからは、世帯数と住宅の室数が同じ組み合わせだけでなく、世帯数よりも2～5室多い「世帯と住宅の組み合わせ」が、この15年間で大きく増加していることがわかります。

図表3-6においては、2013年時点での（住宅の室数－世帯人数）ごとの住宅ストック数が描かれています。図表3-6の2013年のストックベースでは、世帯人数と同じあるいは2室程度大きな住宅に住んでいる、世帯×住宅の組み合わせが主たるものとなっていますが、図表3-5から読みとれるのは、それよりも右側の部分、つまり個々の住宅の中で、使われない部屋や使用頻度が低いスペースを生じさせてしまう組み合わせが、大きく増えていることがわかります。少子高齢化や家族関係の変化を背景に、このような動きは今後も継続することが予想されます。

これは、日本の住宅市場で世帯のニーズと、現在住んでいる住宅との間のミスマッチが大きくなっていることを意味しています。そうだとすると、基本的に重要なのは住宅市場の流動性を高めることで、大きな住宅に住んではいるものの、高齢単身者や夫婦のみの世帯のように住宅の広さに対して強い選好をもたない世帯が、その住宅を手放しやすい環境を作り上げることが求められます。

こうした環境整備については、既存住宅市場を論じた第11章で詳細に議論します。それでも、そのような資金を用意できない人に対しては、米国で普及しているバウチャーを用いて、既存民間住宅ストックに入居できるようにするための財政的支援が必要になると思われます。それとともに、過大な一戸建てを所有している世帯が賃貸にしやすい環境を整えるために、定期借家権[2]をより使いやすい制度として定着させることが求められます。

確かに、これまでの地方公共団体は、税金を投入し、公営住宅を建設し、供給、入居対象者の安定的な居住という成果を生み出すという直線的な政策の実現を目指してきました。しかし、今後住宅ストックが過剰に市場に存在する時代を迎えて、それらを活用しやすい制度を整えるとともに、住宅以外のサービスへのアクセシビリティを高めることが重要になります。

新しい「セーフティネット住宅制度」では、見守りなどの居住支援サービスとの連携を目指しています。しかし、図表3-2で示されたのは、ロスジェネ（就職氷河期）世代のように、十分な人的資本を蓄積することができなかった世代が、居住というクオリティオブライフ（生活の質）の重要な要素においても厳しい状態に置かれているという現実でした。このため、これからの再分配的な住宅政策は米国におけるそれのように、職業能力訓練のような人的資本形成を促進する施策とのより密接な連携が求められます。

補論　新しいセーフティネット住宅制度のゲーム理論による解説

第3節で説明した住宅セーフティネット制度で生まれた新しい問題を、大家（賃貸住宅の貸手）と、その地域で生活支援、トラブル、身体状況悪化

2）第10章で詳細に解説しますが、日本では借家人の権利が非常に手厚く保護されていたため、大家は一度住宅を貸したらなかなか返してもらえないリスクを抱えていました。このため、質の良い住宅がなかなか貸し出されないという問題がありました。この問題に対処するため、2000年に最初に契約した期間が終了した時点で、その借家契約が一度終了する定期借家権が創設されました。

図表3-7　**大家と居住支援サービス業者のゲーム**

		居住支援サービス事業者	
		サービス提供	サービス提供せず
大家	入居を認める	(b-0.5c, b-0.5c)	(b-c, b)
	入居を認めない	(0, -0.5c)	(0, 0)

（注）括弧内は、（大家の利得、事業者の利得）として記述されている。

の際の支援サービスを展開している居住支援サービス事業者のゲームとして説明してみましょう。ここで住宅セーフティネット法の対象となる、低額所得者、高齢者、障害者、被災者など、住宅の確保にとくに配慮を必要とする住宅確保要配慮者から、大家もサービス事業者もbの収入を得るものとしましょう。

大家が、高齢者などを入居させる場合、バリアフリー化などのコスト0.5cが必要なものとしましょう。これには入居者が孤独死した場合の家財の整理や風評などのコストを含めることができるかもしれません。さらに、その地域にサービス事業者がいないにもかかわらず入居させた場合、借家人の孤独死などのリスクに直面することになりますから、大家は大きなコストcを負担するものとします。一方、事業者がその地域に進出し、事務所などを構えるコストを0.5cとします。便益やコストの大きさは、0.5c＜b＜cとします。

図表3-7にあるように、大家が自分の賃貸住宅に「居住に関してさまざまな配慮が必要な人の入居を認めない」、事業者もその地域の賃貸住宅に関して「見守り、ケアなどの特別なサービスを提供する体制をとってない」状態を出発点とします。（大家の利得、事業者の利得）＝（0,0）とします。どちらも協力した場合、大家が要配慮者を入居させて、事業者も一定の生活サービスを賃貸住宅に提供した場合には、要配慮者の生活維持のために必要なコスト、例えばバリアフリー化や見守りなどのサービスを両者で分担するので、二者の利得はb－0.5c＞0になります。

しかし、一方が協力しないで裏切った場合、例えばサービス事業者が

「特別なサービスを、賃貸住宅が含まれる地区に提供する体制を作ってくれた」のに、大家がさっぱり住宅入居要配慮者を入居させない場合、大家の利得は要配慮者の家賃が入らないので、現状と同じ0ですが、サービス事業者はサービス提供のコストは負担するものの需要がないため利得は－0.5cとなります。

逆に大家が協力して要配慮者を入居させても、事業者がその地域に事業を展開してくれない場合は、大家がすべてのリスクへの対応を行うために、大家の利得はb－c＜0となります。一方、入居者の負担で遠くの事業所に通いケアサービスの需要は増大するため、事業者の利得はbとなります。

このような場合に、どんな状況が実現するのでしょうか。大家の戦略（入居させるか、させないか）を固定して、事業者が自分の利得の多いほうの戦略（サービスを提供するか、しないか）を選ぶとすれば、事業者は大家の戦略にかかわらず、サービスを提供しないという戦略を選んだ場合に利得が多くなることがわかります。このため事業者は、必ずサービスを提供しないという戦略を選ぶことになります。これを支配戦略と言います。

事業者がサービスを提供しないという戦略をとることを前提に、大家の利得をみてみましょう。大家は、入居させないという戦略をとったほうが自分の利得を増大させることができることがわかります。このため、大家は高齢者を入居させないし、事業者はその地域でサービスを提供しないという状態が実現します。これは、お互いに自分がとっている戦略が相手のとっている戦略に対する最適対応になっている、「ナッシュ均衡」と呼ばれる状態です。住宅セーフティネット法のねらいを成功させるためには、両者の戦略を調整して、どちらにも協力させ、裏切りがないようにモニタリングする仕組みが必要になります。

第2部

豊かな生活を支える生産性を向上させるために考えなければならない住宅土地問題

第４章
なぜ、人は集まりたがるのですか？どうして混雑が発生するの？

1　はじめに

みなさんはコンサートやスポーツ観戦に行ったときに、トイレが混雑して困ったという経験はないでしょうか。そのような混雑に備えて、施設側ではイベントの種類によって男女のトイレの数を変更できる構造を採用したり、デジタル技術を用いて刻々変わるトイレの空き状況を案内するサービスを導入したり、さまざまな手法でトイレの混雑を解消する工夫をしています。トイレの混雑は確かに困った現象ですが、よくよく考えてみればイベントの成功がそのような現象を生み出していると言えましょう。

こういう一時期にある特定の空間の利用が集中するという現象は、都市の共通現象として観察されます。イベントと同様に、都市の混雑現象とは成功した都市の証と言えるかもしれませんが、朝晩の電車の混雑や高速道路の混雑、また都市中心部の一般道路の渋滞といったものは、鉄道や道路設備の容量が一定であるのに対して、ある特定の時間だけ利用が集中するといったことから生じます。

首都高速道路の夜間の利用は相対的に少ないので、混雑や渋滞はほとんど発生しません。また、お盆の時期や年末の帰省時の高速道路の渋滞は、一時的に需要が集中することから発生します。電力についてはもっと深刻です。電力需要がその供給量を一時的にでも超えると、地域一帯に停電が発生し、復旧には長い時間を必要とします。

つまりこうした混雑現象は、一定の地域にたくさんの人々が居住し、そこにオフィスや人々が集中して立地する結果、道路や鉄道、電力やガスといった都市に必要なサービスに対する大量の需要が一時的に生じ、都市的なサービスを供給するインフラの供給量が絶対的に不足することから生じます。言いかえると、一地域に多くの人間が集中することによって、こうした混雑現象が生じると言えます。

それでは、どうして人々はそんな混雑が生じる都市に集まりたがるのでしょうか。長い時間トイレを待つのにも理由があるように、人々が一か所に集まるのにはそれなりの理由があります。この章では、なぜ人々が一地域に集まるのかという本質的な理由について考えたうえで、住みよい都市を作るための混雑対策について検討してみましょう。

まず都市集中のメカニズムについて、都市における土地の有効利用という観点から、考えてみることにしましょう。またその副産物としての混雑については、従来、経済学者が提案してきた方法がありますので、それについて説明して、都市の混雑解消のために何が必要かについて考えてみましょう。

本章を読まれて、新型コロナウィルスによる感染症について考えることはたいへん重要です。それは混雑対策がまさに感染症対策だからです。混雑をまったく無くしてしまうことが難しいのと同様に、インフルエンザを含めたすべての感染症をゼロにすることは、経済活動を止めてしまうことになります。この点に注意して、本章を読んでみてください。

最初にどのような理由から人々や産業がある一定地域に集積して、都市が形成されるのかを議論します。規模の経済性や外部性という概念を用いて、都市の集積の利益とコストについて考えてみましょう。

2　都市集積の原因とは?

土地の利用密度を考えると、都市のあり方がわかります。都市というのは、非農業的な土地利用、とくにサービス業を中心にした産業と、そこで働く人々やサービスを消費する人々のための住宅が、一定の地域に高密度に集積している状態と定義できます。

どのような理由から人々や産業は一定の地域に集まってくるのでしょうか。それは、都市集積の過程で規模の経済性や輸送や移動費用、あるいは公共財などが重要な要因として働いているからです。

(1) フェイストゥフェイス（Face to Face）と移動費用

都市では、人々が顔をつきあわせて商談や取引、そしてそのための事務的手続きを毎日しています。都市では他人とのコミュニケーションがとても重要です。企業間でさまざまな取引や契約を交わす際に、顔をつきあわせて（Face to Face）商談や交渉をしなければなりません。とくに初めて取引をするときには、担当者同士が直接話し合う必要があります。一度も会ったことのない人との取引には不安を覚えるのは当然ですし、何回も対面して相談するうちに信頼が生まれてきます。こうした信頼感はビジネスではきわめて重要です。

第3章で、情報の非対称性がいかに深刻な問題を引き起こすかについて議論しましたが、Face to Faceのコミュニケーションを通じて、こうした情報の非対称性が少しずつ解消されていくものと考えられます。学生たちの就職活動において、人事担当者やリクルーターとの面接が重要なのは、この非対称性を緩和するために必要だからです。一度も面会せずに人事採用をするなどということは、けっしてありません。

もちろん、数回面接しただけでは、本当のことはわからないかもしれません。よく言われているように、実際に一緒に仕事をすることによって、どんな人間かが少しずつわかってくるというのが、本当のところだと思います。つまり、一緒に仕事をするというのは、Face to Faceを言いかえたことだと思います。これが、情報の非対称性を克服するための近道と言ってもいいのではないでしょうか。

また、都市には新しいビジネスや魅力的なアイディアをもった人たちが参入します。こうした人たちは新しいビジネスを起こすために、さまざまな能力や技術をもった人と出会って、ビジネスを展開します。この点は、以下で述べる消費のバラエティについても関連しています。多様なサービスや多様な労働者を必要とする都市では、どうしてもこうしたFace to Faceが必要なのです。

ところで、都市では各企業の担当者が面会するためには、地下鉄やタクシーを利用しなければいけません。これには往復で1時間以上を必要とするかもしれません。タクシー料金も無視できませんが、往復に必要とされる時間や都市で働く労働者の賃金の高さを考えると、この往復は企業にとっても本人にとっても無視できないコストになります。移動時間で他の仕事をすることはできませんので、この時間は損失になるのです。担当者が優秀で仕事のできる人であればあるほど、移動時間×時間当たりの高い生産性が失われることになります。これを機会損失や機会費用と呼びます。

したがって、Face to Faceの交渉を容易にするためには、通信や移動のための費用が低い必要があります。つまり取引費用や移動費用を節約することが企業間の取引にとってきわめて重要です。当然のことですが、こうした費用を節約するためには、企業間の距離が短いことが必要です。ここに集積のメリットが発生してきます。

このため、企業としては、できるだけ多くの企業との取引を低費用にする可能性を考えます。たくさんの企業が集積してくることを考慮すると、集積のはずれのほうに立地するよりも、集積の中心に立地するほうが企業の担当者の総移動費用を最少化できます。多くの企業が競って集積の中心に立地しようとします。そのため都心の地価は高くなるのです。

どんなにテレビ会議の技術が普及して遠方にいる取引相手との商談が容易に可能になっても、こうしたFace to Faceの取引に代えることはできないでしょう。したがって、集積が起こるためのひとつの重要なポイントは、Face to Faceの必要性と人々の移動に費用がかかることなのです。企業は多くの他の企業と取引をしなければなりませんので、Face to Faceが必要です。しかし、それにはコストがかかりますので、そのコストを節約するために一定の地域に集まろうとするのです。

（2）規模の経済性と消費の多様性

次に都市における人々の消費活動について考えてみましょう。人々は都市でさまざまな消費機会に直面します。都市では、無数の多種多様な種類の財やサービスが消費されます。レストランの種類を考えてみても、数多くの外国の料理が大都市では存分に味わうことができます。

例えば、東京や大阪の大都市では、タイ料理店やベトナム料理店はもはや珍しくもありません。ミャンマー料理店も数はまだ少ないですが、グーグルで簡単に見つけられます。地方都市ではそうはいきません。世界の料理だけでなく、無数のサービスを消費することができるのが都市の魅力です。

大きな都市では、毎日どこかでコンサートやライブが開かれていますし、映画館では毎日何十本もの映画が上映されています。多くの美術館や図書館が存在し、市民教室では趣味や教養のためのクラスもたくさん準備されていて、多くの人々でにぎわっています。人々が大きな都市に住みたがるのは、このように消費するサービスの種類が多いからだと思われます。

モノとちがって、サービスは消費をする場所と生産する場所が同一で、サービスを輸送することは一般に不可能です。コンサートやプロサッカーのゲームを楽しむためには、ホールやサッカー場に出かけなければなりません。もちろんテレビ放送でも楽しむことができますが、現場の臨場感は十分に味わえません。

ここに規模の経済性が加わると、集積がなければ消費できない、生産できないサービスが生まれてきます。規模の経済とは、そのサービスの提供に大きな初期費用、例えば設備が必要な場合に生じます。設備のために必要なコストは固定費用と言いますが、これは一定ですのでサービスの供給量を増やせば増やすほど、

平均費用＝(固定費用＋サービスをするのに必要な変動費用（例えば原材料費))／サービスの供給量

は低下していきます。

レストランの品質を維持しながら、ある程度価格を下げるためには規模の経済性が働かなくてはなりません。規模の経済性が働くためにはたくさんの需要者がいなければなりません。したがって、ある程度の多くの需要者がいなければ、そうしたサービスは実現しません。映画館や美術館、そして市民教室なども一定の人数が集まらなければビジネスは採算に合わないものになります。観客の少ないコンサートホールやサッカー場はいずれ別の用途に変更されてしまうかもしれません。

市民ホールやサッカー場の運営や維持には多額の固定費用がかかります。そのため、観客数が増えれば、その一人当たりの平均費用は下がりますので、利用料金も下げることが可能になりますが、観客や利用者が減れば料金を上げざるをえません。そうでなければ採算がとれないからです。

多くの人々が集まる都市では、こうした多様なサービスが採算にのるので、数多くが供給されるようになります。その結果、多様なサービスが人々をますますひきつけるのです。

(3) 労働の多様性

都市に人口や産業が集積してくるにつれて、多種多様なサービスが生まれます。多種多様なサービスが採算にのることから、またさらに多様な人間が集まってきます。多様なサービスを可能にするのは異なる才能をもった人々です。多様な技術や能力をもった人々が集まってくることは、雇う側の企業にとっても有利です。

人口集積は、企業にとっては労働市場において、異なる才能やアイディアをもった人たちを採用するチャンスが増加することを意味します。企業に必要なのは多様な人材です。他人とは異なる能力をもった人たちを雇用することができるのも都市の魅力なのです。こうした異なる才能の人々が通勤圏内に一定数以上住んでいなければ、企業はそうした人たちを雇うことはできません。そのため、企業の集積がさらなる人口の集積を生むのです。

(4) 公共財

公共財の存在も都市の集積をもたらすひとつの原因と考えられています。

公共財というのは、他の人々と共同で消費することが可能なものです。混雑していない道路や、水道や下水道といったインフラは、共同消費が可能なサービスを提供しています。共同消費が可能というのは、簡単に言うとみんなで同時に消費ができることです。

しかし、食料品などはそうではありません。ある人が食べてしまったものは、他の人は食べられません。こうした公共サービスは、人口や産業が集積することによって一人当たりのコストが低下します。公共財は他の人の消費によって妨げられないので、たくさんの人々が集積することによって、一人当たりのコスト負担は低下します。

公共財のコストはもちろん税金という形で負担されるわけですが、人々の集積によって一人当たりの税負担が低下して、公共財を効率的に供給することが可能になります。これが人々の集積をもたらす原因になります。

地域によって住民税の負担額は異なります。都市内でも住民税の低い市や区がありますし、インフラや公共施設が整備されているところとそうでないところもあります。立派な市民ホールや図書館、美術館をもっている自治体も、大きな自然公園や運動施設を所有・管理している自治体もあります。

こうした公共サービスのすべてが、共同消費が可能とは必ずしも言えませんが、共同消費の可能なサービスが少なからず存在します。このため、人口の多い地域では一人当たりの負担を高めずに、多額の予算を確保することができ、多様な市民サービスを供給することができるのです。

人が集まり、都市的なインフラが整備されている地域に、ますます多くの人々が集積してくるのは、税負担額が少ないわりに、多様な公共サービスがあるという理由からです。道路整備や、鉄道、上下水道、電力といった都市的なサービスはもちろんのこと、良質な医師や十分な設備のある病院や学校・育児介護施設等の公共インフラが十分に備わっているところには多くの人々が集まってきます。これが都市集積をもたらすメカニズムです。

3　都市集積のコストとは?

（1）宅地開発の費用と通勤時間

いままでは、人々や企業がなぜ一定の地域に集まるのかについて説明してきました。これを集積の利益と言います。しかし集積に伴ってさまざまな不利益やコストが発生します。これを集積の不利益と言いますが、人々や産業が一定地域に集積することによってどんな不利益やコストが発生するでしょうか。この典型的なものは宅地開発の費用と通勤費（時間）です。

都心の高度利用が必ずしも十分に進んでいない都市では、人口の集積は都市を外側に拡大させます。都市への人口が集積するにつれて、これまで畑や林であったところが宅地に変わっていきます。これに要するのが宅地開発の費用です。これに加えて、通勤時間の費用が発生します。東京や大阪では、往復の通勤で3時間以上費やす人たちが珍しくありません。

都市が外側に拡大していくにつれて発生する宅地開発の費用も重要ですが、この点は第2章で議論していますので、集積に関連したより深刻な問題である通勤時間について、以下では考えてみましょう。

日本の多くのサラリーマンは通勤のための定期代を負担していないので、コストと言われてもピンとこないかもしれませんが、通勤時間がある分だけ朝早く家を出なければならず、また混雑した電車での通勤は精神的・肉体的な疲労をもたらすのでコストになります。もちろん、肉体的疲労を感じないという人にとっても、これらの時間は何も生まないので損失やコストと呼ばれます。時間を有益に使えば何かを生み出すことができますし、余暇であっても休息や趣味の時間は満足感をもたらしますので、電車の中で無為に過ごすのはまさにコストなのです。

図表4-1は、定期券を利用して通勤や通学をしている人たちが、片道にどのくらいの時間をかけているかを調べたものです。2005年以降の10年間をみると、首都圏では片道の平均で68分から70分程度通勤や通学にかかっていることがわかります。中京圏や近畿圏では、それよりいくぶん短

図表4-1 通勤・通学時間の変化（定期券利用者）

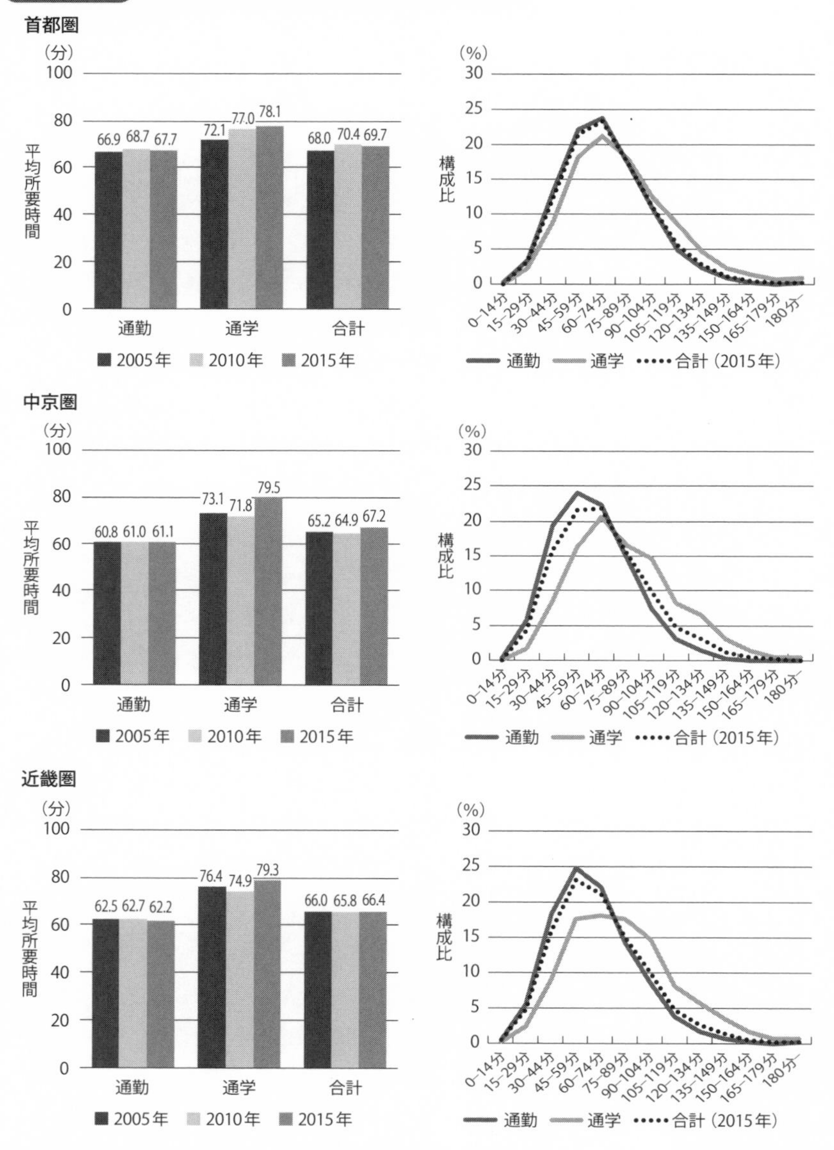

（注）通勤・通学時間は、「鉄道利用者調査」より通勤・通学（片道のみ、帰宅は含まない）とした定期券利用者（拡大後）の出発地からの出発時刻および目的地への到着時刻を集計した。
（出所）https://www.mlit.go.jp/common/001178977.pdfより作成。

いですが、それでも平均で60分以上かかっています。近年、いずれの都市圏でも通勤に比べて通学時間が長くなっていることが共通にみられます。

このことは、学生をもつ両親の学費等の負担が所得に対して相対的に高くなっていることと関係していると思われます。大学の近くに下宿をするよりも、自宅から通学させたほうが相対的に安いという判断によるものと思われます。

首都圏の通勤時間の最頻値は、60分から74分のところにありますが、90分から104分かかるという人たちも10%程度いることがわかります。さらに、105分〜119分のところにも5%の人がいます。したがって、この分布をみる限りは、片道の通勤に90分以上かかっている人たちがおよそ20%いるということがわかると思います。これは、5人に1人の通勤者が往復3時間以上かかっている計算になります。

近畿圏においてもこの分布は首都圏とほとんど変わりません。片道に90分以上通勤にかけている人たちは、やはり20%弱はいると思われます。こうした傾向はこの10年間変わっていませんので、多くの人たちが往復に2時間以上をかけており、3時間以上かかっている人たちも相当数いるということがわかります。

外国の主要な都市でも事態は同じです。ニューヨークやロサンゼルス、ロンドンも通勤に往復2時間以上かかると言われています。こうした通勤時間（費用）が都市の集積の不利益として考えられます。

こうした通勤時間を短くするためには、都市内の土地をより高度に利用する必要がありますが、これにもコストが必要です。ビルを高層化することによって、より通勤時間のかからない都市中心部に住居をより多く供給することができます。その結果、通勤時間を短くすることが可能になりますが、高層化にはビルの建設費だけでなく、高速エレベータの設置やより広いエレベータホールを準備することになるので、その費用も高くなります。

さらに、エレベータの待ち時間も増えるので、通勤時間を短くするにも費用がかかるのです。つまり、都市を外側に拡大するにも宅地開発のコストや通勤時間というコストがかかりますが、都市を上に拡大、すなわち高層化するにもコストがかかります。

(2) 混雑現象

もうひとつの集積の不利益は混雑と呼ばれる現象です。混雑は通勤時間が長くなることとは一応別のものです。同じ通勤時間でも混雑した電車とそうでない電車に乗るのでは、精神的疲労は異なります。自動車の場合は渋滞という混雑によって通勤時間がより長くなるという現象が生じます。

さきほど、共同消費が可能なのが公共財だと言いましたが、実は公共財でも共同消費が可能な容量は限られています。道路では、ある程度の交通量までは混雑もなく、共同消費が可能ですが、交通量がある一定水準を上回ると、混雑によって各人のサービスの質は低下し、ヒトの移動やモノの輸送時間が長くなります。

混雑による移動の質の低下とは、道路が渋滞して目的地までの時間がよりかかるようになることや、鉄道では肉体的・精神的疲労をもたらすことを指します。これらが都市住民たちの受ける費用になることは言うまでもありません。

都市内の電車や道路はかなりの混雑が発生するところが少なくありません。大都市圏では、朝晩のラッシュ時間の混雑は相当なものです。これが集積の不利益をもたらします。集積によって人々の生活の質は低下することになります。

混雑現象は、経済学では「負の外部性」とか「外部不経済」と呼ばれますが、これは一人ひとりの経済活動によって、他の人々の暮らしの豊かさや生産性が低下してしまうことを言います。ある人が電車に乗ることによって、混雑度が上昇しますので、他の人に不利益を及ぼすことになります。自動車では、あるドライバー(消費者)が道路を利用することによって、他の自動車のスピードを低下させることになります。これは、他の人の生産活動や消費行動に影響を及ぼします。一方、そのような他人への影響を、混雑した道路に進入したドライバーが負担することはありません。そのような意味で、混雑現象は外部効果に他なりません。

大都市では、道路渋滞や鉄道以外にもさまざまな混雑現象が無視できな

図表4-2　三大都市圏における主要区間の平均混雑率・輸送力・輸送人員の変化

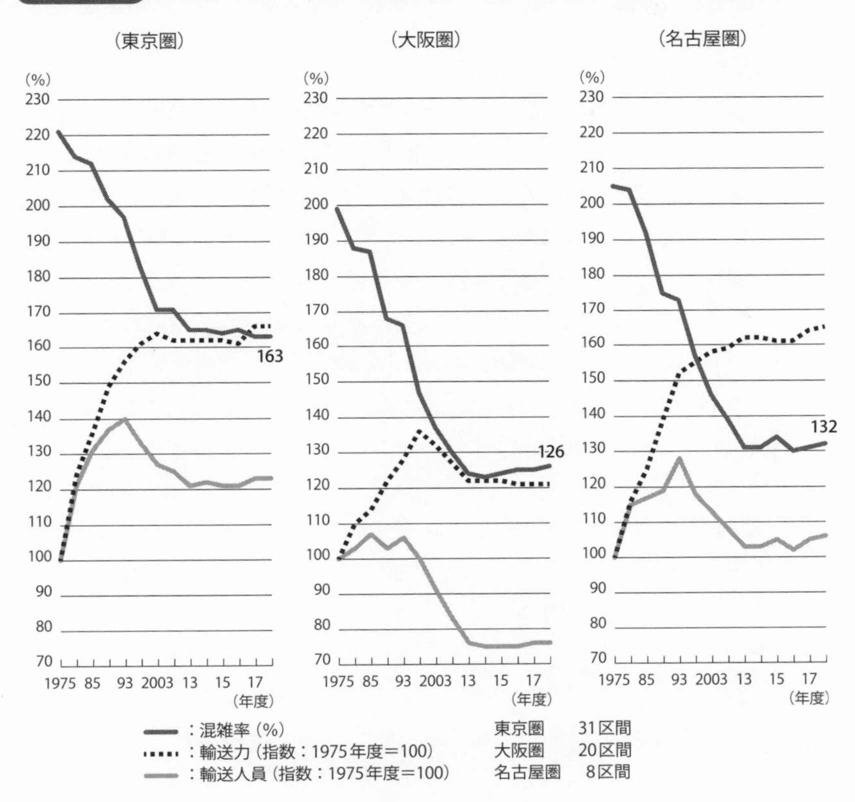

混雑時の目安

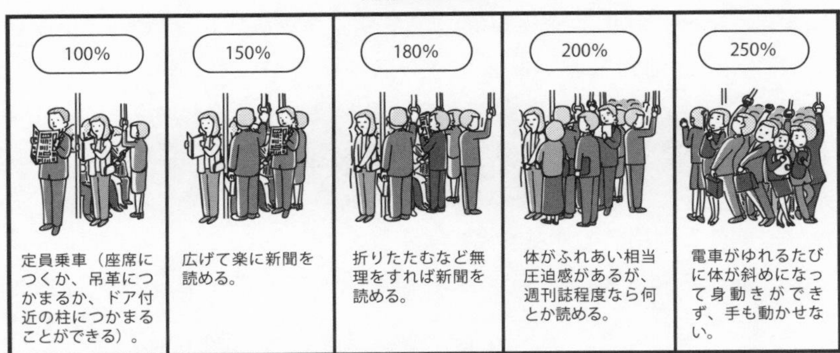

（出所）https://www.mlit.go.jp/common/001299795.pdfより作成。

い深刻な問題をもたらしています。

(3) 都市の混雑現象の現状

日本の大都市に通う人たちが主に通勤手段として使う鉄道の混雑状況をみてみましょう。図表4-2は三大都市圏における主要鉄道の輸送力とラッシュ時における鉄道混雑率です。1970年以降の鉄道整備により、東京圏と名古屋圏では輸送力は増強され、2000年代になると、ほぼ横ばい状態になっています。一方、大阪圏は輸送人員が他の都市圏以上に大きく低下していることを背景に、2000年代にピークに達した後、輸送力は低下しています。こうしたことを反映して、東京圏の混雑率は、2000年代までに顕著に低下した後、170％前後で安定しています。大阪圏と名古屋圏でも2000年以降は120～130％程度で推移しています。

(4) 混雑料金課金制度の導入

混雑外部性がある場合には、通常の料金以外に混雑料金を混雑時の利用者から徴収することが有効な手段であることが知られています[1)]。これを混雑料金制度（ピークロードプライシング）と言います。この制度の導入に対して、「混雑している道路や鉄道はサービスの質が低下しているのだから運賃は安くすべきであり、混雑料金で料金を上げるのは本末転倒だ」という反対意見が聞かれます。この点について考えてみましょう。

確かに、混雑は鉄道会社や高速道路株式会社に費用を負担させているのではなく、一緒に利用している他の乗客や自動車に負担させているので、鉄道会社や高速道路会社の収入にするのは納得がいかないということでしょう。しかし、混雑の発生者にその費用を負担させるというのが、混雑緩和に役立つのです。したがって、混雑料金を政府や自治体の収入にしてもかまいません。その収入を用いて能力増大のための道路や鉄道投資にあてれば長期的に利用者の便益を高めます[2)]。

また、混雑の発生者という点では、鉄道会社にも責任があるとも言えま

---

1) この点については、この章の補論を参照。

す。混雑という質の低下したサービスを消費者である乗客に提供しているのですから、会社にペナルティを課すという手段もあります。消費者保護という観点からも混雑率に応じた課徴金を鉄道会社や高速道路会社に課すとしたらどうなるでしょう。政府が混雑率や混雑する時間の長さに応じたペナルティを会社に支払わせるのです。実は、この対策も混雑率を低下させるうえで、合理的な手段になることがわかります。

課徴金を課された鉄道会社が課徴金をまぬがれるためには、混雑する時間を短くし、混雑率を低下させる必要があります。このために鉄道を複々線化したり道路を拡幅したりする場合は多額のコストがかかるので、すぐにはできません。そこで、より簡単な方法は混雑料金制を採用することです。混雑を緩和するために、混雑時の料金を上昇させることが有効な手段であることにすぐに気がつくはずです。

その結果、鉄道会社はピークロードプライシングを採用することになり、結局、消費者である乗客が混雑料金を負担することになります。すると、鉄道会社には、混雑料金による収入増と混雑の低下による課徴金の支払減が生じますので、混雑緩和のための輸送能力増強投資の資金を確保することができるようになります。

そんな料金制などありえないと思うかもしれませんが、既にいくつかの国で導入されています。鉄道の混雑料金導入例をみると、先進国では、ワシントンDCやニューヨークの一部区間でピーク時の料金は割高となっています。日本では、混雑緩和を目的とはしていないようですが、東京の東京メトロや大手私鉄では10～16時限定の時差回数券は12枚、土休日は14枚と、通常の回数券11枚より割安となっており、混雑時以外の利用料金は安くなっています。このような時差回数券は、結果的にピークロードプライシングに似た料金制度となっています[3)]。

---

2) ある条件のもとでは、混雑料金収入を混雑緩和投資に充当することが長期的な資源配分の最適化につながります。これはモーリングの定理と呼ばれています。これについては、他の上級用の都市経済学の教科書を参照してください。

3) しかし、他方では通勤定期や通学定期など混雑時に多くの人が利用する通勤通学の料金を割安にして混雑を助長する制度もとられていますので、時差回数券でピーク時料金を高くしている反面、混雑時に利用する定期券を安くする料金体系は矛盾していると言えます。

ピークロードプライシングの利点は、混雑度の変化に伴って料金を変化させせることによって、混雑時の需要を混雑していない時間帯にシフトさせることにあります。これによって道路や鉄道といった社会資本の平均的利用率を高め、それを効率的に利用することが可能になります。

道路の混雑費用による課金制度は、日本ではまだ導入事例はありませんが、海外では数例あります。海外の事例には、特定のエリアを対象としたものと、特定の路線を対象としたものに分かれます。エリアを対象としたものの代表的なものは、ロンドンとシンガポールです。また、ストックホルムでは、社会実験と住民投票を経て、2007年からストックホルム中心部を対象とする混雑料金制度を実施しています。ローマ、ジェノバでも同様の試みが行われています。一方、米国では路線を対象とする混雑料金制度の導入が、カリフォルニア州の州道91号線を含めて、いくつかのフリーウェイで行われています。これらの道路ではHOV（High-Occupancy Vehicles）と呼ばれる複数の人が乗車した車などに対する割引が行われています。

ロンドンでは、2003年にセントラルロンドン（21km^2）と呼ばれる中心街に9時から18時30分までに進入する車に対して1日5ポンドが課金されました。さらに、2005年7月には8ポンドに値上げされました。導入1年後には交通量が18%、交通遅延が30%減少し、混雑料金が課されないバスへの利用転換が多いことが報告されています。この他に、ロンドンでは地下鉄も郊外の駅からピーク時に都心に向かう時間帯には割増料金が適用されています。

ところで、混雑料金導入にはどのような技術的な課題があるのでしょうか。技術的には、鉄道ではJR東日本で用いられている「Suica」、関東主要私鉄で導入された「PASMO」やJR西日本で用いられる「ICOCA」などの交通系ICカードが普及していますので、混雑時に高い料金を、非混雑時に安い料金を課す混雑料金制を導入することは、それほど難しいことではありません。

より新しい技術では、既にスマートフォンの普及が進んでいるので、位置情報システム（GPS）を使えば、通勤者が何時にどこの電車を使って、どのように移動するかを把握することは簡単にできます。この点は道路でも同じです。

柔軟なピークロードプライシングの目的を実現するためには、以下のことが必要になります。第一に、時々刻々変化する混雑状況や所要時間という情報だけでなく、交通需要に応じて変化する混雑料金を、直接的な需要者である運転者（ドライバー）や鉄道利用者に伝達する必要があります。需要者は価格をみて判断するからです。そうすることによって、利用者やドライバーは目的地までの各経路の料金や走行所要時間を知ったうえで、最適な経路を探索することが可能となります。これもGPSで既に実現しています。

第二に、各ドライバーが選択した経路や時間帯に応じた料金を計算して、需要者から混雑料金を徴収する必要があります。高速道路の料金所はこれを可能にする簡便な制度ですが、料金所で自動車は停止しなければならず、料金徴収に時間がかかり、料金所がボトルネックとなって、かえって渋滞が発生するという皮肉な結果となっています。ETCを用いた料金所でさえも減速しなければならず、渋滞を招いています。

しかし、近年のITS（Intelligent Transport System）技術の進歩はめざましいものがあります。各自動車に搭載される交通ナビゲーションシステムを用いれば、道路混雑状況だけではなく、いま述べた料金情報をドライバーに伝達することは容易に可能です。また、料金徴収もクレジットカードや電子マネーで容易にできます。料金所が不要になるので、そこがボトルネックになることもありません。

既に実現しているITCの技術を用いると、各自動車や鉄道利用者がどの経路を通って目的地に到達したかという情報を容易に得ることができます。したがって、時間帯や経路別に設定された料金を徴収することが技術的に可能です。

例えば米国では路線単位の混雑料金が採用されることが多くなっていますが、ここではカリフォルニア州サンディエゴの高速道路I-15線の事例を紹介しましょう。この路線（13km）はダイナミック料金システムが初めて採用された路線として知られています。通常の料金は0.5ドルから4ドルの範囲で変化しますが、そのときどきの道路の混雑状況によっては、8ドルまで上昇します。その料金は道路上に表示されており、ドライバーにすぐわかるようになっています。また、他の混雑料金制度を適用している路線と同じように、ドライバーは事前に登録され、FasTrak（ETC）と呼ばれる口座を開設する必要があり、そこで混雑料金は自動的に決済されることになっています。

このようにGPSやスマートフォンといった技術は、高速道路におけるボトルネック渋滞の原因となっている出入り口の混雑を緩和するだけではなく、理想的な混雑課金制度の導入を可能にする画期的なものです。これらの既に実現している技術を用いれば、交通サービスの需要者に外部不経済のコストを負担させることによって、社会的外部不経済である混雑を緩和させ、最適な資源配分を実現することが可能になります。

（5）人間の心理を考慮した混雑料金制度

①無料の心理

次にシンガポールにおける混雑料金制度を対象に、人間の心理を明示的に分析の枠組みに組み込んだ行動経済学の観点から、その効果を評価してみましょう。以下の記述は、Der and Yan（2009）に拠っています。

シンガポールでは、1975年に早くもエリアライセンシングスキーム（ALS）と呼ばれる混雑料金制度が導入されています。これは、規制区域として指定された中心部に乗り入れる車には、一日3ドル、または月60ドルの紙ベースのライセンスを求めるものでした。この政策の効果は絶大であり、即座に規制区域に侵入する車は76%減少したとされています。これだけの大きな効果は、行動経済学の「『無料』の心理」と呼ばれるものが関係している可能性があります。

Shampaneir et al.（2007）は高価（15セント）なトリュフチョコレートと、低廉（1セント）な普通のチョコレートを選ばせる実験を行いました（ケース1）。図表4-3にあるように、この場合73%の人がトリュフチョコレートを、27%の人が普通のチョコレートを選びました。次に、両者から1セントずつを引いて、14セントのトリュフチョコレートと無料の普通のチョコレートの間で選択を行わせました。

図表4-3 「無料」の効果に関する実験

	ケース1の選択率		ケース2の選択率	
	15セント	1セント	14セント	無料
トリュフチョコレート	73%	—	31%	—
普通のチョコレート	—	27%	—	69%

（出所）Der and Yan（2009）より作成。

両者の差は14セントのままであるにもかかわらず、今度は69%もの人が普通のチョコレートを選択し、トリュフチョコレートを選んだ人は31%にまで激減しました。それほど「無料」という価格は人々の心をとらえるのです。ALSという混雑料金を課することは、図表4-3の矢印に示すように、無料の道路サービスの消費にわずかながらも値段をつけることになるため、76%もの人が車の使用を控えるという大きな効果をもった可能性があります。

②サンクコスト

シンガポールは1998年には規制区域に侵入する際に固定料金を支払うALSという仕組みを、エレクトロニックロードプライシング（ERP）という仕組みに変更しました。ALSでは3ドル支払ったあとは、道路の使用量に応じた追加負担を求められることはありませんでしたが、ERPにおいては、実際に走行した場所、時間、混雑状況に応じて変化する混雑料金を、自動車に備え付けられたカードから引き落とされるという仕組みが採用されています。

ここで紹介をしたいのは、Arkes and Blumer（1985）の実験です。彼らは、ランダムに3つのグループに分けられた被験者に対して、ある劇場のシーズンチケットを買ってもらいました。このチケットはキャンセルができませんので、チケット購入後に観劇に行かなくても、料金は戻りません。1番目のグループは15ドルの価格で、2番目のグループには2ドル安くした価格、3番目のグループには7ドル安くした価格が割り当てられました。

図表4-4 サンクコストに応じた観劇回数

	平均観劇回数
グループ1（15ドル）	4.11回
グループ1（13ドル）	3.32回
グループ1（8ドル）	3.29回

（出所）Der and Yan（2009）より作成。

伝統的な経済学で想定する合理的な消費者であれば、既に支払いがされたチケットの価格（サンクコスト）は、その後の行動に影響を与えないはずです。既に支払ったチケットの価格は劇場に行こうが行くまいがそれを回収することはできません。したがって、料金を支払ったという過去の事実は、今後の行動（劇を見るかどうか）に影響を及ぼさないはずなのです。つまり、料金を支払ったあとでは、劇のおもしろさ（限界効用）と観劇のためにあきらめなくてはならない活動や時間（限界費用）の比較だけで、劇場に実際に足を運ぶかが決定されると考えます。

しかし、得られたのは図表4-4のように、事前に高いコストを支払ったグループ1ほど、劇場に足を運んだという結果が得られています。このことは、人はサンクコストを無視できないということを示唆しています。

これをシンガポールの混雑料金制度に即して言えば、固定料金を支払ってしまった人は、それを無視することができないため、規制区域内においても不要不急の道路交通を発生させていたかもしれないということです。規制区域内に入ったあとでは道路使用の限界費用はゼロですから、混雑緩和の効果は低下してしまうのですが、サンクコストを意識した消費者はそれ以上に道路利用量を増加させてしまうということが心配されました。

このため、現在採用されているERPにおいては、規制区域で道路を使用した分だけ限界費用が上がる仕組みを採用することにしています。

このように、混雑料金の仕組みを作り、それを運用するにあたっても、人間心理への配慮が欠かせないと言えましょう。

(6) 定期券料金と通常料金（切符の代金）

ところで、混雑料金制度を導入するのは人々の抵抗が強くて、なかなか導入することが難しいと言われています。実際に、ピーク時に料金を上げようとすれば、多くの人が大反対するでしょう。

そこで、このように考えてはどうでしょうか。通勤や通学の定期券は切符の代金に比べておよそ20%が割り引かれています。月に15回ほど通勤する人にとって、一般の鉄道の料金を購入するよりも定期券を購入したほうが有利なことがわかっています。

また、多くの企業は定期代を社員のために負担しているのが現状です。さらに、企業が負担する通勤費用は損金として扱われ、法人税も課されていないというのが現状です。他の国々ではこういう例はなかなかみられません。多くの国々では通勤費は自分の所得から支払うことになっています。したがって、日本の通勤者は通勤に関して多額の優遇措置を受けていると言うことができます。言いかえると、サラリーマンの通勤費に対して補助金が出ていることになります。

しかし、こうした割引には条件をつける必要があるのではないでしょうか。逆に言うと、そうした優遇措置を受けていない通常の切符を購入する乗客たちには、何らかの代替的な措置を講じるのが公平性の観点からも必要ではないでしょうか。何が言いたいかというと、一般の料金で鉄道サービスを利用する消費者に対しては、よりよいサービスを提供する必要があります。

割引料金で鉄道サービスを利用する人には、それなりのサービスを受ける必要があるにしても、より高い料金を支払って乗る人たちに対しては、よりよいサービスを提供するのが公平というものです。

そう考えると、定期券を利用できる時間帯を制限するという方法が考えられます。図表4-5の鉄道の利用時間を調べてみると、7時前に自宅を出発する人は30%程度にすぎません。つまり、午前7時以前に鉄道を利用する人々に対しては、定期券の利用は有効であるとして、その時間を過ぎて鉄道を利用する定期券利用者に対して一般の料金との差額を個人から徴収するというのはいかがでしょうか。

図表4-5 時刻別にみた通勤・通学移動割合（定期券利用者）

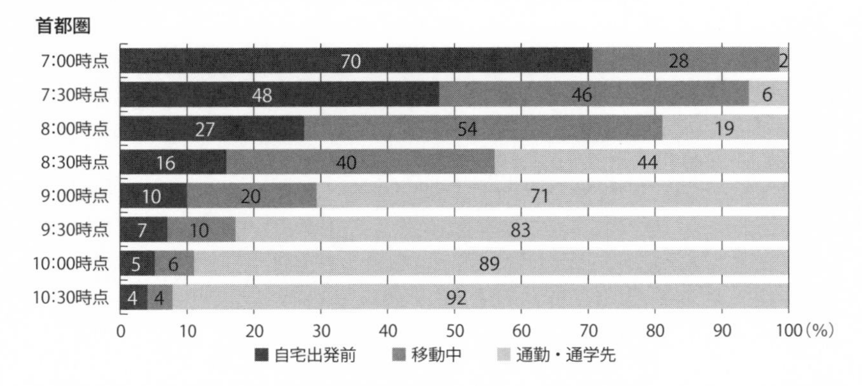

（注）通勤・通学移動割合は、「鉄道利用者調査」より通勤・通学（片道のみ、帰宅は含まない）とした定期券利用者（拡大後）の出発地からの出発時刻、初乗り乗車時刻、最終降車時刻および目的地への到着時刻を集計した。
（出所）https://www.mlit.go.jp/common/001178977.pdfより作成。

また、9時以降に家を出る人も少ないことから、その時間帯はまた定期券の有効期間とするという方法です。また、帰宅時間では18時から19時までの時間は最も混雑する時間と言えるので（図表4-6）、その時間の定期券割引の有効性はなくなり、一般の料金と同じ金額を支払うことにしてはどうでしょうか。

つまり、オフピーク時の時間帯だけ定期券の利用を認めるというのが、ここでの提案です。こうすれば自動的にフレックスタイム制が進行するでしょう。多くの人たちは7時前に家を出るか9時過ぎに家を出るかという選択に迫られるでしょう。7時から9時までのピーク時の利用者は相当数減るものと思われます。

（7）混雑料金制の社会的受容性

もちろん、こうした混雑料金制度を導入するためには、プライバシーの問題を解決する必要があります。各個人がどのような経路でどのような交通手段を利用しているかは、重要な個人情報です。この情報を個人の許可なく利用することは、深刻な人権侵害になる可能性があります。こうした

図表4-6　混雑の発生状況（首都圏）

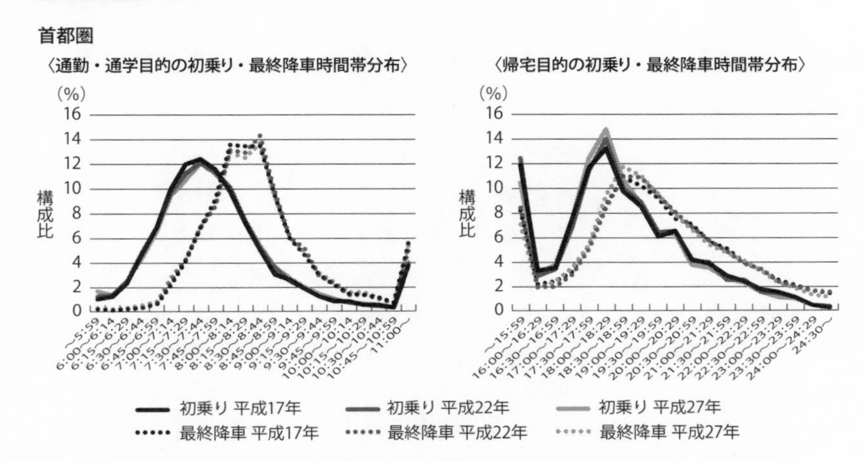

（出所）https://www.mlit.go.jp/common/001178977.pdfより作成。

点について十分な議論を経ることによって、混雑料金制の導入を図る必要がありそうです。

以前から指摘されているのは、ピークロードプライシングの導入には、公平性の問題を解決する必要があるということでした。混雑料金を課金することによって、ピーク時にそのサービスを利用できなくなるのは低所得者で、ここに所得分配上の問題があるとしばしば指摘されます。しかし、混雑料金の導入によって混雑時の料金は上がりますが、非混雑時の料金は低下しますので、ある程度所得分配上の問題は解消されるでしょう。また、図表4-6をみると、ピークの7時30分前に家を出ることによって、ピーク時の混雑をかなり回避することができます。

混雑料金収入の使途に関しては、混雑緩和のための道路投資や能力増強投資に充当すれば、鉄道会社や高速道路株式会社の収益にはならず、混雑の犠牲になっている人々の不快感や精神的疲労を緩和することになるので、導入に理解を得ることができるのではないでしょうか。

したがって、問題はむしろ公平性というよりも、プライバシーの問題なのかもしれません。

(8) 誤った混雑対策

このような交通混雑の外部性に対しては、敷地に対する建物の床面積の上限を定める容積率規制で、交通需要を抑制し、外部不経済を抑制しているという意見も聞かれます。建物の容積を制御することによって、生産活動を抑制できるので、自動車の交通需要や労働者の通勤需要を減少できるのではないかということです。このように、都市計画の専門家は容積率規制でインフラに対する負荷を減らせると考えているようですが、これに理論的根拠はなく、むしろ混雑に対しては混雑料金を課金し、料金収入を混雑緩和のための投資に使えばよいと思われます。

混雑料金を課金すると、交通混雑は解消し、混雑料金を節約したいと考える企業は郊外に、混雑料金を払っても都心の集積の経済を得たい企業は都心に立地するという形で、企業の最適立地を促し、都心の集積の経済が一層高まり、都市の活性化につながると考えられます。

さらに、混雑料金制やこの章で提案した定期券の利用時間を制限するという政策は、フレックスタイム制の導入やテレワークを促進する結果、人々の働き方を変えることにもなります。

補論　混雑外部性の余剰分析

それでは、このような混雑外部性がある場合の余剰分析と最適な交通量達成のための施策を考えてみましょう。

道路の容量を一定とすると、ある地点間の道路サービス市場は図表4-7のように描くことができます。ある地点間の自動車交通の費用は、交通量がある臨界的水準(N_0)までは混雑が発生せず、一台当たりの平均費用は、ほとんど一定であると考えられます。しかし、この臨界的水準(N_0)を超えると、混雑の発生により通過速度が次第に低下し、時間的な損失が増加するため、私的(限界)費用曲線CFC'は右上がりとなります。この領域では新たな道路使用者の進入は、他の道路使用者の速度を低下させますので、その分の外部不経済が発生し、その外部不経済と私的費用を合わせた

図表4-7 道路交通サービスにおける混雑費用

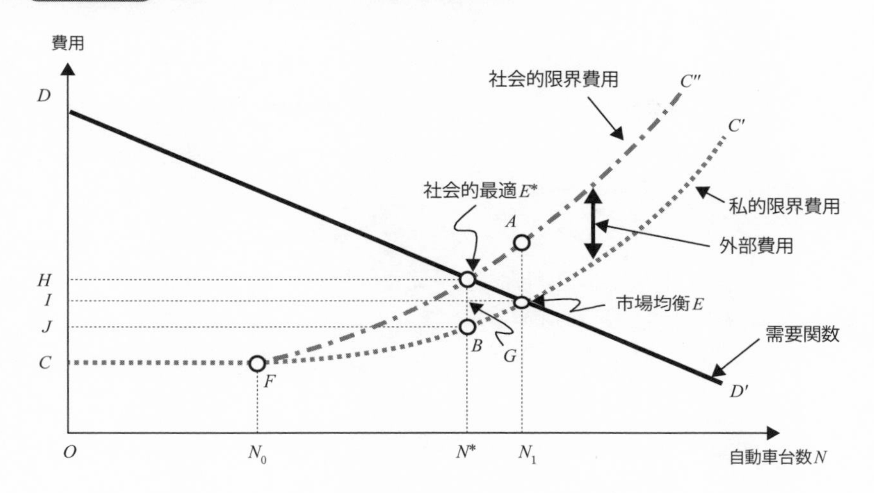

ものが社会的費用CFC''となります。

道路の利用者は、合理的に行動しますので、自分の私的費用と便益（需要曲線）が一致するまで道路を利用します。その結果、市場均衡はEとなります。このとき、道路利用者の総便益は、道路利用に対する最大支払い意思額の合計となるDEN_1Oとなります。道路利用者の総費用は、外部不経済を合わせたものとなりますので、$CFAN_1O$となります。その結果、社会的総余剰は総便益DEN_1Oから総費用$CFAN_1O$を引いた$DE^*FC—E^*AE$となります。

さて、社会的限界費用と需要関数が交わるE^*では総余剰がどうなっているでしょうか。この場合、利用者の便益はDE^*N^*O、道路利用者の総費用CFE^*N^*Oとなり、社会的総余剰は総便益DE^*N^*Oから総費用CFE^*N^*Oを引いたDE^*FCとなります。社会的総余剰は市場メカニズムに任せた市場均衡Eの場合よりE^*AEだけ多くなっています。このE^*AEが混雑外部性による死荷重となります。

また、市場均衡Eでの利用台数N_1は最適な利用台数N^*より過大になっていることがわかります。このように混雑による外部不経済がある場合、市場に任せておくと、社会的総余剰は、最適水準よりE^*AE部分だけ少なくなります。

さて、社会的な総余剰を最大にするにはどうすればよいのでしょうか。各利用者が負担する費用を社会的限界費用と一致させることによって、社会的な最適点E^*が達成されます。他の利用者に及ぼす限界的な被害額（図表4–7のHJ）を算定して、それを混雑料金という形で利用者全員に負担させればよいことになります[4)]。

なお、このような混雑料金を課金し、社会的に最適な状態を達成させたとしても、図表4–7のFE^*B部分の外部不経済は依然として発生していること（私的限界費用と社会的限界費用に差がある）には注意が必要です。最適な点というのは、混雑がまったく生じない（私的限界費用と社会的限界費用が一致する）点（N_0）ではないということです。

4）なぜ全員なのでしょうか。それは混雑という被害を及ぼすのが特定の個人ではなく、サービスを利用している全員だからです。

第5章

都市の構造はどのようにして決まるのですか？

1　はじめに

日本の大都市の特徴のひとつとして、高度に発達した公共交通機関、とくに鉄道網の発達が挙げられます。これまでに民間の鉄道会社は、輸送網としての鉄道を敷設し、運営するだけでなく、その沿線の宅地開発を通じて、まちづくりにも大きな役割を果たしてきました。このようなビジネスモデルは大成功をおさめ、整備主体に高い収益をもたらしました。もちろん、それは都市居住者にも大きな便益をもたらしたものと考えられます。

しかし、上記のようなビジネスモデルは人口増加、都市拡大期に適合したものであり、人口減少が本格化する日本においては、大都市地域であったとしてもうまくいかなくなる可能性があります。

本章ではまず、都市構造、つまり都市的土地利用と農業的土地利用が、どのようなメカニズムで決定されるかについて簡単に解説します。そのあとに、いま述べたような交通インフラ整備と郊外開発というパッケージが、どのような社会的な環境のもとで可能になったのかを考えます。そのうえで、大都市においても人口減少を迎えることになるとき、都市構造がどのように変化するのかを議論します。

さらに、都市とその郊外の農業的土地利用の推移をみながら、これからの都市的土地利用と農業的土地利用の関係について考えてみましょう。

2　都市構造の決定要因

経済学では、都市構造はどのようにして決まると考えているのでしょうか。本章で都市構造というのは、都市的土地利用、つまりオフィス、商業施設、住宅、工場などに土地が利用される空間の範囲、組み合わせ、配置のことを言います。もう少しわかりやすく言うと、一般に駅の近くは商業施設やオフィスが集まり、高層ビルが立ち並んでいます。駅から離れるに従って建物は低くなり、郊外には住宅地が広がるようになります。こうした傾向はどんな駅にも共通に観察できる現象です。こうした傾向がどんな理由から生じるかについて考えてみたいと思います。

この章では、人口減少などを受けて都市自体の姿がどのように変わるのかを議論したいと考えています。一方、人口減少が都市の中で、オフィス、商業施設、住宅、工場などの用途にどのような影響を与えるかについては、まだ予測がつかない部分が多いように思います。この点については、都市の中の用途がどのように決まると経済学で考えられているかについて、補論で簡単に説明することにとどめます。

最初にいくつかの前提を説明します。都市内の土地は、それを借りている人であろうと所有している人であろうと、最も高い地代を支払ってくれる人が利用するものとしましょう。規制等のない競争的な市場条件のもとでは、こうした仮定も正当化できます。また、都市の中心部は中心業務地域（Central Business District）（以下CBDという）と呼ばれ、そこですべての生産活動が行われているものと考えます。

このように考えるのは、第4章で説明したように、都市とは集積の経済を生かした経済活動が行われる空間だからです。簡略化のために、すべての人々は、CBDから一定の距離の土地に住宅を構え、CBDに通って同じ所得を得ているものとしましょう。きちんと考えれば、土地を借りている人は地主に地代を支払っていて、土地をもっている人は自分自身に地代を支払っているものと考えることができます。

この点については第10章でくわしく説明しています。このため、例えば同じ給与をもらっていても、土地の所有者は別途賃貸所得が発生することになります。しかし、ここではこの所得を無視することにします。

均衡状態と呼ばれる、安定した都市の構造とは、どのようなときに生まれるのでしょうか。それは、人々が都市のどこに住んでも同じ効用水準（ここでは満足度と考えても結構です）が得られる場合です。このような場合、人々には他の場所に引っ越す動機が生まれないので、安定的な都市構造が生まれます。

言いかえると、このとき他の場所に引っ越しても、いまと同じ満足度しか生まれないので、引っ越す理由がありません。さらに人々は、合成財（食事、衣服、娯楽などをすべて網羅した仮想的な財のパッケージ）と住宅サービスから効用（満足）を得るものとしましょう。人々の合成財と住宅サービスへの選好（好みと考えてください）も同一なものとします。

人々がどこに住むかに影響を及ぼすのは、会社までの通勤費や都市までの近さ（近接性と言います）のみと考えます。図表5-1には横軸にCBDからの距離、縦軸に金額を示した図が描かれています。すべての住民は同じ所得を得ている一方で、CBDから遠ざかるほど実線で描かれた交通費は上昇

図表5-1　CBDからの距離に応じた交通費とそれ以外の支出

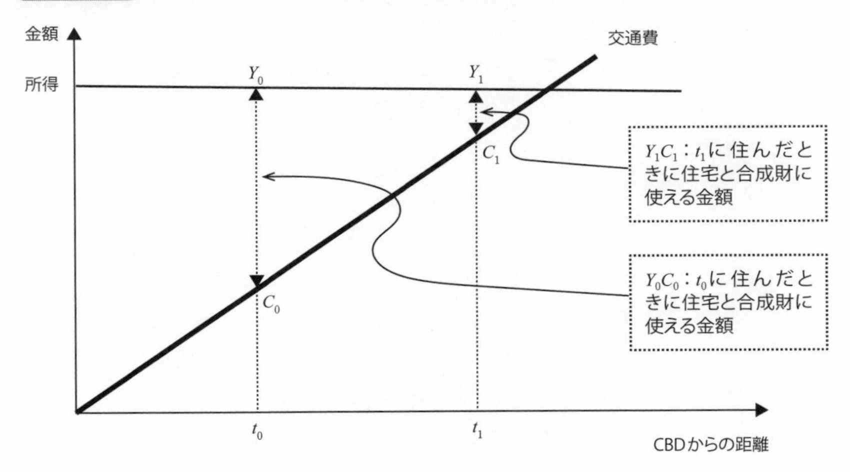

します。このためこの太い実線の傾きは単位距離当たりの通勤費となります。

ここで通勤費の中には鉄道料金だけでなく、通勤時間や肉体的精神的疲労も含まれます。そのため都心（CBD）からより離れると、鉄道料金は上昇しますし、通勤時間も長くなるので、交通費は増加します。

CBDに近いところに住んだ場合（t_0）とCBDから遠いところに住んだ場合（t_1）を比較すると、t_0に住んだほうが消費や住宅に回せる分が多くなります。このため、t_0という場所に住民は高い価値を見い出し、㎡当たり高い地代を支払ってもいいと思うようになるでしょう。t_1に住んだ場合は、その逆ですから、低い地代しか支払おうとは思いません。住民が支払ってもよい地代、これを付値地代と言いますが、付値地代はCBDからの距離に従って低下していくことになります。

ここで地代がこのような動きを示す場合に、人々はどのような消費行動をとるかを考えてみましょう。経済学では人々は所得や選好などさまざまな要因で消費の組み合わせを決めると考えますが、その中で重要な役割を果たすのが相対価格です。この場合、人々は土地サービスか合成財を消費するという選択に直面していますから、合成財に比べて土地サービスの価格が高くなった場合にはその消費量が少なくなります。

例えば、t_0に住んだ人は㎡当たり高い地代を支払うことになりますので、狭い住宅と多めの合成財の消費という組み合わせを選ぶことになります。一方、t_1に住んだ人は㎡当たり安い地代を支払うことになりますので、広い住宅と少なめの合成財の消費を選ぶことになります。消費の組み合わせは異なりますが、どちらに住んだ住民も同一の効用を得ることになります。

次に都市の範囲はどのように決まるのでしょうか。住民がCBDからの距離に応じて支払ってもいいと考える地代を描写したものが、図表5-2の付値曲線です。前述のとおり、CBDからの距離に応じて、付値は右下がりとなっています。図表5-2には、付値曲線とともに、農業地代という水平線が描かれています。これは、農業という非都市的土地利用を行った場合、農地に農業生産者が最大限支払うことのできる地代を表します。つまり、農家が土地を借りて農業をするときに支払える地代のことです。農業は集

図表5-2　都市境界の決まり方

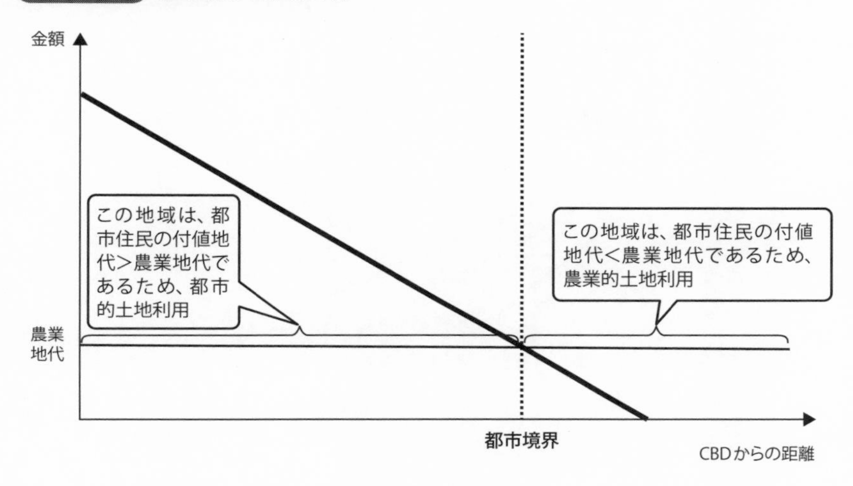

積の経済を必要としないため、CBDからの距離にかかわらず一定としています。

図表5-2から明らかなように、CBDから都市境界までの間は、都市的な土地利用を行う居住者の付値地代のほうが農業従事者のそれよりも高くなっています。地主は高い地代を支払ってくれる居住者（都市の通勤者）にその土地を貸しますので、この区間は住宅地となります。つまり都市の空間的な範囲はここまでです。そのさきは、農業地代のほうが都市的に土地を利用する人が支払える地代を上回るため、地主は農業生産者に土地を賃貸することにします。つまり、都市境界以遠は農地となり、地代は農業地代で一定となります。

3　郊外開発を経済学はどのようにとらえているのか？

（1）理論的な解説

この節では、高度成長期やバブル期に生じた郊外開発とそれによって都市が拡大するという現象を取り上げます。その本質を説明するために、沿

図表5-3　都市拡大期の交通費用と都市境界

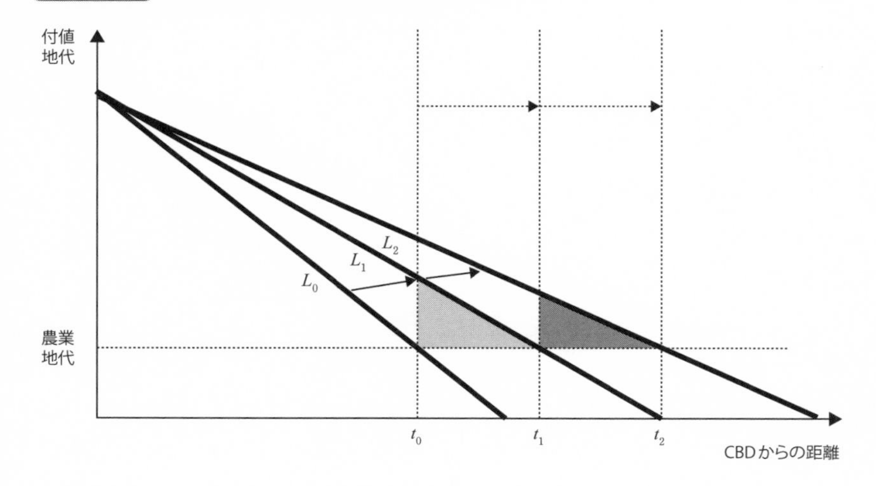

線開発というビジネスモデルを経済学の視点から解説してみましょう。図表5-3には、前節で説明された付値曲線が描かれています。鉄道網の敷設などにより、これにどのような変化が起こるのでしょうか。

ここで鉄道会社が営業を始める前の0期の付値曲線をL_0だとしましょう。この場合t_0の地点が都市境界となっています。ここで、鉄道会社が鉄道網を整備することで、CBDへの通勤費用を引き下げることができたとしましょう。鉄道整備には複々線化による通勤時間の短縮化や車両の品質改善が車内環境を高め、乗客の快適さや安全性を向上させることも含まれます。これらは実質的に通勤費用の低下を意味しますから、図表5-1の交通費用を表す実線の傾きが緩やかになります。

いま鉄道の運行が始まることによって、それまで他の交通手段を利用する場合よりも30%ほど料金が安くなったとしましょう。これはCBDに通勤するどんな人にも妥当すると考えると、これまで通勤費に1日200円支払っていた人は140円に低下し、より遠方から通勤していた人が負担していた通勤費600円は420円に低下します。このため、CBDから遠い地域ほど、消費や住宅に使える金額が上昇します。その結果、この地域のすべての住民が支払ってもよいと考える地代を上昇させることになります。このことは、図表5-3における住民の付値曲線のL_0からL_1への反時計まわりの回転をもたらします。

このような形で、鉄道投資によって付値地代曲線がL_1に変化した場合に、農業地代との交点で決定される都市境界はt_0からt_1へと変化するため、都市が拡大します。鉄道会社が、0期には都市境界の外にあったt_0〜t_1部分の土地を、農業地代を将来分も含めて支払うことで獲得していたとしましょう。それを宅地として開発したあとに、都市居住者に賃貸した場合には、図表5-3の薄い灰色の網掛けをしている地代担当部分の収益を得ることができます[1)]。通常、鉄道会社はこれらの土地を売却して地価の上昇分（開発利益）を得ることになりますが、この額は網掛け部分の数十倍になると思われます。

このように、鉄道会社は投資をすることで、その利用者から料金という形で収益を回収することができるだけでなく、交通費用の低下による都市の拡大、付値地代の上昇から収益を得ることができます。図表5-3に描かれているように、鉄道投資によって付値地代をL_1からL_2にさらに低下させることによって、都市境界はt_1からt_2に拡大して、鉄道会社は濃い灰色で網掛けをした部分の収益を宅地開発で得ることができるでしょう。これが、都市が拡大している時代における沿線開発というビジネスモデルの本質と考えられます。

もちろん、都市における交通費用の低下は鉄道整備によってだけ起こるのではありません。例えば、高度成長期やバブル期には道路整備によってCBDへのアクセス（近接性）が改善されました。このため、モータリゼーションが進展して人々の移動が容易になる現象が同時に起こりました。このような場合には、郊外に農地を所有している人が宅地として土地を売却することを通じて、地価の値上がり分を享受することができました。

同様に農地所有者から土地を譲りうけた開発業者は、図表5-3の網掛け部分の収益の一部を手にすることができました。このように、戦後の交通インフラの整備やモータリゼーションによって、郊外の土地所有者の多く

1） L_0とL_1の間の残りの白い部分は既存の土地所有者の便益の増加になります。

図表5-4 東京大都市圏の人口成長率（実績）

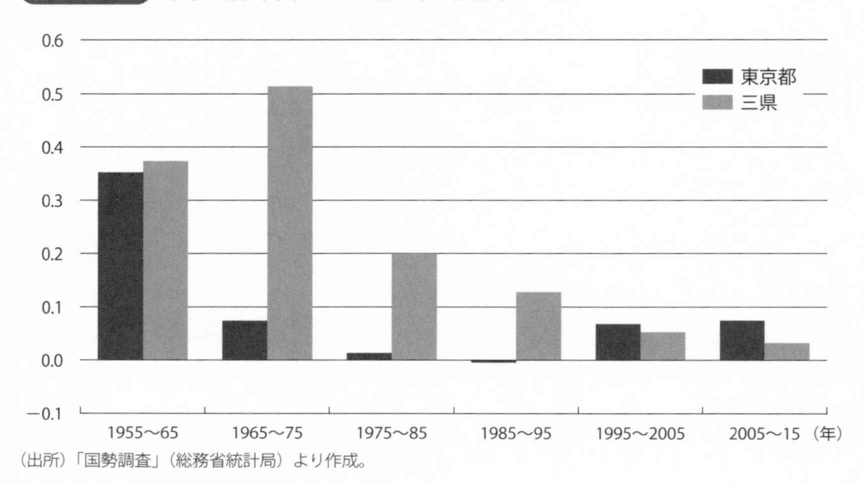

（出所）「国勢調査」（総務省統計局）より作成。

が開発利益を手にすることができたのです。

（2）都市の拡大の現状

ここで、いま述べたような都市の拡大が実際に起こっていたのかをデータで確認してみましょう。ここでは、交通網が発達しており、最も急速な都市の拡大が生じたと考えられる、東京大都市圏を例として取り上げます。東京大都市圏は、129の郊外市町村を抱える世界一の巨大な都市圏です[2)]。しかし、ここではデータの得やすさを勘案して東京大都市圏を単純に一都三県（東京都、埼玉県、千葉県、神奈川県）だと設定します。

図表5-4には、東京都とその他の三県に分けて、1955～2015年の人口の10年ごとの人口成長率を描いています。東京都は、1955年から1965年にかけて35%もの大きな人口増加を経験しているものの、その後は一貫して10%以下の人口成長率にとどまっています。

ところが、三県は1955～1965年にかけて37%、1965～1975年にかけて51%、1975～1985年にかけて20%という、30年間にわたりきわめて高

2） http://www.csis.u-tokyo.ac.jp/UEA/参照

図表5-5　東京都の人口成長率の要因分解（実績）

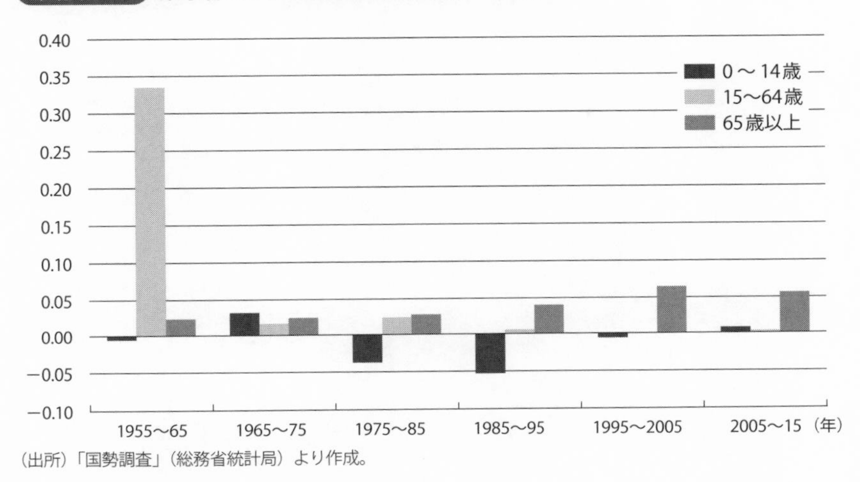

（出所）「国勢調査」（総務省統計局）より作成。

い人口増加を経験しています。これらの地域を東京大都市圏の郊外だと考えれば、バブル期までの時期に東京大都市圏の拡大が急速に引き起こされたと解釈することができるでしょう。

この人口の動きをもう少し詳細にみてみましょう。0期（1955年）の総人口をP_0、年少人口（0～14歳）をx_0、生産年齢人口をy_0、高齢人口をz_0としましょう。1期（1965年）のそれぞれの人口はP_1，x_1，y_1，z_1で示すことができます。その場合、0期から1期の人口成長率（ここでは1955～1965年）は、以下のように年齢ごとに要因分解することができます（図表5-5、5-6）。

$$\frac{(P_1-P_0)}{P_0}=\frac{(x_1-x_0)}{P_0}+\frac{(y_1-y_0)}{P_0}+\frac{(z_1-z_0)}{P_0}$$

図表5-5で東京都の状況をみてみましょう。1955～1965年にかけて東京都で生じた35%もの人口成長のうち33%が、生産年齢人口（y_1-y_0）（15～64歳）の増加であったことがわかります。それ以降の生産年齢人口の増加は人口成長率のせいぜい2%しか寄与していません。次に図表5-6で三県の状況をみましょう。生産年齢人口の増加は1955～1965年にかけて生

図表5-6　三県の人口成長率の要因分解（実績）

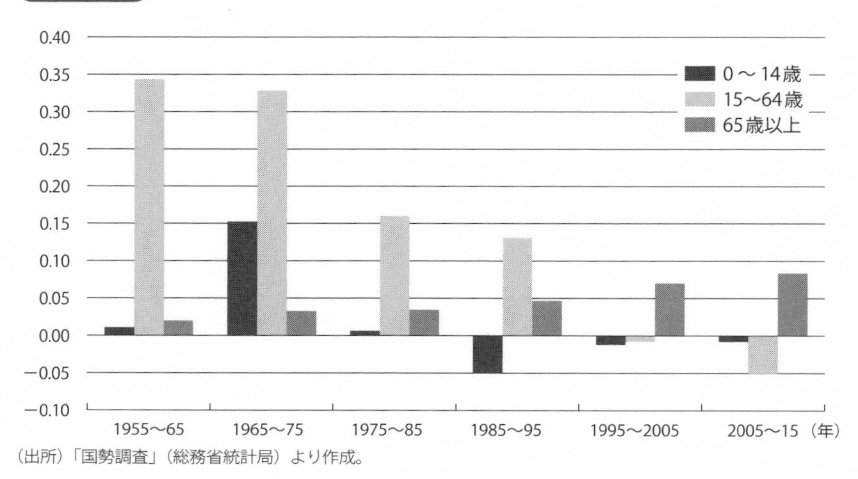

（出所）「国勢調査」（総務省統計局）より作成。

じた三県の37％の人口成長のうちの34％を、1965～1975年の51％の人口成長のうちの32％を、1975～1985年の20％の人口成長のうち16％を説明することができます。つまり、これらの時期に大きく増加した生産年齢人口は、郊外に居住して鉄道を中心とした輸送網によってCBDに通勤して、付加価値生産に携わったものと考えることができるのです。

その間、JR、私鉄各線の積極的な鉄道投資とともに、政府による公共投資によって道路輸送網が整備されました。三県を東京大都市圏の郊外だと考えれば、この時期には、図表5-3に描かれているような交通費の低下と、それにともなう都市の拡大が生じました。そして、郊外開発によって上昇した付値地代とそれの数十倍の地価値上がり益を還元するビジネスモデルは、十分に利益や成果を上げたと考えられます。これらのビジネスの展開が、東京大都市圏の形成を支えたことがわかります。

4　都市縮小時代の郊外の姿

ところで、日本は既に人口減少時代に入っています。東京大都市圏で

図表5-7　都市縮小期の交通費用と付値地代

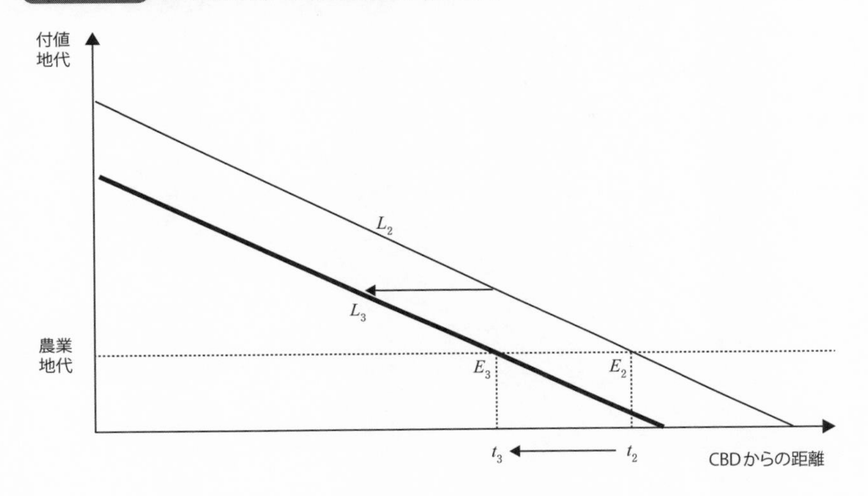

あっても、いずれ人口が減少することが確実視されています。この場合、都市の各地域でどのようなことが起こると予想されるのでしょうか。

前節の図表5-3では、農村部から都市に人口が流入してくる環境を前提に解説しました。この流動的な農村部から都市部への人口流入が前提とされていた図表5-3で、1995年以前の東京大都市圏の変化を描写できていると考えられます。しかし、出生率の低下などの要因によって人口がほとんど増えない、あるいは人口が減少するような局面においては、図表5-2はどのように変化するのでしょうか[3)]。

図表5-3において拡大を終えた都市の付値曲線L_2を出発点として考えてみましょう。図表5-7には、出生率の低下などによって都市人口が減少した場合に、都市の構造を決定する付値曲線にどのようなことが起こるのかを描いています。

都市人口の減少は、まず消費需要の減少をもたらします。これはサービス消費の価格を低下させる結果、CBDで生産される付加価値を低下させま

3)　図表5-7を説明する閉鎖都市モデルおよび人口減少の付値曲線への影響については、佐々木・文（2000）を参照。

図表5-8　東京大都市圏の人口成長率（予測）

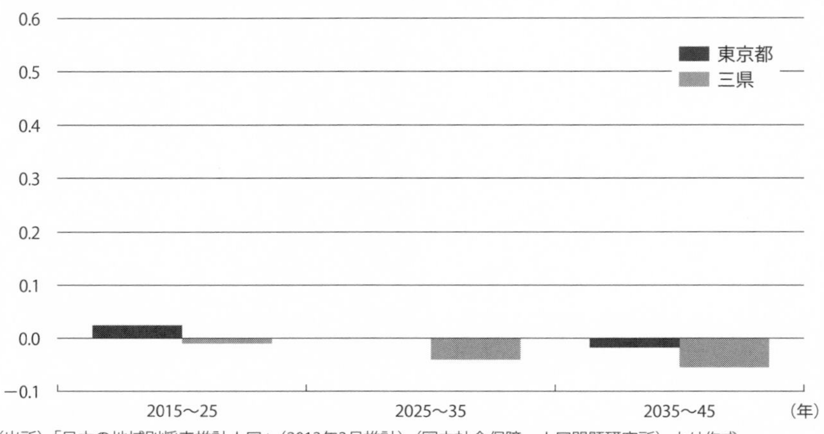

（出所）「日本の地域別将来推計人口」（2013年3月推計）（国立社会保障・人口問題研究所）より作成。

す。すると労働に対する需要も減少するので、CBDに集積して付加価値生産を行う労働力の集積の低下をもたらします。それはCBDにおける生産性の低下、ひいてはその都市で稼げる所得の低下を意味します。このため、付値地代曲線がL_2からL_3のように下方にシフトします。

このようなシフトが起こった場合に、t_3からt_2区間の付値地代は、農業地代を下回ることになるため、都市境界はt_2からt_3に後退することになります。また、t_3までのすべての区間においても付値地代の低下が起こります。地代と地価は比例しますので、こうした人口減少が生じると、都市内のいたるところで地価の低下が生じます。

図表5-8には、2015年以降の人口成長率の予測が東京都と三県に分けて示されています。あまり図として見やすいものではありませんが、図表5-4との比較を行うために縦軸のスケールは同一のものとしています。図表5-8から明らかなように、東京大都市圏といえども今後は人口が増加しない、むしろ三県を中心に人口が減少する時代に入っていくと予測されています。つまり、図表5-7において用いたようなモデルで、現実を理解することが適切な時代に入ったものと考えられます。

この点をさらに詳細にみるために、前節の図表5-5および5-6と同様に、

図表5-9 東京都の人口成長率の要因分解（予測）

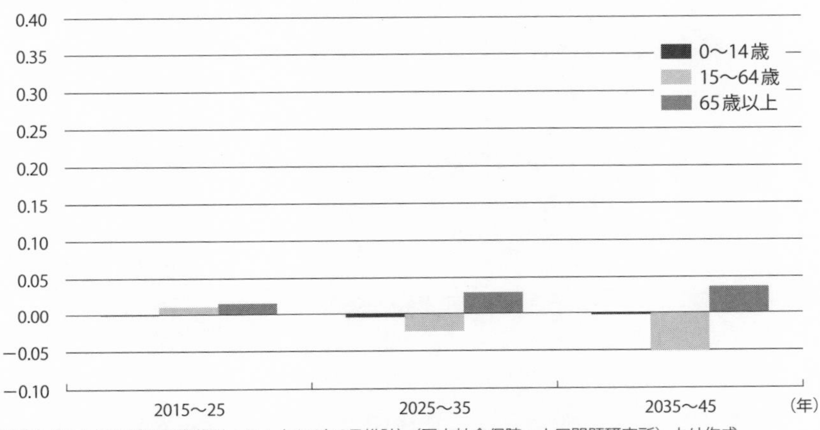

（出所）「日本の地域別将来推計人口」（2013年3月推計）（国立社会保障・人口問題研究所）より作成。

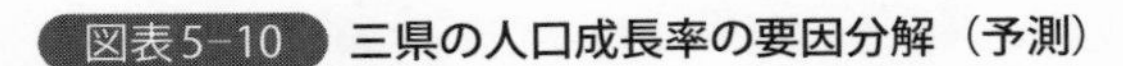

図表5-10 三県の人口成長率の要因分解（予測）

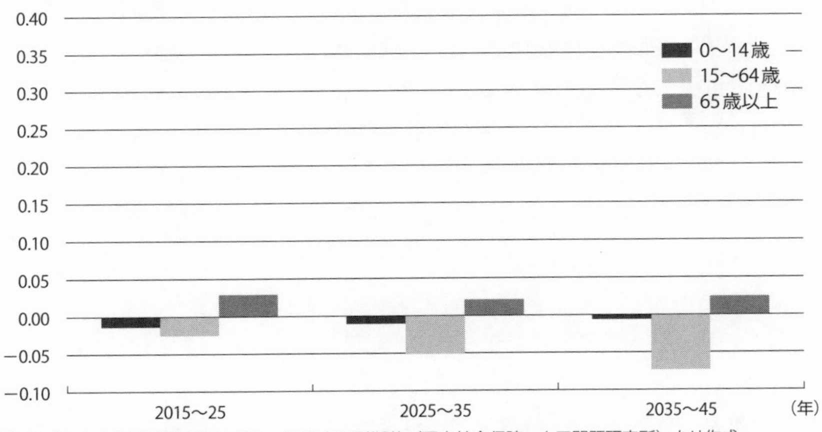

（出所）「日本の地域別将来推計人口」（2013年3月推計）（国立社会保障・人口問題研究所）より作成。

人口成長率を年齢階級別の要因に分解してみましょう。図表5-9および図表5-10から明らかなように、東京都においては2025年以降、三県においてはすべての時期において生産年齢人口が減少局面に入ると予測されています。

つまり、郊外に居住しCBDに通勤することで、これまでのような高い付加価値を生み出す生産年齢人口を前提としたビジネスモデルを、将来にわたって継続することは困難な時代に入っていると言えるでしょう。

5　土地利用転換の変遷

これまでに述べた都市の郊外化とその圧力の低下を、この節では農業的土地利用の面からみてみましょう。

理論的に考えると、図表5-2で説明したように、都市境界よりも内側のCBDにより近い側の地域においては、すべての土地が都市的に利用されるはずです。逆に、都市境界よりも遠い土地についてはすべて農業的土地利用が行われているはずです。ただし実際には、CBDからの距離が同じでも、鉄道や道路といった交通インフラが整備されている地域とそうではない地域では、CBDへの交通コストが異なります。このため、図表5-2のように都市境界を境に、いきなり都市的土地利用から農業的土地利用への転換が起こるものではありません。

このため、都市成長に際して郊外部で都市的土地利用への転換が起こるであろうことを予想した図表5-3、都市縮小に際して郊外部で農業的土地利用への転換が起こるであろうことを予想した図表5-7も、平均的にはそのような動きが観察されるだろうと予測したものとして受け止めることが妥当でしょう。

このようなことに注意しながら、旧東京都庁（千代田区丸の内、現在の東京国際フォーラムのある位置）を中心とする70km圏で、これまで述べてきたような距離帯に応じた土地利用構造が実現しているか、交通インフラの整備や人口の増減にともなう土地利用の変化が起こってきているかを確かめてみましょう。

CBDからの距離ごとに市町村を分類して、一人当たりの耕地面積を算出すると、20km圏では0.02㎡、20～30km圏では0.2㎡、30～40km圏では0.7㎡、40～50km圏では1.3㎡、50　～60km圏では3.9㎡、60～70km圏で

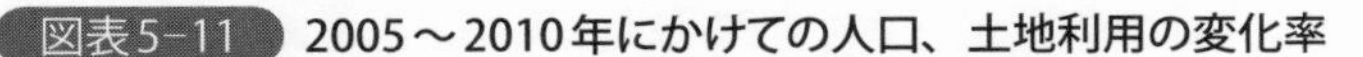
図表5-11 2005～2010年にかけての人口、土地利用の変化率

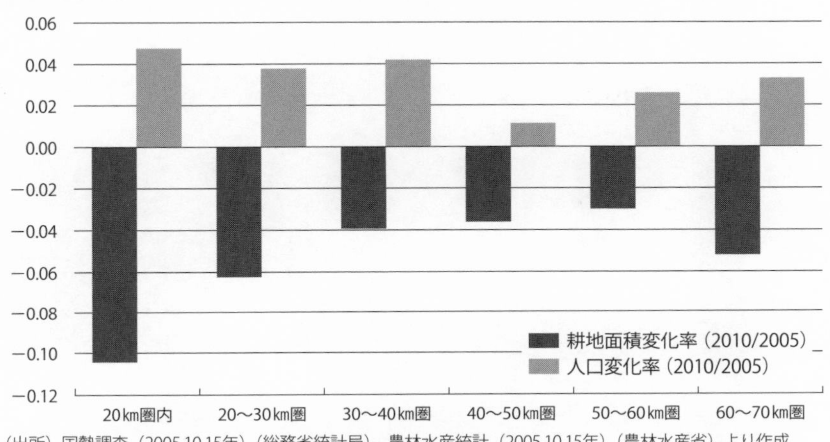

（出所）国勢調査（2005,10,15年）（総務省統計局）、農林水産統計（2005,10,15年）（農林水産省）より作成。

は5.2㎡となっています。

これは、平均的には図表5-2に示したような都市的土地利用と農業的土地利用の分離が行われていることと解釈していいでしょう。ただしボリュームは小さいものの、都市の中心部と言える地域においても一定の農地が存在することもわかります。これらの地域は、図表5-2にあるように、本来ならば都市的な土地利用を行うことが効率的であると考えられます。

しかし、図表5-3のように都市の拡大に伴って付値地代が上方にシフトすることが予想される場合は、自分の土地の値上がり期待からしばらく農地として保有し続けるという動機が所有者には発生します。また、そのような土地に関しても農地として税を軽くしているため、農地が一定量存在するとも言われています。

次に、図表5-3、図表5-7で予想したような人口増減に伴う土地利用転換が進んだかについて、検証してみましょう。図表5-11には2005～2010年にかけての人口、土地利用の変化率が距離帯ごとに描かれています。人口が増加しているときには、耕地面積も減少しているはずですが、果たしてそうなっているでしょうか。

確かに、この時期は、ほとんどの距離帯で人口増加が続いていたため、

図表5-12　2010～2015年にかけての人口、土地利用の変化率

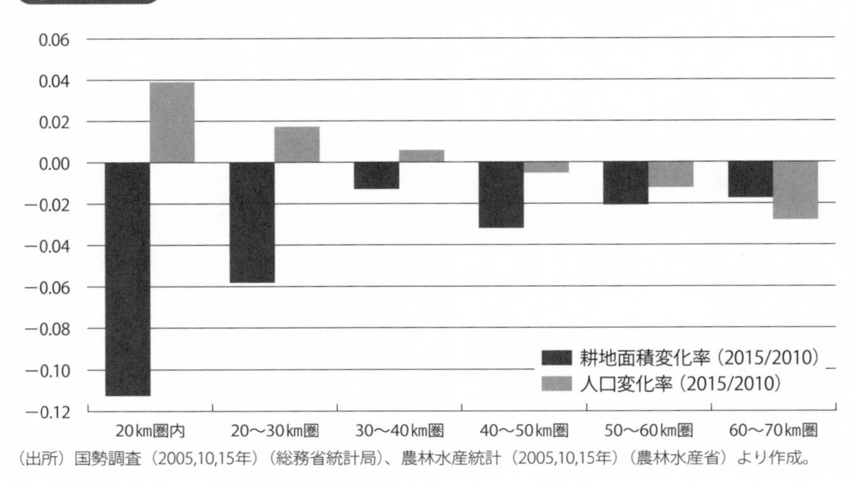

（出所）国勢調査（2005,10,15年）（総務省統計局）、農林水産統計（2005,10,15年）（農林水産省）より作成。

図表5-3が予想するようにすべての距離帯で耕地面積が減少しています。また、耕地の減少率は都市の中心部と70km圏で大きなものになっていることがわかります。この時期においても郊外で大きな宅地開発が行われていたことが示唆されます。

図表5-12では2010～2015年にかけての人口、土地利用の変化率が描かれています。この時期には郊外部から人口減少が始まったため、40km以遠では人口の増減率がマイナスに転じています。しかし、耕地面積は予想に反して、すべての地域において減少していることがわかります。図表5-7からは、人口減少は都市縮小をもたらし、それは都市的土地利用から農業的土地利用への変化をもたらすことが予想されていました。図表5-12は、そのような土地利用転換がうまく進んでいないことを示しています。この点は、第2章で詳細に説明したように、転用費用というものが大きな影響を及ぼしていると考えられます。

加えて、図表5-11および5-12は、30～40km圏のように、土地利用の構造が比較的安定的な地域が存在することも示唆しています。例えば2005～2010年にかけては、この地域は30km圏内に匹敵するような大きな人口増加を経験していますが、耕地面積の減少率は相対的に小さなものとなっ

ています。2010～2015年にかけても耕地面積の減少は軽微なものにとどまっています。

6　今後の都市構造をめぐる議論

それでは、今後の都市構造の変化にどのような形で対応すべきなのでしょうか。最後に三つの方向性に分けて考えてみます。

交通網のコンパクト化および郊外地域のリニューアル

図表5–6は、人口減少に伴って都市が縮小し、各地域の付値地代が低下していることを示しています。前にも述べましたが、このような環境は、都市全体で住宅投資の拡大を前提としない都市政策やビジネスモデルを確立することを人々に迫っています。

ところで、図表5–9および図表5–10からは東京都においても三県においても高齢化がさらに進むことが明らかです。高齢者は、単身または夫婦のみで暮らす方が多いため、それほど広い住宅が必要になるわけではありません。これらの点を考えると、ライフステージの居住ニーズに合わせた住み替えを促進する、第11章で述べることになる既存住宅市場の活性化が求められます。

また図表5–7が明確に示すのは、東京大都市圏においても将来のコンパクト化に備えて、交通網を合理的な範囲に縮小することが検討されなければならないということでしょう。大量の生産年齢人口を遠い郊外からCBDまで届けることを前提とした交通網は、いずれ都市にとって効率的なものではなくなるかもしれません。これからの都市には、高齢者が生活しやすい住宅と、CBDへの移動のみを考えた移動手段とは異なる交通網を組み合わせた「まち」へとリニューアルすることが求められています。

田園居住地域としての郊外

二番目の方向性として、郊外住宅地の再生の方向性を考えてみましょう。

前節の図表5-12に示されたように、東京大都市圏の郊外部においては、人口減少が既に進展しているにもかかわらず、農業的土地利用が減少する状況が観察されます。これは、住む価値が大きく低下した宅地を、再度農業のような非都市的土地利用に転換することができていないことを示唆しています。このためには、規制緩和などを通じて農業の生産性を上げるとともに、郊外部の放棄された空き家、空き地を再度、非都市的土地利用に回帰させる手法を社会が身につけなければならないでしょう。

ここで、都市的土地利用と非都市的土地利用との共存の可能性について考えてみましょう。藤田・ティス（2017）やCavailhes et al.（2004）において「都市周辺ベルト」と呼ばれる二つの土地利用が共存するパターンが解説されています。

図表5-2では、消費者の効用（満足）はいろいろな消費財のパッケージと住宅サービスから生まれるものとしていました。その場合、理論的には都市居住者の付値地代が農業地代を上回る都市境界からCBD側では、すべての土地が都市的土地利用となり、反対側ではすべての土地が農業的土地利用となることが示されました。

図表5-13のように付値地代が人口減少に伴って下にシフトした場合には（太い実線L_3）、$t_3 \sim t_2$は農業的土地利用に戻ることになります。しかし、消費者が、合成財と住宅サービスのみならず、農村的環境や緑といったアメニティからも効用を得ることを前提とした場合には、図表5-13のL_3'（太い点線）の付値曲線のように、t_3からt_2に農業地代と同水準の付値をもち、都市的土地利用と農業的土地利用の共存地域（L_3'（点線グラフ）の水平部分）が現れる可能性があります。

現在、大都市の市街化区域として指定される都市的土地利用を前提とした区域では、実際の土地利用が農地であっても、宅地並み課税という都市的土地利用を促進するための措置がとられています。しかし、生産緑地として農地が指定された場合は、農地として固定資産税が大きく減免される他、相続税の納税猶予制度が適用されます。これは一種の宅地と農地の共存を図る制度と考えることができるでしょう。この制度は、23区のように大都市の中心部から、茨城県の7つの市のような遠い郊外部を含む広い地

図表5-13　都市的土地利用と農業的土地利用の共存地域の位置づけ

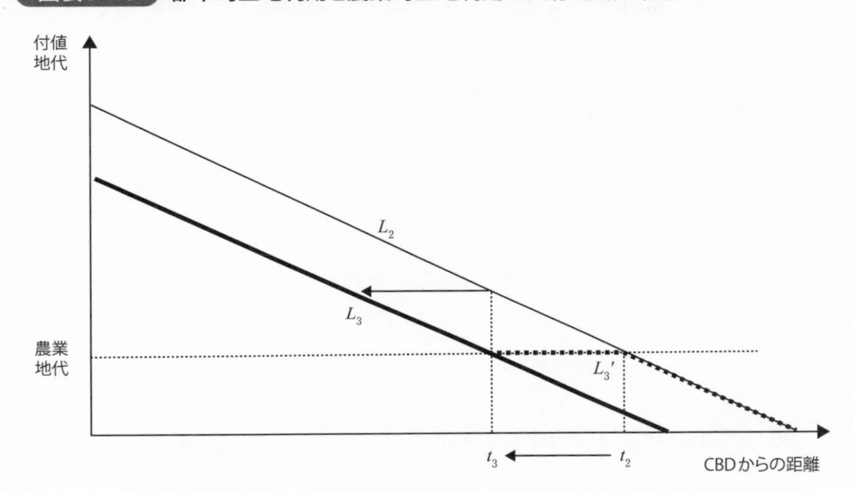

域に対して適用されています。

しかし、図表5-13ではt_2以遠の地域においては、そもそも都市的土地利用が支払える地代が農業地代を下回っていますので、このような制度を存続させる必要はありません。一方、t_3よりも中心よりの地域においては、都市的な土地利用の促進が依然として求められますから、このような制度は非効率的な土地利用を生んでしまう可能性があります。

つまり、このような制度は、t_3～t_2のような限定的な地域に対してのみ適用されるべきではないでしょうか。2017年に成立した都市緑地法等の一部を改正する法律は、新たな用途地域の類型として、田園住居地域の創設等の内容が盛り込まれています。これは、対立する土地利用としてとらえられていた、都市的土地利用、農業的土地利用の共存を図る区域を都市計画で指定しようとするものです。生産緑地のような制度は、このような計画制度と連携して運用されることが適当ではないでしょうか。

CBDの生産性向上

最後に、都市のCBDの生産性自体を上げるという試みに焦点を当てる必要があります。渋谷などでは大規模な再開発が進められつつあります。その中には、コワーキングスペース[4]の導入や、スタートアップの促進などを意識したスペースの創出が意識的に取り組まれています。このような取り組みには、渋谷に接続する鉄道会社なども積極的に関わっています。そのような取り組みとは、図表5-7においてL_2からL_3に下にシフトした付値地代を、CBDの生産性を上げることで元に戻す効果を期待したものと考えることができるのかもしれません。こうした生産性の上昇は、郊外にある空き家や空き地の再利用につながると考えられます。

以上のような新しいタイプの沿線開発によって、都市の生産性、快適性が向上することを期待します。

補論　都市内の土地利用はどのようにして決まるか？

図表5-2では同一の所得、同一の選好をもつ個人がどのようにして、居住場所や住宅の規模を決めるかを説明しました。しかし、都市の中には、所得の異なる人々、選好の異なる人々、ひいては住宅のみならず、オフィス、商業施設、工場のように異なる用途に土地が利用されています。そのような異なる人々、異なる用途の立地はどのようにして決定されるのでしょうか。

図表5-14には、二つの付値曲線が描かれています。付値曲線の傾きは、距離当たりの交通コストが高いほど急に、広い敷地面積に対する需要が強いほど緩やかになります。例えば前者について言えば、電車料金は同一であっても時間費用が高い利用者ほど距離当たりの交通コストは高くなります。その場合、CBDに近い場所には高い価値を、遠い場所には低い価値しか見い出せないため、付値曲線の傾きは急になります。

後者について言えば、CBDへの近接性よりも、工場など広い敷地面積が必ず必要な用途ほど、郊外部で安い地代で広い面積の敷地を利用すること

4）人々が事務所、会議室などを共有しながら仕事をする働き方を支えるオフィスのことで、近年急速に普及しています。

図表5-14 都市内の用途分離

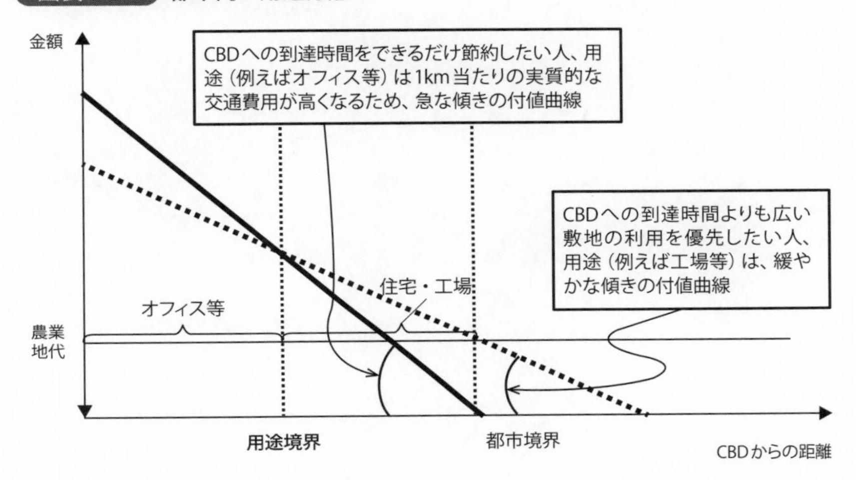

に価値を見い出すため、付値曲線の傾きは緩やかになります。

その二つのタイプの付値曲線が図表5-14で重ねて描かれています。太い実線が敷地面積よりもCBDへの近接性を優先する人や、集積からより多くの利益を受けるビジネス、オフィス等の付値曲線です。これに対して太い点線がCBDへの近接性よりも広い敷地面積への選好を優先する経済主体の付値曲線です。工場や倉庫はCBDへの近接性をほとんど必要としません。この場合、用途境界と書かれたポイントよりもCBD側はオフィスや商業ビルが立地し、逆に用途境界よりも郊外側では後者のタイプの用途に土地が利用されることになります。

このように、基本的には公共部門の関与がなくても、市場を通じて都市の土地利用は一定の秩序をもって分離します。

第6章

東京に人口が集まると、日本の人口が減る？

1　はじめに

2014年から政府は、まち・ひと・しごと創生本部を立ち上げ、地方創生というテーマに積極的に取り組んでいます。この動きは、日本創成会議・人口減少問題検討分科会が、同年に発表した「ストップ少子化・地方元気戦略」において、消滅可能性都市が公表されたことがきっかけとなったと言われています。

消滅可能性都市とは、近い将来地域の人口が減少し、都市としての機能を果たさなくなる都市を言います。このレポートの内容は、人口減少、少子高齢化が加速する中で、誰もが漠然と描いていた不安を代弁し、潜在的に存在した危機意識を表面化させた、という重要な役割を果たしたとも言えます。

かつては、労働力や資本などが大都市とりわけ東京に集中することが、混雑問題を理由に批判的に論じられていました。しかし、都市の整備にあわせて鉄道や道路の混雑が緩和されるにつれて、東京への一極集中が大きく取り上げられることは少なくなっていました。このため、近年の地域活性化政策を正当化する論拠は、効率性よりもむしろ公平性に基づいて、地域への再分配の視点が強調されるようになってきたのです。

これまでにも、政府は東京への集中の是正と、その裏返しでもある地方部の振興のためにさまざまな政策を採用してきました。例えば、1960年代の高度成長期には大都市圏からある程度離れた地域に、工業地域や都市を開発する拠点（開発拠点）を配置し、それらを大都市と交通・通信網で結ぶ拠点開発方式が、全国総合開発計画において提案されました。

それを具体化した新産業都市、工業整備特別地域に関する政策などはその典型例かもしれません。新産業都市として15か所、工業整備特別地域として6か所が指定され、それぞれの地域に対して港湾、道路などの交通インフラの整備、工場立地、設備設置に対する税制上の特例などの措置が講じられました。

その後、1980年代には先端産業の地方分散を図るテクノポリス法が制定されています。これも高速道路のインターチェンジ、空港など交通結節点との関係を重視した地域を指定したうえで、そこに立地する生産拠点などに対して、税制上、金融上の特例などを講じるものです。1960～1970年代は鉄鋼などの重厚長大産業、1980年代はエレクトロニクスなどの先端産業、1990年代はリゾート産業やオフィスなど、税・財政上の措置に代表される政策資源の投入によってその時代のリーディング産業を誘致して、その地域の活性化を図ろうとする政策は、日本の産業構造上の要請に応える形で装いを変えて、現在まで延々と続くことになります。

さらに1959年と1964年には、工場等制限法と呼ばれる法律に基づく政策が開始されました。これは、首都圏と近畿圏の特定地域において、一定面積以上の工場と大学の新増設を制限するものです。この法律自体は2002年に廃止されましたが、現在でも地方創生政策の一環として政府は、東京23区に所在する大学の定員を差別的に厳格に管理しています。

これは規制的な手段を用いた集中是正策のひとつに数えることができます。このように、東京に代表される大都市への人口や諸機能の集中を是正し、地方部に再配置させようとする政策は繰り返し登場してきました。

地方創生という名前で呼ばれる一連の政策群も、地方創生推進交付金などの大きな政策資源を地方部に投入するとともに、規制的な手法を用いるこれまでと同様の政策手段が採用されています。しかし、今回の地方創生政策は、「東京都への人口集中が日本の総人口に影響を及ぼしている」という認識に基づいて、日本全体の経済社会の効率性の観点からこうした政策的介入を正当化している点に、従来にない特徴があります。これは、東京の一極集中が長期的に日本の人口を減少させると考えているのです[1)]。

確かに、大都市への集中や東京一極集中が問題であると考える人も多いのは事実です。しかし、第4章で議論したように、都市への集積によって日本経済全体の生産性を高めることが可能になると考えられます。むしろ、都市集中は日本経済にとってきわめて重要だと位置づけることが、自然なのではないでしょうか。

以下ではまず、これまでに採用されてきた一連の政策を批判的に検討します。そして、地方創生の議論の出発点となった東京一極集中が、日本全体の出生率に影響を及ぼしているという論理を検証することにしましょう。

2 大都市への集中は是正されたのか?

都市とは本来、行政単位である市町村を超えたより広域的な経済活動の実質的な単位です。多くの人々が日常的に都道府県、市区町村をまたいで通勤したり、友人に会ったり、買い物をしたりしています。このため、郊外都市から中心都市への通勤の実態などを十分に考慮して作成された、東京大学空間情報科学研究センターが提供している大都市雇用圏[2)]を都市として定義することとします。2010年の人口をベースとして、中心都市が5万人以上である大都市雇用圏は108圏存在します。

図表6-1および6-2は、2010年時点で人口が多い順に大都市雇用圏を並べて図を作っています。例えば左から10位までに、東京大都市雇用圏(3,483万人)、大阪大都市雇用圏(1,227万人)、名古屋市・小牧市大都市雇用圏(549万人)、京都市大都市雇用圏(268万人)、福岡市大都市雇用圏(250

1) 明確な仮説もなしに観察されるデータから結論を導くと、誤った結論になることは古くから経済学者によって指摘されています。この点については補論を読んでください。

2) 金本・徳岡(2002)によって定義された、一定以上のDID人口と通勤率が10%以上の郊外市町村からなる都市圏。http://csis.u-tokyo.ac.jp/UEA/を参照してください。

図表6-1　大都市雇用圏の規模による一人当たり資本

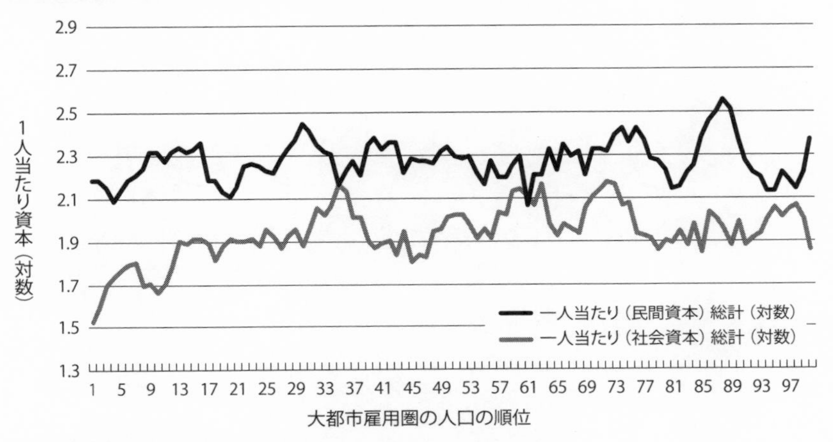

（注）傾向をみやすくするために5順位ごとの移動平均をグラフにしている。
（出所）http://csis.u-tokyo.ac.jp/UEA/のデータをもとに作成。

万人）、神戸市大都市雇用圏（243万人）、札幌市・小樽市大都市雇用圏（234万人）、仙台市大都市雇用圏（157万人）、岡山市大都市雇用圏（153万人）、前橋市・高崎市・伊勢崎市大都市雇用圏（145万人）などが並んでいます。

さきに述べたように、政府は東京に代表される大都市への人口、諸機能の集中を回避するために、規制による介入と、地方交付税や補助金を用いて、大規模な政策資源を投入してきました。その結果、労働力や土地などの生産要素の安い地方部でも、一定の民間資本の集積が生じ、図表6-1の色の濃い実線が示すように、2010年の居住者一人当たりの民間資本ストックは、高順位の大都市雇用圏と低順位のものとの間に顕著な差異は認められません。逆に、色の薄い実線が示す一人当たり社会資本ストックは、明らかに10位程度までの高順位大都市雇用圏ではその水準が低くなっています。

それでは一極集中是正や地方分散に向けての介入の効果はどの程度実現したのでしょうか。図表6-2では、1965～1990年、1985～2010年の25年間の平均人口成長率が描かれています。また、2015～2040年までの25年間の人口成長率の推計値も重ねられています。年代を追うごとに人口成長

図表6-2 大都市雇用圏の規模による人口成長率の推移

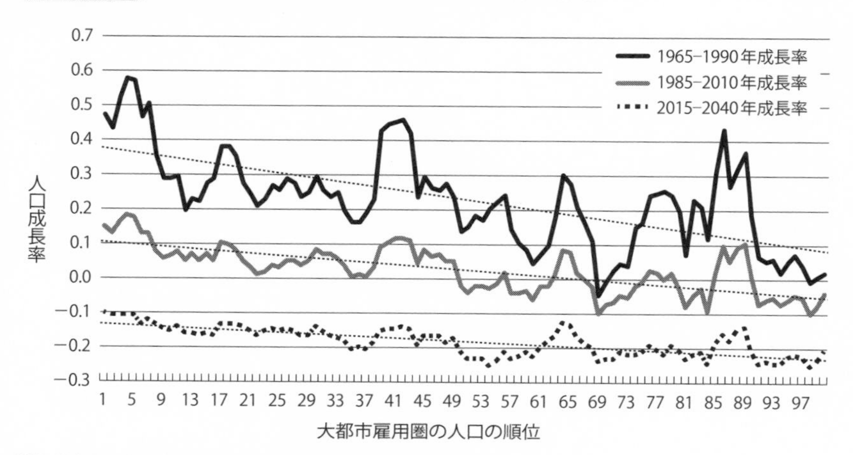

（注）傾向をみやすくするために5順位ごとの移動平均をグラフにしている。
（出所）http://csis.u-tokyo.ac.jp/UEA/のデータをもとに作成。

率が低下している点が特徴的です。

ここからわかるのは、前述の新産業都市や工業整備特別区域のような大きな財政移転と、工場等制限法等の強い規制による介入があった1965～1990年には、各都市とも高い人口成長を経験しており、色の濃い実線のグラフが示しているように、顕著な右下がりになっています。つまり、高順位都市ほどその時期に高い人口成長率を示しています。強い介入が予想していた効果を発揮したかというと、それには疑問をはさみたくなる結果ではないでしょうか。

他方、1985～2010年の期間では、高順位都市は正の人口成長を示していますが、低順位都市では人口減少を経験するケースが増えています。ただし、高順位都市と低順位都市の差異はあまり目立たなくなります。2015～2040年にかけては、すべての都市で人口減少を経験すると予想されています。都市の規模で比較すると、2015～2040年にかけては、大きな都市ほど人口減少率がやや低い傾向がみられますが、それ以前の1965～1990年までにみられたような、はっきりした都市規模に応じた人口の成長率の格差は観察できなくなります。

このような人口成長のパターンをみていると、大都市への集中を是正しようとした政策介入は、目にみえる効果を十分に上げていないように思われます。将来、大都市であろうとも人口減少を経験せざるをえないことが確実視されている環境下で、本当に地方創生と呼ばれるような政策介入が、今後の日本のために求められる合理的な政策なのでしょうか。

3　東京一極集中は何を日本にもたらしているのか?

(1) 東京の出生率はなぜ低いのか?

しかし一極集中に対する批判は、今回の日本創成会議の議論に端を発して大きな政策の流れを再び形成しています。

その議論は、東京への人口集中が日本全体の出生率を引き下げているという認識に基づいていますが、これは本当に正しいのでしょうか。出生率とは一人の女性が一生に何人の子供を生むかという比率です。確かに、2017年の全国の合計特殊出生率が1.43であるのに対して、東京都の出生率は1.21と際立って低くなっています。この事実から、日本創生会議は、東京都に人口が集まると、何らかの理由で子供が生まれないので、将来の人口が減るという結論を導こうとしています。

ところで、東京の有配偶出生率、つまり結婚された女性が生む子供の数は、全国の水準から特別に低いというものではありません。これに対して、50歳時の女性の未婚割合（2015年「人口統計資料集」（国立社会保障・人口問題研究所））は、19.2%（2015年）と他の地域に比較してかなり高くなっています（全国の未婚割合は14.1%）。このように東京都の出生率が低いのは、「子供を産まない」のではなく、「結婚しない」ことに原因がありそうです。

しかし、原因が何であれ、結果として合計特殊出生率が低い東京への人口集中は、日本の少子化を加速させるのでしょうか。以下では、大都市での出生率が地方に比較して低い原因を分析してみましょう。基本的な議論のエッセンスは、大都市は独身者同士をマッチングさせる場（出会いの場）として機能しており、そこで出会ったカップルが結婚すると、生活や出産

図表6-3　女性婚姻率の地域格差

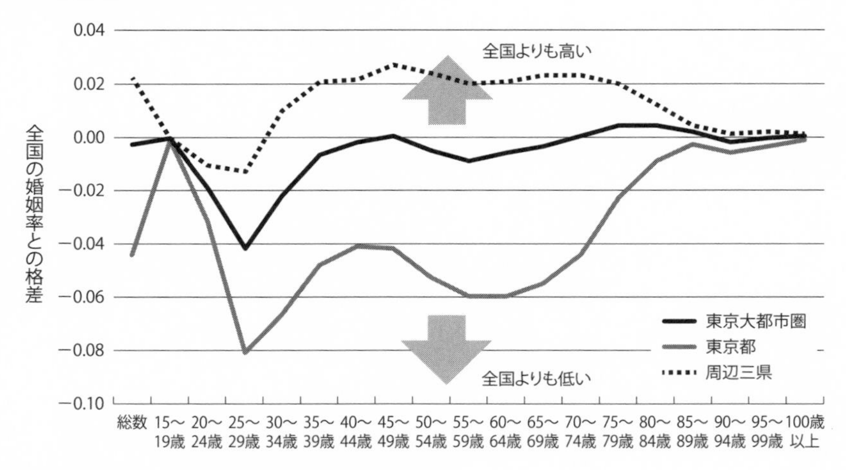

（出所）「国勢調査」（2015年）（総務省統計局）より作成。

のために、地価や家賃の高い大都市を離れて周辺の県に移住するというものです。地方にいるよりは大都市に出てきたほうが結婚相手は見つけやすいので、多くの独身者が大都市にやってきます。しかし、子供は東京では生まずに、近県で生むということです。この仮説を以下では検証してみることにします。

まず仮説をくわしく説明しておきます。大都市には産業の集積に伴って多様な企業が集まってきますが、そうした企業は当然のことながら多様な労働者を必要としています。これが多様な人々を全国から大都市にひきつけるメカニズムです。このような多様な人材が集まるメカニズムと同じように、自分に適した交際相手や結婚相手を見つけるための魅力的な場として、大都市は機能しています。

そのため大都市はいまも昔も若者や独身者にとって魅力的なのです。その結果、都市には未婚の男女が集まり、うまく結婚できたカップルが次に考えるのは子供や住宅のことです。しかし、広い住宅に住むには東京はコストが高すぎるので、相対的にコストの低い東京の郊外や周辺の三県に転出するのではないでしょうか。

図表6-4 **女性婚姻率の地域格差（東京圏および仙台市大都市雇用圏）**

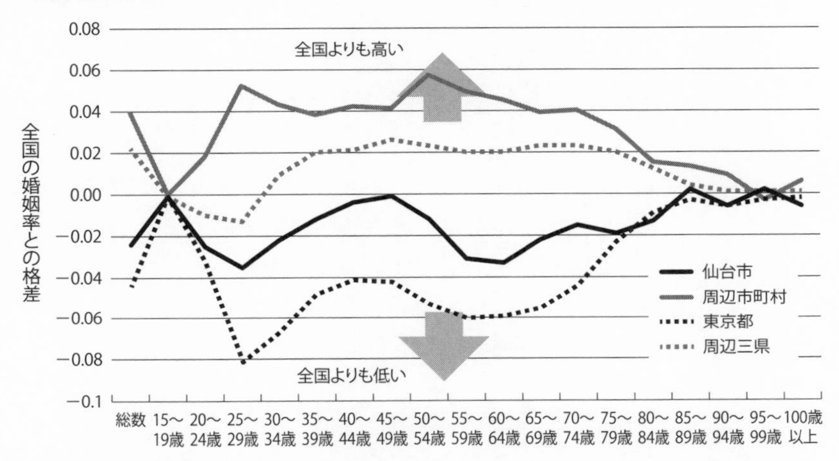

（注）仙台市大都市雇用圏の周辺市町村は、大都市雇用圏（http://csis.u-tokyo.ac.jp/UEA/）による16市町村。
（出所）「国勢調査」（2015年）（総務省統計局）より作成。

つまり、たくさんの未婚者が東京にひきつけられて集まり、出会い、めでたく結婚したあとに他の地域に転出しますから、東京都の未婚率は必然的に上昇することになります。有配偶出生率が全国と同程度でも、結婚している人が少なければ、東京都の出生率は低下してしまうことになるのです。

以下では、いま述べた仮説を検証してみましょう。図表6-3は、全国の女性を基準にして、東京都と東京圏（東京都、千葉県、埼玉県、神奈川県）の婚姻率格差が描かれています。ここで婚姻率とは、全女性に占める有配偶者の比率を指しています。つまり、女性の何％の人が夫をもっているかです。東京都の女性の婚姻率は50.8％。全国が55.2％であり、5％ポイント程度の差があります。点線が示すように、東京都はすべての年齢階層にわたって、全国の婚姻率を下回っています。

しかし、近県を含めた東京圏では、全国との差は、0.3％ポイントとほとんど差がありません。詳細にみると、色の薄い点線が示すように、東京圏周辺（千葉県、埼玉県、神奈川県）の婚姻率が、15〜29歳においては全国の水準とほとんど変わらないのに対して、30歳以上の婚姻率は、全国の水準を上回っています。このことは、東京都でパートナーを見つけたカップルが、東京圏周辺に転出していることを反映していると考えられます。

このような、東京都と東京圏周辺の婚姻率の関係は、東京圏でのみ観察されるものではありません。図表6-4は、仙台市と仙台市大都市雇用圏の周辺市町村（名取市、多賀城市、岩沼市、大河原町、柴田町、川崎町、亘理町、山元町、松島町、七ヶ浜町、利府町、大郷町、富谷町、大和町）の婚姻率を重ねています。図表6-4から明らかなように、婚姻率格差の大きさが、東京大都市圏と仙台大都市雇用圏では異なるという違いはあるものの、都市圏の中心都市は婚姻率が低く、その周辺都市では婚姻率が高いというのは、一般的な傾向です。これはさきほど述べた仮説を支持する興味深い現象だと思います。

(2) 効率的な出会いはどんな人口配置をもたらしているのか？

さて、国勢調査を用いて、東京都とその他の地域間の世帯の移動を、形態ごとにみてみましょう。東京で出会った2人はどこに住宅を構えるのでしょうか。図表6-5は、1人世帯と2人以上世帯というカテゴリーに分けて、それぞれの地域の転入超過世帯人員数（東京都へ転入した世帯人員数－東京都から転出した世帯人員数）を示しています。

一番左の棒グラフが示すように、東京都の周辺三県には、2人以上世帯[3]の7万3,579人が東京都から転出しています（純転出、以下同様）。これとは逆に、1人世帯は3万8,158人が東京都へ（純）転入しています。いままでみてきたとおり、東京都は多くの2人以上世帯を周辺三県に送り出しています。

中央の棒グラフは東京圏以外の大都市圏（中京圏（愛知県、岐阜県、三重県）、近畿圏（大阪府、京都府、兵庫県、滋賀県、奈良県、和歌山県））と東京都の間の世帯人員の流出入を描いています。3万1,652人の1人世帯が東京都へ移っていますが、2人以上世帯もわずか3,934人ではありますが東京都へ移っています。

3）親族のみの世帯、核家族世帯、核家族以外の世帯、非親族を含む世帯。

図表6–5　東京都と他の地域との世帯形態別純転入超過数

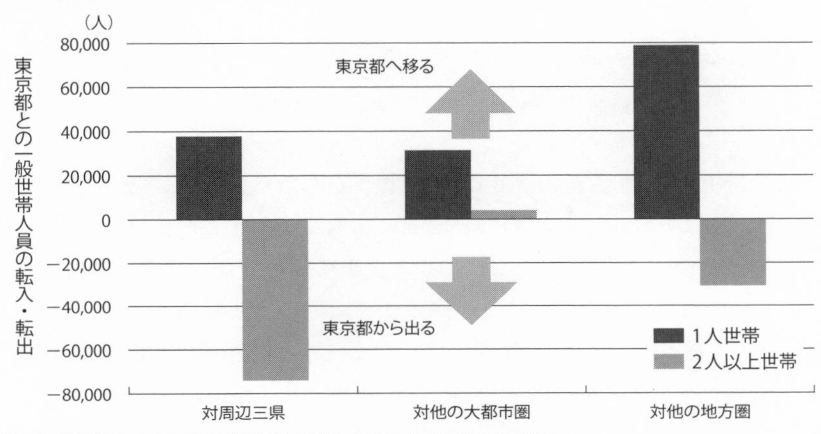

（出所）「国勢調査」（2015年）（総務省統計局）より作成。5年前からの変化。

さて、周辺県と東京以外大都市圏を除いたその他地域ではどうでしょう。一番右の棒グラフが示しているように、2人以上世帯は3万379人が東京都から出てきていますが、1人世帯は7万8,740人もの人が東京都へ移っています。この傾向は、東京都周辺県と同様にカップルの出会いの場としての都市と地方の関係と同様です。その大きさを踏まえて全体をみると、東京都がその他地域から1人世帯を受け入れて、東京圏周辺にカップルなどの2人以上世帯として配分した格好になっています。

このように、効率的な出会いの場であると考えられる東京都は、その他地域から未婚者を集めてマッチングをする場になっています。しかし、転職などのコストが高いため、成立したカップルはその他地域に帰ることなく、東京圏周辺で生活を送るという姿がみえてきます。このこと自体は、東京圏に人口を集める結果になっていますが、日本全体の出生率には、一般に主張されているよりは、限定的な影響しか与えていないと考えるべきでしょう。ここで限定的というのは、さきにみたように、周辺三県を含めた東京圏の出生率は全国平均に比べていくぶん低いという程度だからです。

ここで重要な結論を整理しておきましょう。東京都はカップルを生み出す出会いの場としての重要な役割を果たしています。したがって、東京都への人口集中を抑制することは、出会いの場を失うことになりますので、かえって社会全体の未婚率を高め、ひいては出生率を低下させることになります。これまでの議論とはまったく逆の結論が得られたことになるのは驚きですが、さきに示したように、データはこの仮説を支持しています。

（3）東京都の生活費の高さは何によってもたらされているのか？

それでも残る「限定的な影響」は何によって生み出されているのでしょうか。山崎・中川・瀬下（2016）では、その原因を詳細に議論しています。しばしば、東京の子育てコストの高さがその原因として指摘されることがあります。確かに、東京の物価水準は2013年の消費者物価地域差指数でみて全国平均より高くなっています[4)]。例えば（帰属家賃を除いた）住居費は全国平均を100とした場合に132.8、教育費は112.3と他県と比較して突出して高いようです。しかし、食料は103.9、被服および履物は100.7にすぎず、総合ではせいぜい105.2にすぎません。すなわち、全国平均と比較して東京都の物価水準はせいぜい5％程度の高さにすぎません。

他方で、同じ2013年の都道府県別賃金格差指数[5)]は、全国平均の100に対して男性123.2、女性121.4と、東京は他県と比較して賃金水準で20％以上も高くなっています。賃金水準と消費者物価の関係からみれば、東京の子育てにかかる費用はけっして高いわけではなく、むしろ割安な水準と言えます。

それにもかかわらず、東京に住む子育て世帯の経済的な負担感が大きいのは、全国一律の所得の累進課税収入を、地方交付税交付金や、補助金に充てていることにあると考えられます。

例えば、600万円の所得に対する課税額は所得税だけでも約77万円になるのに対して、400万円の所得に対する課税は37万円程度にすぎませ

4） 総務省統計局『小売物価統計調査（構造編）』（2013年）（URL：http://www.e-stat.go.jp/SG1/estat/List.do?lid＝000001135630　2015年7月26日確認）

5） 労働政策研究・研修機構『ユースフル労働統計2014 ―労働統計加工指標集―』（URL：http://www.jil.go.jp/kokunai/statistics/kako/documents/useful2014.pdf　2015年7月26日確認）

ん[6]。このように累進所得税のもとでは、当然のことながら1.5倍の所得差に対して課税額は倍以上になります。もちろん、それが大都市住民の子育て世帯に還元されるならば問題はありません。

しかし、それらが地方への補助金として使われてしまうことで、保育園や学校サービスの充実など、都市の子育て世帯の育児コストの軽減には使われていないのが現状です。これらの結果、都市の子育て世帯の（居住や育児サービスを含めた物価で測った）実質可処分所得は大きく低下してしまい、大都市の子育て世帯の負担感を高めていると考えられます。これが大都市圏の出生率を低下させるひとつの要因と考えられます。

しばしば、地方なら祖父母に子供を預ければ、保育費用がかからないというような指摘もされます。しかし、所得の再分配という観点から、保育や託児サービスの整備は本来行政が取り組むべきものであります。

そうでないと、母親が子供を預けて安心して働く必要のある世帯にとっての障害になる結果、貧困から抜け出せない世帯が増えてしまいます。さらにその子供たちも十分な教育を受けられないために、同じく貧しい状態に置かれることになるでしょう。保育・育児費用が高くなるのも、大都市圏にそのための補助金などを、人口に応じて十分に提供していない結果であると考えられます。そのため、大都市にも多くの貧困層が生まれる可能性があります。

大都市の高い所得層への累進的な課税を財源とする地方への補助金と、容積率規制などの都市への人口流入を抑制しようとする規制こそが、東京の子育て世帯の高い負担感の要因ではないでしょうか。あとで説明するように、容積率規制によって建物の床面積が制約されているために、家賃や住宅価格は高くなっていると考えられます。

東京の出生率の低迷の原因に子育て費用の負担の高さがあるとすれば、それはこれまでの所得再分配政策と規制の失敗に、その原因を求めることができるでしょう。規制を緩和して東京の住居費用を低下させたり、都市

6） 国税庁ホームページ（URL：https://www.nta.go.jp/taxanswer/shotoku/2260.htm　2015年7月26日確認）の計算例に基づいて算出。

の税金を都市の保育施設の整備や育児サービス・教育などの充実に使ったりするようにすれば、子育て世帯の負担感は大きく低下し、出生率の増加をもたらすと考えられます。

この点で、従来と同様の再分配政策を前提とする地方創生会議の提案は、人口の多い東京の出生率をさらに低めるような結果にしかならないでしょう。むしろ、人口移動や住宅市場に対する規制を緩和することによって、望ましいパートナーとの出会いの確率が高い地域で、安心して子育てができる環境整備をすることこそが、出生率を高めることにつながるのです。

4　人口減少社会で地方創生とは合理的な政策なのか?

これまでにみてきたように、過去にとられた大都市への集中の抑制政策は効果的な成果を上げていません。大都市への人口集中を抑制すると、日本の出生率を上昇させるどころか、未婚率を高める結果、出生率を低下させるという可能性が高いのです。それでは、図表6-2に示された大都市でさえも人口減少を経験するであろう将来に向けて、どのような政策を講じるべきなのでしょうか。第4章においては、なぜ人が大都市に集まるのかというメカニズムについてくわしく述べました。そこでは集積の経済が重要な役割を果たしているであろうことが説明されています。

図表6-6には大都市雇用圏ごとに、横軸にその人口の対数が、縦軸にその可住地当たりの人口密度が描かれています。この右上がりのグラフからは、日本の都市は人口規模が大きな大都市ほど人口密度が高いことが示されています。第4章の議論からは、集積の経済が働くため人口密度が高いほど一人当たりの生産性が高いことが予想され、その結果、大都市ほど生産性が高い環境が形成されていると考えられるのです。

この点を確認するために、まず、人口の大きな大都市雇用圏順に並べてみましょう。東京大都市雇用圏の人々が総人口の1/3を占めるので、次に人口の1/3を占める大きな大都市雇用圏（クラス2）、最後の1/3を占める小

図表6-6　2010年の大都市雇用圏の人口規模（対数）と人口密度（対数）

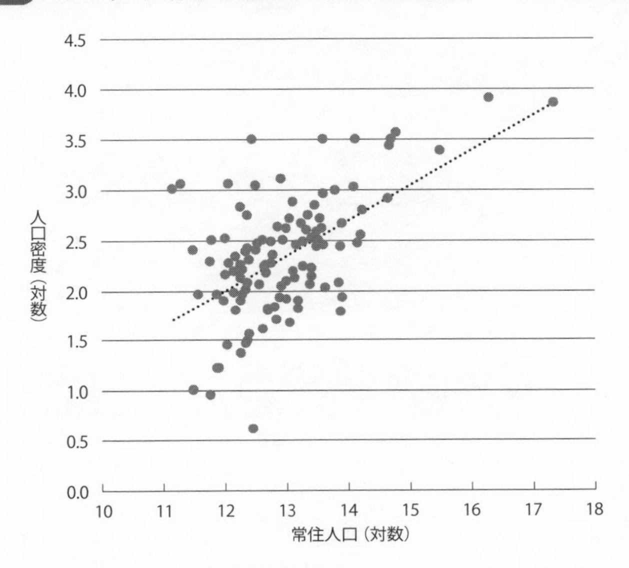

（出所）http://csis.u-tokyo.ac.jp/UEA/のデータをもとに作成。

図表6-7　人口規模別大都市雇用圏の一人当たり総生産額

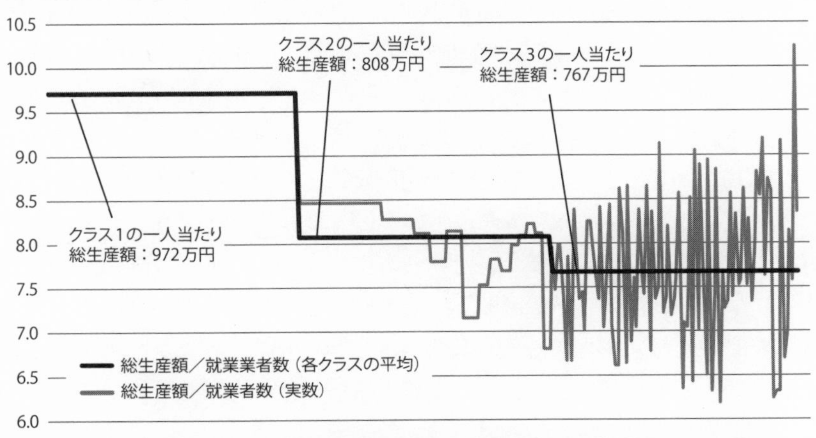

（注1）横軸は、常住人口の高い順に大都市雇用圏をその全体に占める比率ごとに並べたもの。
（注2）縦軸は一人当たり総生産額（百万円）（2005年）。「経済センサス」より。
（注3）クラス1は東京大都市雇用圏、クラス2は大阪市大都市雇用圏から熊本市大都市雇用圏までの14の大都市雇用圏。クラス3は富山市・高岡市大都市雇用圏から碧南市大都市雇用圏の93大都市雇用圏。

図表6-8　人口が33%減少した場合の人口配分のケース

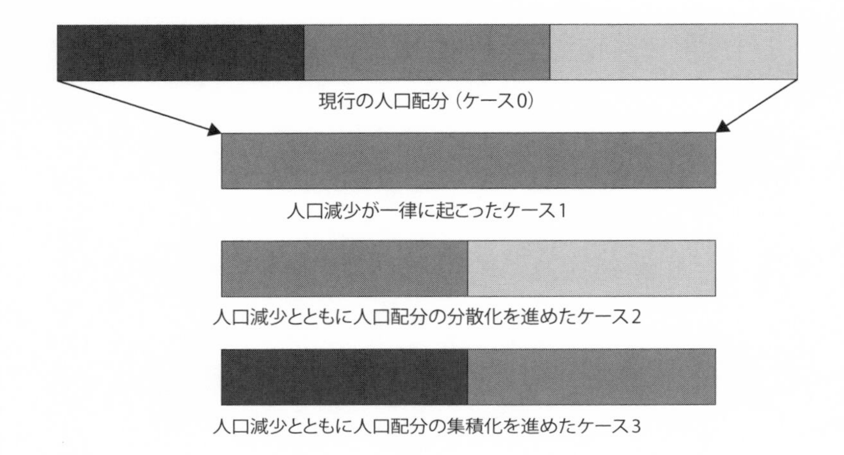

さな大都市雇用圏（クラス3）のグループに分割してみます。図表6-7に三つのグループの一人当たり生産額が描かれています。

大都市雇用圏の人口の1/3を占める東京大都市雇用圏（クラス1）では一人当たりの総生産額は972万円（クラス1）ですが、次の1/3を占める大阪市大都市雇用圏から熊本市大都市雇用圏では808万円、最後の1/3を占める富山市・高岡市大都市雇用圏から碧南市大都市雇用圏では767万円と低下していきます（図表6-7）。

国立社会保障・人口問題研究所は、2019年の将来人口推計で、日本の人口は2015～2065年にかけて約1/3減少するという予測を立てています。このような人口減少は、合計特殊出生率が仮に現在大きく回復したとしても、かなり長期間にわたって続くと考えられています。しかし、人口減少が避けられないとしても、さまざまな政策手段や規制緩和などによって人口の集積を促すことはできるかもしれません。以下においては、人口が1/3減少する環境下で、どのような人口配置を念頭に置いた政策を講じるべきかを、数値例で考えてみましょう。

図表6-8においては左側のクラス1の都市が黒で、真ん中のクラス2の都市が濃い灰色で、右側にクラス3の都市が薄い灰色で示されています。こ

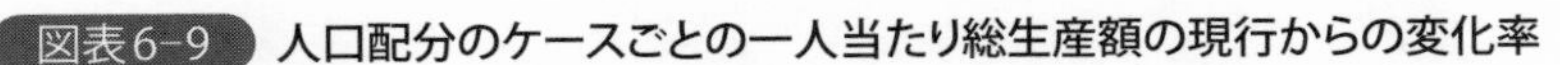
図表6-9 人口配分のケースごとの一人当たり総生産額の現行からの変化率

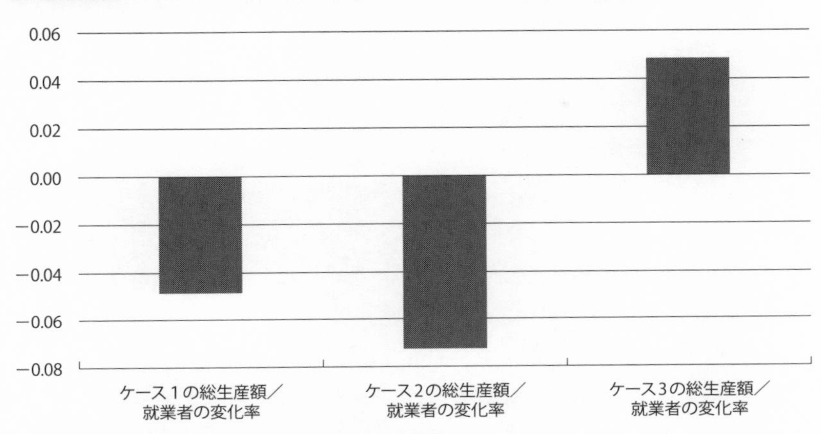

（出所）http://csis.u-tokyo.ac.jp/UEA/uea_data.htmより作成。

の総人口が50年かけて2/3になるとしましょう。ケース1はすべてのクラスの都市で同じような人口減少が起きて、クラス2のような都市になった場合を考えています。

逆に、ケース2は東京一極集中を政策的に是正し、クラス2、クラス3の都市に広く薄く人口を配分し直したケースを考えています。ケース3はまったく逆のケースで、さまざまな政策手段を用いて集積を促進し、クラス1、クラス2への人口配分を加速させた場合を考えています。

図表6-9には、現行の一人当たり生産額に対して各ケースの一人当たり総生産額の変化を描いています。つまり、人口減少がかなりの長期にわたっても回避できないものだとしても、集積を促進するような手立てを講じることで、社会は生活水準を大きく落とすことがない将来を描くことができます。再分配への配慮が必要なのは言うまでもありません。しかし、所得の低い人に対する再分配の財源を一定程度確保できるのは、このような集積を促進するシナリオで初めて可能になるのではないでしょうか。

5　おわりに

本章では、都市集積のメカニズムについて再検討することによって、地方創生について考えてきました。都市への集積を抑制すれば、地方が再生するかというと、そんなに簡単ではないことがわかります。それは1960年代からずっと繰り返されてきた失敗の歴史でした。さらに本章では、人口減少時代を迎えるにもかかわらず、地域間の人口の平準化を無理に行った場合、生産性が低下することで、社会の構成員の生活水準が低下したり、所得の低い人への再分配の財源も確保できなくなったりする可能性が示唆されました。数値例では、集積を促す政策としてケース3が位置づけられていましたが、人口移動や資源の移動の障害をとりのぞくことから始めることが重要です。

現在、盛んに行われている地方への補助金よりも、人口移動に対して補助を出すことが検討されてもいいかもしれません。さらに移転先の都市の集積の障害をとりのぞくべきでしょう。その最たるものは容積率などの土地の高度利用を妨げる規制や土地の転用を阻むさまざまな土地税制ではないでしょうか。

財政に負担をかけずに、地方を再生させるためには、容積率も含めた土地利用規制その他の障害を抜本的にとりのぞく必要があるかもしれません。この章で示したのは、人々の移転をとどまらせるのではなく、むしろ他の都市に移動しやすくするための補助金の必要性です。また、企業の産業への退出入を容易にすることによって、経済の新陳代謝が進み、経済全体の生産性が高まります。

このとき、数多くの企業が倒産するかもしれません。しかし、効率性の低い企業が退出し、より効率的な企業と入れ替わることによって、経済全体の生産性が高まり、平均的な賃金も上昇するというメカニズムが働きます。

このことは自治体についても言えるでしょう。効率の悪い自治体は、むしろ退出することが望ましいとさえ言えます。それでも、これらの激しい動きについてこられない人が出てきた場合には、当然ですが再分配が必要になります。注意したいのは、これまでは自治体や地域を救うために再分配をしてきました。

しかし、救済しなければならないのは非効率な組織や貧しい地域ではなくて、貧しい人間や不遇な人間だということです。

この点を見誤ると過去に日本が通って来た道と同じ道をたどることになります。さらに、その再分配を行うためには、社会全体で一定の生産性を確保する必要があることを忘れてはいけません。

より高い生産性を追求するためには、人間の移動を円滑にし、都市の集積を高めることが必要です。人口減少によって集積度が低下した都市の対策として、集積を高めるために、まちの中心部に人口を集めるという考え方が出てきました。これが次章で考えるコンパクトシティです。

補論　アリゾナ効果

日本創成会議の議論には方法論として、重大な問題があります。これは因果関係と相関関係を同一視することによって生じる誤りです。こうした事例としてしばしば引用されるのは、「アリゾナ効果」と呼ばれるものです。この議論を紹介しましょう。

米国のアリゾナ州では、肺結核で死亡する率が他の州に比べてきわめて高いことが統計的に観察されます。こうしたデータから、アリゾナ州の気候や風土に、この病気の原因となる問題点があると予測することができるかもしれません。アリゾナ州の事情を知らない人ならば、アリゾナ州にはきっと肺結核に悪い要因が存在するのだと、早計にも誤った結論を導く可能性が高いのです。さらに、肺に疾患のある人や高齢者は、アリゾナ州に近づくべきでないという提言がされてもおかしくありません。

しかし、これは明らかに誤りです。「アリゾナ効果」とは、単純なデータから結論を導くと、間違った政策的な結論に誘導されてしまうことを示した教科書的な例であります。

実は、アリゾナ州は肺結核の治療や療養のために最適な気候状態にあります。そのために、アリゾナ州には肺結核の専門病院や療養所がたくさんあります。したがって、この地域では肺結核の患者も多く、その結果肺結核で亡くなる人々も多いのです。他の州に比べて肺結核の治療に望ましい気候であるために、こうしたことが起こるのです。さきの結論がいかに間違ったものであるかがすぐわかると思います。

この点に注意して、もう一度日本創成会議の議論を振り返ってみましょう。アリゾナ州を日本の首都圏、肺結核の死亡率を出生率と読みかえると、日本創成会議の議論になります。アリゾナ州に近づくべきでないという提言は、東京一極集中を是正すべきとする提言とまったく同一です。しかし、これが正しいという保証がないことは、アリゾナ効果の事例からも明らかです。

本章で試みたように、このデータの背後には、どのようなメカニズムが働いているかについて考えることが重要であります。大都市の出生率を低下させるのはどのような理由からでしょうか。こうした原因を科学的に分析せずに、データだけから結論を導くと決定的な誤りをおかすことになります。データの背後にあるメカニズムを分析するための仮説が重要であります。それにもかかわらず、日本創成会議の議論にはそれが欠けているのです。ノーベル経済学賞を受賞したクープマンスは、こうした事態を「理論なき計測」と呼んで、批判したことで有名です。

第 3 部

地域の持続性を支えるために考えなければならない住宅土地問題

第７章

コンパクトシティって何ですか？

1　はじめに

2016年に都市再生特別措置法が一部改正され、立地適正化計画という新しい都市計画の枠組みが導入されました。その内容は、コンパクトな姿に都市を再編するために、都市機能誘導区域、居住誘導区域という特定の区域を定めて、そこに居住、医療福祉、商業、公共交通などのさまざまな機能を誘導するというものです。そのために、この二つの区域外で何らかの開発行為をする場合には届出が必要になります。その代わりに、二つの区域内への立地には、さまざまな税・財政・金融上の支援を受けることができるようになりました。

このように現在の都市政策は、コンパクトシティと呼ばれる政策に大きく舵を切っています。その背景には、現在の都市は高度成長期やバブル期を経て「拡大しすぎており」、これからの人口減少、少子高齢化が本格化する時代にはふさわしくないという認識があります。例えば、1960年に人口が10.7万人だったある地方都市Xは、2015年になっても10.2万人とほぼ変わりません。しかし、人口集中地区[1]（DID：Densely Inhabited District）の面

1）　原則として人口密度が1平方㎞当たり4,000人以上の地域が互いに隣接しており、それらの隣接した地域の人口が国勢調査時に5,000人以上を有するこの地域を「人口集中地区」と言います。

図表7-1　地方都市X市（人口約10万人）の人口集中地区の区域図（1960年、2015年）

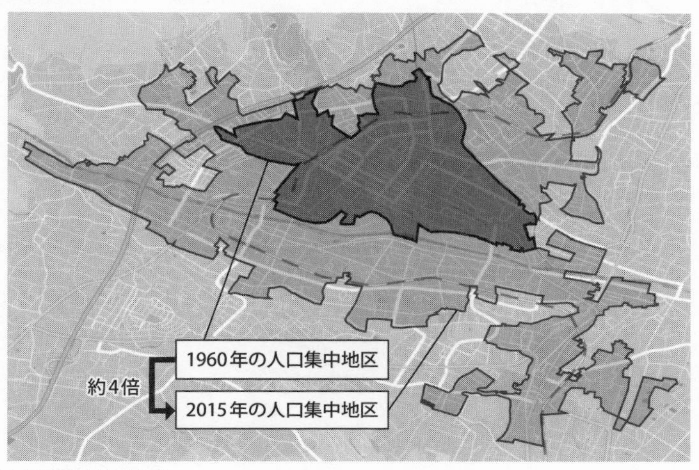

（出所）国土交通省資料より作成。

積はこの間約4倍に拡大しています（図表7-1）。

2　コンパクトシティ政策の意味

（1）理論的な整理

ところで、これらの政策が目指す都市のコンパクト化とは、理論的にはどんな意味をもつのでしょうか。それは「失われようとしている都市の存在意義、『集積の経済』を取り戻すための措置」と考えることができます。

集積の経済については、人と人とのコミュニケーションの重要性、規模の経済性、輸送や移動の費用、そして都市インフラなどの公共財が重要な要因として働いていることが第4章で説明されています。ここでは公共サービスやインフラに代表される公共財に絞って、都市の人口規模および人口密度と一人当たりの歳出額の関係を簡単にみていきましょう。

市町村における基礎的なサービスの提供には、資本集約的な技術を用いるもの（住宅や公共施設）と労働集約的な技術を用いるもの（介護・福祉サー

図表7-2　一人当たりの歳出額と人口規模

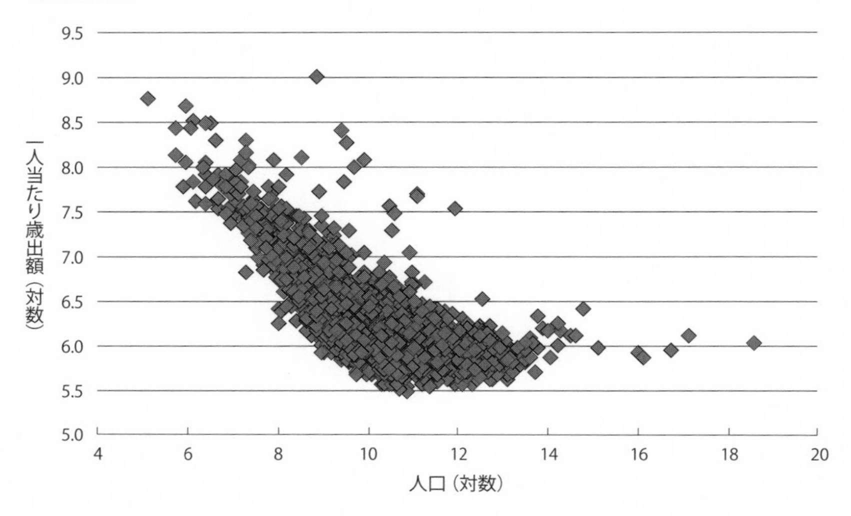

（出所）「2015年市町村別決算状況調」（総務省）、「2015年国勢調査」（総務省統計局）をもとに推計。

ビスなど）があります。前者は固定費用が大きな割合を占めるため、横軸にサービスの供給量、縦軸にその平均費用（＝総費用/供給量）を測ると、サービスの供給量が少ないときは平均費用が顕著に低下しますが、ある水準を超えると、次第に上昇する傾向にあります。つまりU字カーブを描くと言われています。

図表7-2は、市町村別の一人当たり歳出総額（対数値）と人口（対数値）の散布図ですが、横軸の10～14に至る区間でちょうど底になっていることがわかります。10万の対数値は約11で、100万の対数値は約14ですから、公共サービスのコストを抑えて効率的に提供できる都市の最小最適規模と言われる水準は10～100万人程度だということです[2)]。

さらに、これを人口密度（対数値）でみると、同様に底が平坦なU字形が観察されます（図表7-3）。ここではLn（1096）≒7を若干上回る水準で底を形成しています。少し乱暴ですが、効率的な公共サービスの供給を実現するためには、少なくとも1,100人／km^2程度の人口密度が必要になってくると考えられます。この値は鹿児島市や新潟市に該当します。

図表7-3　一人当たりの歳出額と人口密度

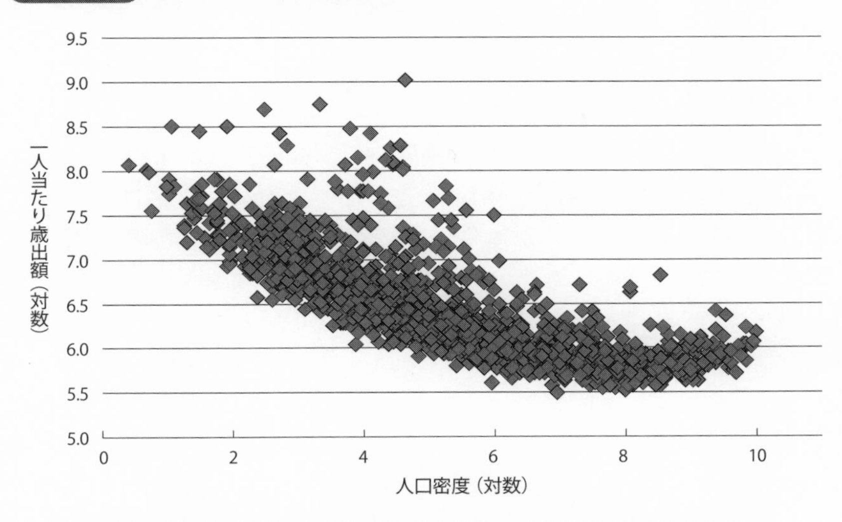

（出所）「2015年市町村別決算状況調」（総務省）、「2015年国勢調査」（総務省統計局）をもとに推計。

人の密度は、どのくらい近くに人々が住んでいるかを示すので、こちらの図表7-3のほうが集積の経済の説明として適当かもしれません。介護・福祉サービスなど労働集約的な技術を用いるものについては、対象となる高齢者などが分散して居住している場合よりも、近接していれば専門スタッフの移動のコストが節約できるので、そのコストが小さくなることは容易に想像できます。

そのため、さきに述べた固定資本による規模の経済性だけでなく、労働集約的なサービスについても集積の経済が発生するのです。したがって、

---

2)　林（2002）では、人口の最適規模に関する実証研究の推計結果が整理されています。吉村（1999）は地域人口の最小最適規模を18.1～21.6万人、林（1999）では11.8万人、中井（1988）は12.8～29.6万人、西川（2002）は17.0万人、横道・村上（1996）は9.1～20.5万人とそれぞれ推計しており、これらの間には大きな幅が存在します。

このように推計値にかなりの差があるのは、人口の規模が拡大するにつれて、より大規模な資本を必要とする公共サービスが供給可能になるからだと思われます。10万人の都市の中心部にある道路の車線数と100万人の都市のそれらは異なっているでしょうし、海外や他の地域からたくさんの人々が訪れる100万人都市では、公園の規模や機能にも差があるでしょう。

都市のコンパクト化によってどの程度人口密度を高めるかが重要になります。

(2) 実際上の意味

前小節では、都市のコンパクト化が本来の集積の経済を取り戻すものだということを公共財の観点から説明しました。ただし、第4章で説明したように、集積の経済とは労働市場における適切なマッチングや、多様な人材間で行われるFace to Faceコミュニケーションから生まれるアイディアなど広い含意をもつものですから、本来コンパクトシティ政策とは、労働市場整備や産業政策と連携した総合的な観点から取り組まれなければなりません。

例えば、現在オフィスのあり方を大きく変えようとしているWeWork等のシェアリング・オフィスを手がけるビジネスは、起業を目指す者を対象としたオフィススペース、コワーキングスペース、マッチングサービスを提供することで、イノベーションを意識的に促進するビジネスモデルと言えましょう。

企業の中には、他者とのネットワークがより必要な部門があります。それは開発部門や営業部門かもしれません。そうした部門だけが独立して、WeWorkの提供する賃貸スペースを借りてビジネスを展開する企業が現れ始めています。従来はひとつの企業のオフィスが同じ建物に入っていることが当たり前でしたが、それが必ずしも効率的ではないことに企業は気づき始めています。

つまり、同じ会社の他のセクションよりも他の企業との近接性のほうがより重要なことがあるということです。同じ企業内でも集積・近接性が必要な部門を、都市の中心部に移転させることを意図したビジネスモデルと言えます。これによって、企業群もコンパクトになることができると考えられます。

企業と同様、現在都市のさまざまな機能のコンパクト化が進められようとしているのは、図表7-2および図表7-3において示された都市の最小最適規模を、はるかに下回る都市が多数存在しているからです。そして、人

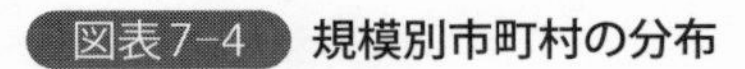

規模別市町村の分布

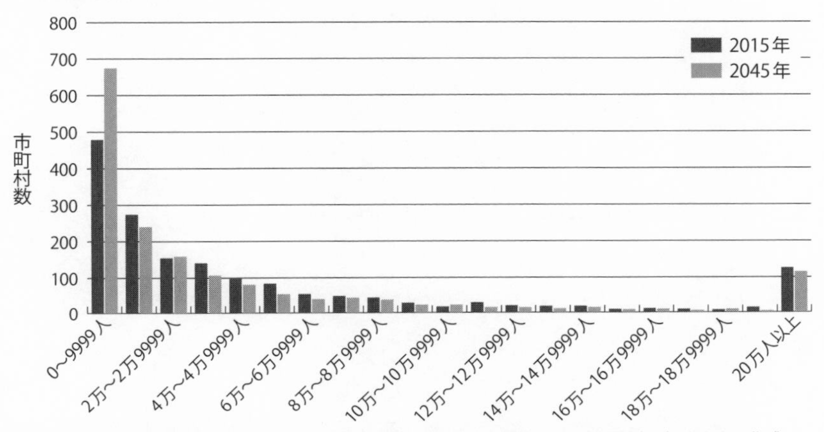

（出所）「日本の市区町村別将来推計人口」（2018年推計）（国立社会保障・人口問題研究所）をもとに作成。

口減少社会では、より多くの都市で最適規模を下回るようになるという問題意識に基づいたものと考えることができるでしょう。

市町村の人口規模、密度に関する将来をみてみましょう。日本では既に人口減少局面に入っていますが、十分な規模の市町村が既に形成されていれば、あるいは、総人口が減少してもより狭い地域に人口集積が進められていれば、公共財や公共サービスの効率性について心配する必要はないのかもしれません。問題なのは、どのクラスの人口規模、人口密度の市町村が増加するのかという点です。

多くの先行研究は、一人当たりの歳出規模が最小値に到達する人口を20万人と推計しています（注2）。図表7-4は、各市町村の人々を1万人単位で分類し、その数を現在と将来で比較したものです。1万人未満の市町村は、2015年には479市町村と全体の28％でしたが、2045年には大きく上昇し、674市町村と全体の40％を占めるに至ります。

人口密度についても同様に、2045年には最も集積の経済を発揮しにくい市町村が大きく増加することになります。十分に長い期間をみても人口減少自体を止めることができないとすれば、財政破綻をまぬがれるためにも、コンパクト化によって集積を促進しようとすることは自然な帰結なのです。

人口減少をくい止めるためには、公共サービスの水準を維持しなければなりません。しかし、それを維持するために必要なコストは住民からの税金に依存していますので、人口が減少すると税収が減少し、財政の赤字が増加し、いずれ破綻してしまうでしょう。

3　なぜ都市のコンパクト化が困難なのか

このような都市のコンパクト化の意義が、人口減少時代においてとても自然なことであるならば、行政担当者のみならず住民も比較的容易に受け入られるのではないでしょうか。さもなければ、多くのコミュニティや自治体が共倒れになってしまうでしょう。そもそも、人口増加に伴って公共施設を整備して、都市が拡大していったのであれば、人口減少に対しては公共施設を廃止して、都市をコンパクト化することは当たり前のことではないでしょうか。

しかし、行政関係者からはその困難さを聞くことが多いのが現状です。それはどうしてでしょうか。この点について考えてみましょう。

（1）都市拡大のメカニズム

いま、ひとつの自治体内にA、Bという二つのコミュニティが存在するケースを考えましょう。公共施設の設置を決める議会もひとつで、議員はA・B両方のコミュニティから選出されます。図表7–5は人口増加期の都市を描写しています。この都市はコミュニティA（都心部）からコミュニティB（郊外部）にかけて地域開発が進んだため（図7–5上）、コミュニティAにのみ公共施設（例えば学校や図書館）が存在している状態（図7–5下左）を出発点としています。図に描かれている×印はひとつで1万人としましょう。つまりコミュニティAは最初から10万人、コミュニティBは5万人の人口から10万人に人口増加しています。

この公共施設は、コミュニティBの住民も当然使用できますが、遠くまで出かけなければならず、大きなアクセスコストが発生しているものとし

図表7-5　コミュニティ間の利害調整（概念図）

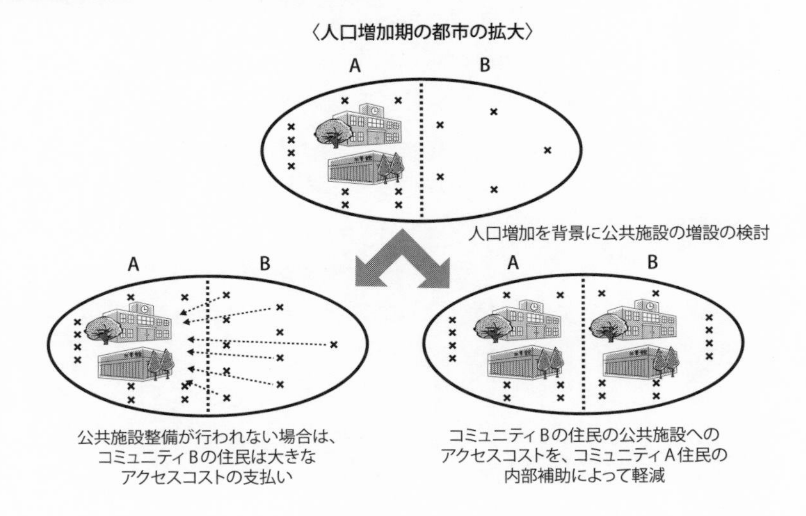

ましょう。しかし、都市が発展してコミュニティBにも十分な人口が居住するようになったため、コミュニティBでの施設整備の便益とコストを比較すると、便益がコストを上回り公共施設の追加整備（図7-5の下右）は合理的な状況にあるものとしましょう。

ここで、公共施設の整備や改廃は、自治体の議会と対象となるコミュニティ（ここではコミュニティB）の住民の同意なしには事実上行えないものとしましょう。制度的にも施設整備にともなう予算は議会の承認を得なければなりません。また、対象となるコミュニティの住民や利害関係者は、都市計画法に基づいて公聴会の開催を求めることができます。

実際、公共施設の整備や改廃にあたって地元住民の反対が強い場合には、首長はその反対を無視することはできません。そんなことをすれば、落選という大きな政治的なリスクを抱えることになるので、通常そのようなことはしません。

その際、議会は都市全体の利害を考慮するのに対して、コミュニティの住民は自分たちの利害だけを考えて行動するものとしましょう。公共施設の耐用年数は長期にわたるため、公共施設が整備されると、将来にも便益と費用を発生させます。そのため、整備にかかる費用と便益を比較する費用便益分析などにおいて将来世代の利害も考慮することが必要です。

しかし、議会を構成する議員たちは選挙によって選ばれますので、選挙のことを考えれば、現世代の利害を最も重視せざるをえません。もちろん、将来世代のことまで考えて行動する議員が存在する可能性を否定するつもりはありませんが、ここでは現在の住民全体の利害によって議員たちは行動するものとします。さきに述べた前提のもとでは、図7-5左下の点線で示されているコミュニティＢの住民のアクセスコストの節約分が、図7-5右下のコミュニティＢでの公共施設の整備費用および維持費用を上回るので、議会はこの提案に賛成します。

それでは、同じように決定権をもつコミュニティＢの住民はどう判断するでしょうか。コミュニティＢの住民に発生する便益は図7-5の左下に示されているアクセスコストの節約分です。他方、それと引き換えに支払わなければならない負担は、公共施設整備にともなう税負担です。しかし、税はコミュニティＡとＢの都市全体の住民で（例えば頭割りのような形で）負担しますから、コミュニティＢの住民はその一部しか負担する必要はありません。

言いかえるとコミュニティＡの住民に一部のコストを転嫁させ、コミュニティＢの公共施設が整備されることになります。このため、コミュニティＢの住民は公共施設の整備に賛成することになります。これが人口流入によって公共施設が必要以上に整備され、都市が過剰に拡大されてきたメカニズムです[3)]。経済学では、こうした現象をFree Ride（タダ乗り）と呼びます。コミュニティＢの住民たちはコミュニティＡの住民にFree Rideしていると言えます[4)]。

（2）なぜ人口減少期の都市のコンパクト化はできないのか？

前述のように、この公共施設は自治体内のコミュニティにおいて10万人

3）　このメカニズムについては、Bruckner（1997）および中川・浅田・青木・川西・山崎（2003）により詳細な解説があります。

4）　以上の議論を数値例で確認されたい読者は、補論を参照してください。

図表7-6　コミュニティ間の利害調整（概念図）

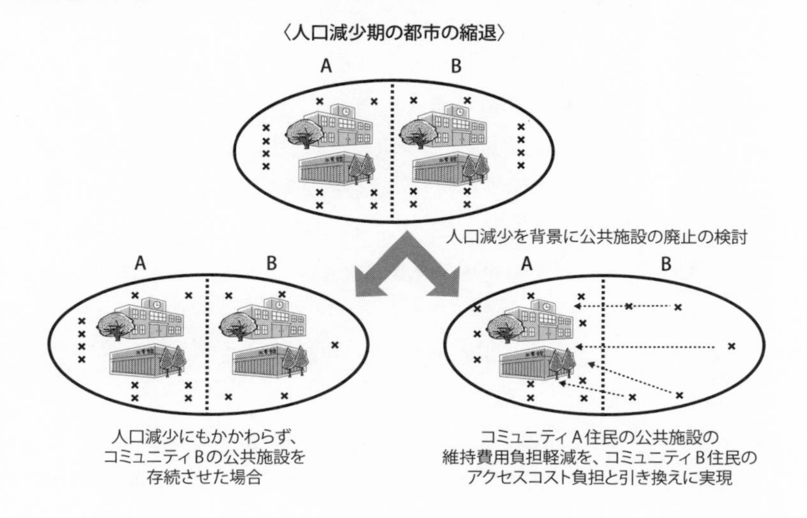

の人口が維持され続けることを前提に整備されてきました（図表7-6上）。しかし、25年間（公共施設の耐用年数の半分程度）が過ぎた段階で、コミュニティAの人口は10万人のままですが、コミュニティBの人口が半分の5万人に減少した場合を想定してみましょう（図表7-6左下）。このような状況ですから、コミュニティBの住民の公共施設の統合や住民の移転（以下、公共施設の統合等と言います）が検討され始めたものと考えましょう（図表7-6右下）。それを決めるには、さきの場合と同様に議会の承認と、対象となるコミュニティBの住民の事実上の了解を求める必要があります。この場合、どのような決定が行われるでしょうか。

この公共施設の統合等によって発生する便益とは何でしょうか。それは公共施設の維持費用を今後負担する必要がなくなるため、節約できる税負担分と考えることができるでしょう。一方、その費用とは何でしょうか。公共施設が廃止されてしまうコミュニティBの住民は、コミュニティAに移転するか、遠いコミュニティAの公共施設を使用しなければならなくなります。つまり費用は、コミュニティBの住民のアクセスコストです。

しかし、このときコミュニティBの人口が減少してしまったので、そのアクセスコストの合計はそれほど大きなものではなく、都市全体の便益と費用を比較すれば、公共施設統合等の便益が上回っているものとしましょう。このためコミュニティAとBからなる都市全体の利害を代表する議会は、図表7-6右下の提案に賛成します。

ところで、同じように決定権をもつコミュニティBの住民はどう判断するでしょうか。まず公共施設の統合等によって発生するコストから考えてみましょう。さきほど述べたように、公共施設の統合によって、これまで近くにあった図書館や公園が廃止されることになります。するとコミュニティBの住民は隣のコミュニティAまでのアクセスコストを負担しなければなりません。重要なのはこのコストを支払う一人ひとりのコミュニティBの住民の負担は相当なものになる点です。

公共施設統合等の便益はどうでしょう。前項で述べたこととはまったく逆のことがここで発生します。公共施設統合等にともなう歳出削減がもたらす税負担の節約は、コミュニティBの住民だけに発生するのではなく、都市全体の住民の税負担の低下となって現れます。つまりコミュニティBの住民は、一人当たりに相当な額のアクセスコストの増加を負担するのにもかかわらず、引き換えに得られる税負担の低下はたいしたものになりません。

他方コミュニティAの住民は、アクセスコストという負担を受けることなく、税負担の低下を享受していますから、さきほどとは逆に、コミュニティAの住民がコミュニティBの住民にFree Rideする状況が生まれています。しかし、決定権をもつのはコミュニティBの住民です。Free Rideされてたいした便益を受け取れないのに、相当なアクセスコストを負担しなければならないコミュニティBの住民は、この提案に反対することになります[5)]。

その結果、コミュニティBの反対によって公共施設の統廃合はなかなか進展していかないのが現状です。人口減少に直面する自治体にとって、財政破綻を避けるために、公共施設を整理・統合していく必要があります。

---

5) 以上の議論を数値例で確認されたい方は、補論を参照してください。

しかし、公共施設が廃止される住民にとっては負担の増加が生じるために、都市全体の効率性を高める提案であっても議論はなかなか進んでいきません。これが都市のコンパクト化の障害になっているのです。

(3) 都市のコンパクト化を実現するために

それでは、このような事態はなぜ起きているのでしょうか、この原因を考えてみましょう。原因がわかれば解決策もみえてきます。結論からさきに言うと、第一の原因は、都市のコンパクト化にともなう便益を受ける住民全体に、そのコストを求める仕組みがないことです。第二に、都市のコンパクト化から便益を受ける住民を、その意思決定に参加させていないことです。

第一の点については、都市のコンパクト化の便益は公共施設の廃止に伴う税負担の軽減ですから、①現在のコミュニティAの住民、②現在のコミュニティBの住民、③将来の全住民に対して発生します。しかしこれまでの議論から明らかなように、都市のコンパクト化に伴って発生する、引っ越し費用などのコストを支払うのは、②現在のコミュニティBの住民のみです。このため、これらの住民の純便益が負となってしまいます。

第二の点については、(1) 項で述べたように、公共施設の統合などの決定に明示的に影響力を行使できるのは、②現在のコミュニティBの住民のみです。このため都市全体としては効率的な公共施設の統合に議会は賛成しますが、地元住民の反対により、なかなか進まないという結果になっています。

これを克服する手段としてどのようなものがあるでしょうか。例えば、コミュニティAの住民の参加のもとに、公共施設統合等によって発生するコミュニティBの住民のアクセスコストの一部をコミュニティAで負担するという決定がなされたとしましょう。コミュニティBの住民の反対の原因は、公共施設統合の便益が都市全体に広がっていたのに、負担がコミュニティBの住民に集中していたことでした。このため、このような負担の平準化は、コミュニティBの住民の判断を変えるかもしれません。この議論を数値例で確認されたい方は、章の終わりの補論を参照してください。

すなわち、転居費用をコミュニティＡの住民や将来の住民にも負担してもらうことにすれば、施設廃止に伴って生じるコミュニティＢの住民の合意は得られやすくなります。さらに、この議論を拡張すると、コミュニティＡも廃止され、他の都市に吸収されるとすると、住民の移動先は全国の都市までひろがる可能性があります。

したがって、全国民で移転費用を負担するべきという結論に達します。このことは、自治体ではなく政府からの補助金を転居に対して交付すべきと言えそうです。

さらに、これまであまり議論してきませんでしたが、公共施設の廃止にともなう税の軽減による便益は、③将来の全住民にも発生することにも目を向けるべきでしょう。便益を受ける数世代で都市のコンパクト化のコストを均等に負担するためには、公債を用いて施設の除却や、コミュニティＡへのアクセスを向上させる交通投資、引っ越し費用の負担を世代間で分散することが考えられるかもしれません。

ところで、このような試みは実際に行われているのでしょうか。第１節で述べた立地適正化計画で、都市機能誘導区域、居住誘導区域への移転に各種税・財政・金融上の支援が設けられていますが、それはコスト負担の分散化をねらったものと考えることができるでしょう。しかし、それが十分な規模のものなのかは、都市のコンパクト化の進み具合を勘案した再評価が必要になります。

4　行動経済学の視点

これまでに、公共施設の統合・移転には、そのコストの分散化が必要であることを示しました。しかし、そのような仕組みが整えば、都市のコンパクト化はスムーズに進むのでしょうか。仮にそのような仕組み作りによって、住民一人当たりの便益がそのコストを上回るような状況を作り出すことに成功したとしましょう。その場合「合理的個人」は、公共施設の統合・移転を選択してくれるかもしれません。しかし、行動経済学は人間

図表7-7　都市のコンパクト化に関する価値関数

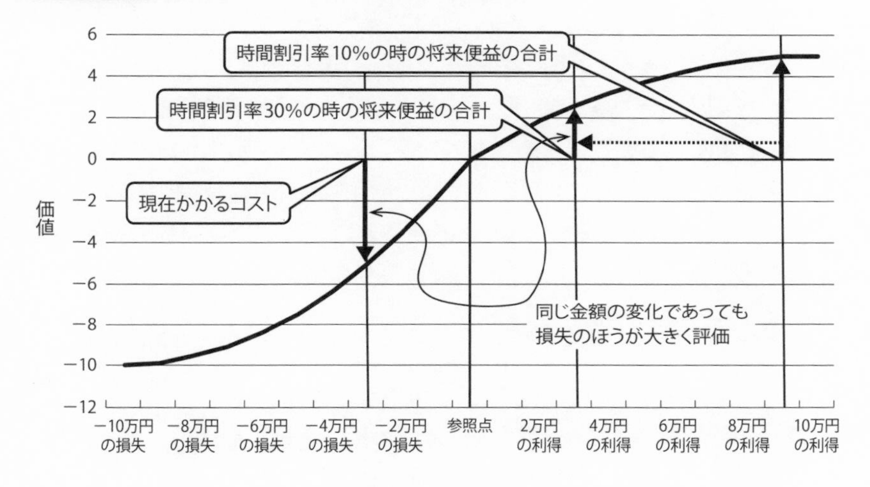

の認知能力には限界があり、必ずしも合理的な行動が期待できないことを示しています。

そのひとつの例が便益、損失の認知に関する人間のくせを実験で確かめた、プロスペクト理論によって示されます。図表7-7は、参照点（原点）から左方向に損失の程度が、右方向に便益の程度が図られています。そして縦軸には、その損失、便益を個人はどのように評価しているか（価値）を描いています。参照点とは「いまの自分の状態」と考えてください。

図表7-7に示されている価値の大きさからわかるように、人間は同じ大きさであっても便益よりも損失を大きく評価する傾向があります。つまり、公共施設の統合・移転が「自分にとって」コストを少し上回る便益を発生させるとしても、心理的には人間はそれを好ましいこととはとらえにくい可能性があるということです。

これまで、都市のコンパクト化によって、いまどれだけの純便益を得ることができるかという議論を中心にしてきました。しかし、公共施設は長期間維持され続けるため、将来の便益コストを明示的に考えることが必要です。このとき、考慮に入れなければならないのが、将来の便益や損失を、現在の便益や損失よりも小さくしか評価をしないという点です。その程度を時間割引率と言います。

割引現在価値というのは、将来の便益や費用を現在の値に引き戻した値を言います。1年後に1万円もらえることは、現在9,000円もらえることと同じだと評価する人は、9,000円＝1万円／(1＋時間割引率) という計算をしていることになります。このときの、この人の時間割引率は約10％です。前節で考慮しなかったこの時間割引率を費用便益計算に反映してみましょう。住民一人当たりのコンパクト化の便益とは、各期の税負担の軽減分を現在価値に割り引いて加えたものとなりますので、以下のように表すことができます。

コンパクト化の便益＝(0期に発生する税の節約分)
＋(第1期に発生する税の節約分)／(1＋時間割引率)
＋(第2期に発生する税の節約分)／$(1＋時間割引率)^2$
＋………… (1)

これに対して、コンパクト化のコストは、日々の公共施設へのアクセシビリティの悪化分ですが、ここでは引っ越し費用を1回で支払ってしまうものと考えましょう。そして、前節で述べたような移転先の住民との合意が成立して、引っ越し費用の一部を補助してもらい3万円程度に抑えることに成功したとしましょう。

将来にわたるコンパクト化の便益の評価—現在の損失の評価（統合・移転費用）＞0となることが、住民が都市のコンパクト化を受け入れる条件となりますが、これは時間割引率に大きく影響を受けることがわかります。

前節では、一種類の公共施設のみを取り上げましたが、もっと総合的に公共施設を再編することによって、自治体の住民の税負担が年間1万円程度節約できるものとしましょう。公共施設の耐用年数を50年として、25年経った時点で公共施設再編の判断をしたとしましょう。時間割引率が10％程度だとすれば、(1) 式に当てはめれば、この場合のコンパクト化の便益は約9万円となり、移動する住民のコスト3万円を大きく上回ります。しかし、便益よりも損失が大きく評価されますから、住民が感じるコンパクト化の心理的な価値の収支はそれほど高くないかもしれません（図表7–7）。

ところが、この時間割引率が30％程度となった場合、コンパクト化の便益は3万円程度に縮小してしまいます。この場合住民が感じる便益の価値は、損失の価値を下回ることになっても不思議ではありません（図表7–7）。年齢別に時間割引率をみた場合、高齢者は時間割引率が高くなることが知られています。また、都市の年齢別人口分布をみた場合に、郊外部ほど高齢化率が高いことも知られています。つまり、前節のB地域の住民のように移転する住民は、時間割引率が高くコンパクト化の便益を感じにくい人が多数を占めている可能性があります。

さらに、これまでは時間を通じて時間割引率が変化しないことを前提としてきました。しかし行動経済学の実験では、時間割引率が時間によって変化する双曲割引という現象が知られています。「1か月後にダイエットを始める」ことを決心したとしても、1か月経ち、いよいよダイエットを始めなければならない時点で、それを撤回してしまうという話はよくありそうです。こうした「先延ばし」行動は、頻繁に観察されるできごとです。

これは、現在に近い将来（「1か月後」ではなく、「明日」）ほど時間割引率が高くなる人間の認知のくせです。このため、住民たちが長期的な計画としてのコンパクト化に一度は同意しても、いざそれを行う段階になったら反対が大勢を占めるというような現象は、容易に起こりうることかもしれません。

このような場合、コミットメントデバイスと言われる、「いまの自分」と「1か月後の自分」が異なることを認識したうえで、「いまの自分」の決定を「1か月後の自分」に守らせる仕掛けをとらせる方法があります。例えば、「1か月後にダイエットしない場合○○の罰金を支払う契約を締結する」などの工夫です。

これを都市のコンパクト化に適用するとすれば、抽象度の高い、どうにでも解釈ができる中長期の計画について住民の合意を得るよりも、より近い将来の具体的な公共施設廃止も含む具体的な計画について、後戻りのできない合意を重ねる漸進的なアプローチが重要になるのではないでしょうか。実際、いくつかの自治体では公共施設再配置計画と呼ばれる公共施設の総量縮減を図る計画が作成されています。

5 おわりに どのようにして漸進的なコンパクト化を進めるか（新しい政策技術）

これまでの議論を最後に整理しておきましょう。公共施設を整備することはできるのに、公共施設の廃止ができない理由は、

①地域間の利害調整においては、公共施設の廃止によって便益を受けるコミュニティの住民を意思決定に参加させていない

②都市のコンパクト化にともなうコストは一部の住民に集中的に発生する一方で、その便益は将来の都市住民も含めて薄く広く発生する

ということにともなうものでした。

②については、現在の立地適正化計画でさまざまな税・財政、金融上の支援措置が用意されていますが、それが十分なものかどうかは、再評価される必要があるでしょう。

第3章で述べたことですが、行動経済学の実験のひとつに最後通牒ゲームというものがあります。これをもう一度復習しておきましょう。最初に、二人のうち配分者と受益者を決めます。配分者には現金、例えば1万円が与えられ、そのうち好きな額を受益者に分け与えるというゲームです。すなわち、配分者が配分額を決めて、受益者は、その配分額を「受け取る」か「拒否する」かを決めます。

受益者が「受け取る」を選んだ場合は、配分された金額を受け取ることになります。しかし、受益者が「拒否する」を選択した場合は、2人への配分額は両方ともゼロになってしまいます。1円でももらえるのであれば、少なくとも「いいこと」でしょう。このため合理的個人であれば、受益者が0円の配分でない限り、ちゃぶ台をひっくり返すような「拒否する」ことを選択するとは考えられません。

しかし、こうした実験では20％以下しか配分しなかった場合は、かなり

の受益者が「拒否する」を選択することが知られています。つまり、この結果は、すべての人がいまの状態よりも悪くならない変化であっても、ある人が大きく得をするのに自分がそれほどでもないような変化を受け入れない場合があることを意味します。つまり、明らかに効率性が向上する変化を公平性の観点から人々が受け入れない場合があるのです。

これは、都市のコンパクト化に対する「移転される側」から「移転する側」への支援の大きさにも、当てはめることができるのではないでしょうか。その規模があまりにも小さく、「移転する側」が不公平感を感じた場合は、ちゃぶ台返しである、「公共施設統合・移転を行わない」を選択して、地域の存立自体が危うくなる可能性があるかもしれません。

この点に関連して、アダム・スミスの「見えざる手」という概念はあまりに有名で、個人は利己的に行動しても、市場メカニズムによって最も効率的な社会が実現できることを明らかにしました。しかし、それと同時にこうした市場経済を支えるためには、人々の間に「共感」に基づくコミュニケーションが重要だと述べている点は興味深いことだと思います。

また、①については、これまで都市のコンパクト化に関する意思決定に議会を通してしか参加できなかった住民グループを、意思決定に直接参加させることが考えられます。例えば、討議型世論調査を用いた意思決定がひとつの可能性を示唆してくれます。

これは以下のようなプロセスで進められます。ⅰ.母集団を統計的に代表するように無作為抽出された被験者を決定します、ⅱ.彼らを特定の場所に参集させたうえで、政策課題に関する詳細な資料を与え、現地見学も交えながら十分な情報提供を行います、ⅲ.モデレータの司会のもとで、小グループに分かれて討論して、専門家への質疑や全体会議を繰り返し、被験者の意見の変化を調査します。

この試みの第一の特徴は、従来の住民投票のように十分な知識を前提にした議論を重ねることもなく、1回で方向性を決めるアプローチをとっていないことです。1回の住民投票で決定された英国のEUからの離脱は、そのような決定方法の難しさを教えてくれているのではないでしょうか。多くの住民が参加して、必要な情報に基づく熟議を重ねることを通じて「まちのあり方」を検討する必要があります。

第二に、公共施設が廃止されるコミュニティの住民のみならず、地方自治体の人口構成や地域構成を反映した少人数のミニパブリックというものが形成されていることです。これによって、これまでは議論に参加できなかった公共施設が維持される側、移転を受け入れる側の住民が参加できるようになっています。これと類似の試みが岩手県盛岡市の公共施設の再配置をめぐって行われています。母集団の地域、年齢構成などを反映した討議が可能となる工夫として評価できるやり方ではないでしょうか。

また、将来世代を意思決定に参加させることは原理的に難しいのですが、親に将来世代である子供の分の投票権を与える新しい投票方法などが提案されています。前述の、討議型世論調査なども一つの提案ですが、より新しい試みが始まっています。

Hara et al. (2019) では、岩手矢巾町では公共施設管理の2060年のビジョン設計とそれを支える施策の立案をめぐって、将来世代を議論に参加させる実験が報告されています。この実験は、2060年の世代の代理人として、意思決定に臨む役割を与えられたグループ（仮想将来世代）を選んだうえで、そのグループと現在世代グループとが交渉し、世代間対立を乗り越えた意思決定をするというものです。このような枠組みは、将来世代の利益を取り込んだ意思決定をするうえで有効であるという報告がされています。

このように、コンパクトシティ政策を現実のものとして進めるためには、民主主義的な決定の根本に立ち返った検討や、住民の意向把握、コミュニケーション上の工夫が飛躍的に増加する必要があるものと考えられます。

補論　公共施設整備とその統合等に関する数値例を用いた説明

ここでは第3節で展開した議論を数値例を用いて確認します。

都市拡大期の公共施設整備

いま、公共施設を建設するとメンテナンスを含むライフサイクルコスト

図表7-8　自治体全体の利得（コミュニティＢの施設整備の場合）

	自治体全体（1年間）
公共施設整備のコスト	5,000万円（コミュニティ B）
公共施設整備の便益	600円×10万人（Bの住民）=6,000万円
便益ーコスト	1,000万円

図表7-9　コミュニティ住民ごとの費用と便益

	公共施設整備のコスト（1年間）	公共施設整備の便益（1年間）	便益ーコスト（1年間）
コミュニティ Aの住民	5,000万円／20万人 =250円	0円	△250円
コミュニティ Bの住民	5,000万円／20万人 =250円	600円	600円ー250円 ＝350円

で、1年当たり5,000万円かかるとしましょう。図表7-5に描かれている×印はひとつで1万人としていました。つまり両コミュニティの人口規模はそれぞれ10万人です。

図表7-5下左にあるように、コミュニティＢに公共施設が整備されていない状況では、住民は大きなアクセスコストを支払って公共施設を利用することになります。その一人当たりのアクセスコストを年間600円としてみましょう。実際には公共施設を利用する方もしない方もいるかもしれません。しかしここでは単純化のため、この公共施設の利用には600円を超える価値があるとすべての住民が考えていて、実際に公共施設を利用しているものとします。

図表7-8に示されているように、公共施設整備の年間費用は5,000万円とします。公共施設をコミュニティＢに整備した場合には、図表7-5の下右のように住民は600円のアクセスコストを支払うことなく、公共施設を利用することができるようになります。このため、コミュニティＢの住民に

発生する便益は600円×10万人＝6,000万円となり、都市全体の便益が整備費用を上回るので、この公共施設整備は容易に議会に承認されるでしょう。

これを、コミュニティAおよびコミュニティBの住民ごとにみたものが、図表7−9です。ここで注意が必要なのは、本文で述べたようにコミュニティBの公共施設のコストは、コミュニティBのみならずコミュニティAの住民も含めて全住民で負担されることです。ここでは単純に20万人の住民で頭割りされるものとしましょう。

その場合、コミュニティBの住民は5,000万円／20万人＝250円の負担で、600円のアクセスコストを負担することなく公共施設を利用することができるようになるため、喜んでこの提案に賛成することでしょう。議会も対象となるコミュニティの住民も賛成するため、このような公共施設整備が実現します。

しかし、コミュニティAの住民は何の便益を得ることもなく（少し公共施設の混雑が解消されるかもしれませんが）、追加で250円を負担しなければなりません。

ここで問題なのは、こうした施設の拡大について、コミュニティAの住民が賛否を表明する場がないという点です。このために、施設整備は効率的な水準よりも過大になってしまいます。

都市縮小期の公共施設の統合、住民の移動

それでは都市縮小期に公共施設の統合を行うときに、どのようなことが起こるのでしょうか。図表7−6左下にあるように、公共施設が両コミュニティに既にあるものの、コミュニティBにおいて施設建設時に想定していなかった人口減少局面に直面しているとしましょう。このとき、激しい人口減少に見舞われているコミュニティBの公共施設の廃止が検討されています。

図表7−6の左下にあるように、コミュニティBの公共施設を維持した場合、そこから得られる便益（アクセスコストの節約分）は、図表7−10にあるように600円×5万人＝3,000万円にしかなりません。人口が減少しても施

図表7-10 自治体全体の利得（コミュニティBの公共施設維持という戦略をとった場合）

	自治体全体の利得
公共施設維持のコスト	5,000万円（コミュニティ B）
公共施設維持の便益	600円×5万人（Bの住民）＝3,000万円
便益ーコスト	△2,000万円

図表7-11 自治体全体の利得（公共施設統合・移転という戦略をとった場合）

	自治体全体の利得
公共施設統合・移転のコスト	600円×5万人（Bの住民）＝3,000万円
公共施設統合・移転の便益	5,000万円 （コミュニティ Bの維持管理費用節約分）
便益ーコスト	2,000万円

図表7-12 コミュニティ住民ごとの費用と便益（アクセスコストの補助がないケース）

	公共施設統合・移転のコスト（1年間）	公共施設の便益（1年間）	便益ーコスト（1年間）
コミュニティ Aの住民	0	5,000万円／15万人（全住民）=333円（税負担の節約分）	333円
コミュニティ Bの住民	600円（B住民のアクセスコスト）	5,000万円／15万人（全住民）=333円（税負担の節約分）	333円ー600円=△267円

設を維持するコストは5,000万円で変わりませんから、この公共施設を維持し続けるのは明らかに非効率です。

このため本文のとおり図表7-6の右下側にあるように、コミュニティB

図表7-13 コミュニティ住民ごとの費用と便益（アクセスコストの補助があるケース）

	公共施設都合・移転のコスト（1年間）	公共施設の便益（1年間）	便益－コスト（1年間）
コミュニティ Aの住民	300円×5万人／10万人＝150円（A住民一人当たりの補助額）	5,000万円／15万人（全住民）＝333円（税負担の節約分）	333円－150円＝183円
コミュニティ Bの住民	300円（A住民からの補助後のB住民のアクセスコスト）	5,000万円／15万人（全住民）＝333円（税負担の節約分）	333円－300円＝33円

の公共施設を廃止して、コミュニティＡに統合することが自治体で検討されているとします。この場合、コミュニティＢの住民は、コミュニティＡに引っ越すか、遠方の公共施設を利用しなければならなくなります。通常は、施設の廃止にはこの他にもさまざまなコストがかかりますが、それらは無視することにしましょう。このためこの自治体全体に発生するコストは600円×５万人＝3,000万円となります。

このとき、公共施設が二つからひとつに減ることにともなう、税負担の減少5,000万円分がこの決定によって生じる便益と言えます。すなわち、年間2,000万円の純便益（便益－コスト）が生じますから（図表7-11）、議会はコミュニティＢの公共施設の廃止に賛成するでしょう。

しかし、コミュニティＢはどうでしょうか。前述のとおり、年間5,000万円の公共施設の維持費が節約できるため、この金額を自治体の全人口15万人で割った値がこの自治体の一人当たりの節約額になります。すなわち、住民の税負担は5,000万円／15万人＝333円低下するという便益が生じるものの、アクセスコスト（年間600円）が発生します。このため、公共施設の統合等という決定は、図表7-12に描かれた△267円という損失をコミュニティＢの住民にもたらします。

これに対して、図表7-12にあるようにコミュニティＡの住民には、新たなコストが発生していないので、逆に年間333円の正の便益（税金の節約額）が生じています。つまり、人口が増加したときの図表7-9とは逆に、コミュニティＡの住民の税負担軽減実現のために必要なコストを、コミュニティＢの住民はアクセスコストの増加という形で転嫁される側に回ることになります。このため決定に強い影響力を及ぼすコミュニティＢの住民は、この提案に反対することになります。

コンパクトを進めるための負担の平準化を行った場合

本文で指摘したように、都市縮小期の公共施設統合等が進まない原因として、そのコストをコミュニティＢの住民のみに負わせている点が挙げられました。これを克服するために、例えばコミュニティＡの住民の参加のもとに、コミュニティＢの住民のアクセスコスト600円のうち半分の300円をコミュニティＡで負担するという決定がなされたとしましょう。すると、それぞれの住民の利得はどうなるでしょうか。

この場合図表7-13にあるように、コミュニティＡの住民の利得を正に維持しながら、コミュニティＢの住民の利得も正に転換することができます。このため、議会とともにコミュニティＢの住民も公共施設の統合・移転に賛成し、都市のコンパクト化を進めることができるようになるでしょう。

第8章 どうして相続税が空き家を増やすのですか？

1 はじめに

日本の土地住宅税制が土地住宅市場にどのような影響を及ぼすかについて考える際に、土地住宅の保有や取引に関する税制を取り上げることが多いのですが、一見それらと直接関係するとは思われない相続税が実はたいへん重要です。この章では、相続税がどのような理由から土地住宅の所有や利用に影響を及ぼしているかについて考えたうえで、相続税の問題点について考えてみましょう。

第2章で空き家がどうして増えているのかについて考えましたが、その原因のひとつは相続税にもあるのです。こう言うと、びっくりする読者も多いかと思いますが、賃貸住宅を所有することが相続税の節税対策になることから、賃貸住宅の供給を増やすことになり、それが古い賃貸住宅の空き家を増やすことになるのです。第10章で、持ち家が借家に比較して有利である点について、とくに情報の観点から説明しますが、この章では、平均的なサラリーマンにとって、相続税制が住宅の取得に有利に働くことを明らかにしましょう。

そのうえで、賃貸住宅の経営主体は個人の高齢者が多いために、質のよい賃貸住宅が供給されているとは言いがたい状況になっており、その意味でも持ち家のほうが有利と言えると思います。こうした点について考えてみましょう。

2 代表的な土地住宅税制と相続税

土地の税金は、土地の保有に課される税（土地保有税）、土地の譲渡の際に課される税（譲渡所得税）、さらに土地の取得に対して課される税（相続税や不動産取得税など）の三つに分類されます。

土地の保有にかかる税のうち、代表的なものは土地の固定資産税です。土地以外にも家屋と企業が保有する償却資産に対しても課税されます。これは市町村税であり、その標準税率は1.4％ですが、その他に税率0.3％の都市計画税もあります。標準世帯当たりの土地、家屋の固定資産税と都市計画税の合計は、地価の高い東京圏でも10万〜20万円程度です。

したがって、標準世帯の土地や住宅の価値を3,000万円から6,000万円とすると、実効税率は0.2〜0.6％程度でしょう。日本の固定資産税の実効税率は他の土地税制に比較しても低く、世帯当たりの負担もけっして大きいとは言えません。このように、固定資産税の実効税率が低いのは、200平米以下の小規模宅地に対して税を軽減する措置が採用されてきたためです。

図表8-1は固定資産税収の推移を示したものですが、最近の20年間は8兆円から9兆円といったところです。これに土地と家屋に課される都市計画税の税収（2016年度で約1兆2,600億円）を加えると、税収の合計は10兆円程度です。

土地譲渡所得税については、保有期間5年未満で売却した場合を短期、5年以上保有した土地を売却する場合に得られる値上がり益を長期譲渡所得として、それぞれに異なった税率が適用されます。長期の土地譲渡所得税については、2019年現在20％（そのうち地方税5％）の税率が適用され、居住用の住宅を売却して所得を得た場合には、3,000万円の特別控除が認められています。売却価格から取得価格を差し引いて求めた譲渡所得（値上がり益）から、3,000万円を控除した金額に対して、20％の税率が課され

図表8-1 固定資産税収の推移

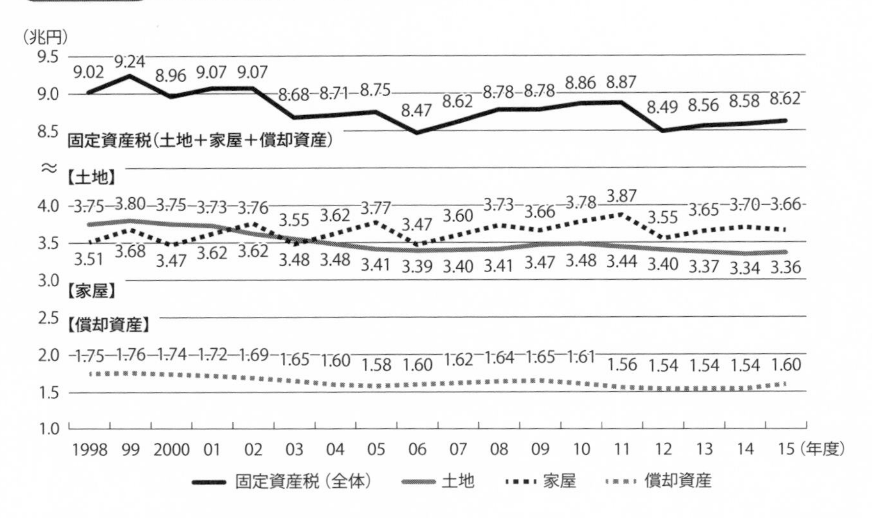

(注1) 2013年度までは決算額、2014年度は決算見込額、2015年度は地方財政計画ベースの収入見込額である。
(注2) 大規模償却資産に係る道府県分(2013決算額:16.9億円)は含まれていない。
(出所) https://www.cao.go.jp/zei-cho/gijiroku/zeicho/2015/__icsFiles/afieldfile/2015/10/26/27zen25kai7.pdfより。

ます。

92年以降の地価の推移をみればわかるように、値上がり益3,000万円が得られる土地や住宅の所有者はそれほど多くありません。相当大きな土地や古くから土地を保有する農家のような所有者が土地を売却する以外は、少ないのが現状です。したがって、税率は無視できませんが、実際には譲渡所得税を支払う人はそれほど多くありません。

これに対して、相続税は土地に固有の税制ではありませんが、土地の保有に無視できない重要な影響を及ぼしています。相続税は実際の納税者はけっして多いとは言えませんが、それは土地を保有することで、節税が可能だからです。遺産として金融資産よりも土地を保有することで、納税額を少なくすることができます。図表8-2は相続税の税収額の推移です。

実際に税収は、図表8-2にあるように、1990年代のピーク時の3兆円弱から次第に低下してきましたが、2010年代から後は再び上昇しています。これは株式や土地といった資産価格の変動が影響していると思われます。

図表8-2　相続税の課税件数と税収の推移

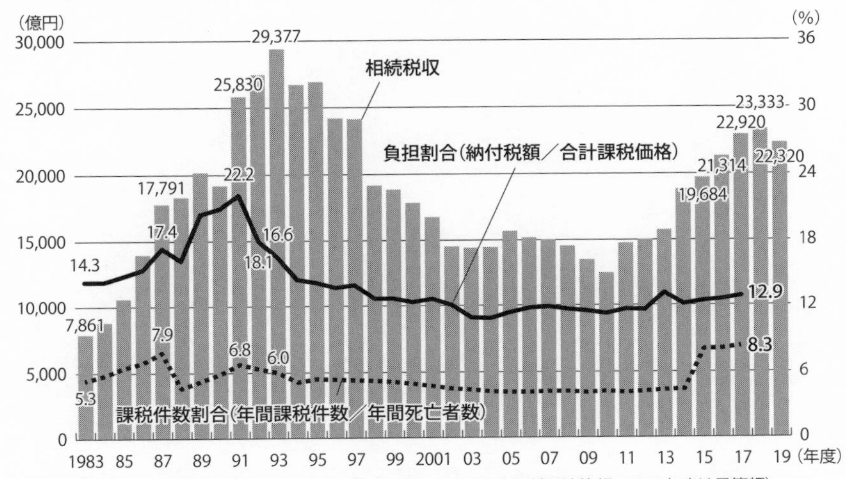

(注1) 相続税収は各年度の税収であり、贈与税収を含む（2018年度以前は決算額、2019年度は予算額）。
(注2) 課税件数、納付税額および合計課税価格は「国税庁統計年報書」により、死亡者数は「人口動態統計」（厚生労働省）による。
(出所) https://www.mof.go.jp/tax_policy/summary/property/141.pdfより。

2018年度はおよそ2兆3,000億円であり、この金額は固定資産税の1/5程度です。相続の件数に占める課税対象の割合もしばらく5%程度でしたが、近年は8%程度まで上昇してきているのが特徴的です。

このように、相続税は課税対象割合も8%と低く、税収額も固定資産税などに比較して低い水準にあります。しかし、このことは必ずしも相続税が土地保有や利用に及ぼす影響が、固定資産税などに比較して小さいことを意味しません。むしろ、相続税のほうが土地市場に及ぼす影響は大きいと言えます。それは、相続税の課税対象が規模の大きな資産所有者であるという点と、相続税の次のような仕組みにあります。

まず、譲渡所得税や固定資産税は基本的に節税することが不可能ですが、相続税は資産を土地にシフトさせるといった生前の対策で、かなりの節税が可能です。この理由は、土地のほうが金融資産よりも課税上の評価が低いからです。第二に、税率が高く累進度も大きいので、節税のメリットもかなり大きいと言えます。それが土地保有や賃貸住宅の供給に重要な影響を及ぼしています。結果的に、これが地価を高め、賃貸住宅市場にも影響を及ぼすことになります。

以下では、土地を相続する際の相続税が、土地・住宅市場にどのような影響を及ぼすかについて考えてみましょう。

3　相続税の意義と問題

そもそも、相続税にはどのような意義があるのでしょうか。その点を考えたうえで、現状の相続税の問題点について考えていきましょう。

人間は生まれながら平等なのでしょうか。例えば、裕福な家に生まれて、何不自由なく育てられる子供もいますし、そうでなく貧乏な環境で育てられる子供もいます。こうした状態を公平と考えることはできないでしょう。経済的な状態だけではありません。健康状態も含めて、すべての人間が生まれながらにして公平であるとは言えません。

そこで裕福な親が子供に遺産を遺す際に、すなわち相続時に相続する財産に課税することによって、より公平な社会を実現しようとすることが考えられました。これが相続税課税の基本的理念と言えるものでしょう。実際、日本の相続税はあとでみるように累進税になっていますので、より高額の遺産に対してはより高い税率が適用されます。

個人の努力によって多額の資産を礎いたとはいえ、それを子孫がすべて相続できるという考え方は、民主的な社会においてなかなか受け入れられるものではないでしょう。親が資産を蓄積できたのは、親の努力だけでなく、運にもよるところが多いと思われます。また逆に子供に十分な資産を遺せなかった人たちも、個人の努力が足りなかったというよりも人生の不運によるところが大きいものと考えられる場合が多々あります。

そうである以上、子孫に遺す財産に対して課税することは一定の合理性があると言えます。もちろん、遺産だけでなく生前の贈与によっても子孫に財産を譲ることは可能ですので、生前の資産の譲渡に対しても課税する必要があります。これが贈与税です。日本では相続税の抜け道にならないように、贈与についても累進的な税制になっています。生前の贈与と相続資産を相続時に合算して総合的に課税する国もあります。

子供や孫への贈与をすべて捕捉するのは現実には困難です。例えば、親が子供のために教育費をかけることは、広い意味での贈与にあたります。教育投資の結果、子供の所得の稼得能力は一般に増加すると言われていますので、投資の収益は子供の所得という形で実現することになります。これらは親からの「見えない」贈与になります。

しかし、これを贈与税の対象とすべきかというと意見が分かれるのではないでしょうか。単純に教育費に余裕のある親かそうでないかという公平性の問題に加え、教育投資には正の外部性があるので、贈与税の対象とするよりは補助金の対象とすべきという議論もあるからです。

いずれにしても、どの程度の相続税を課すかについては、公平性を考えるうえでとても難しい問題があると言えます。この点についてはこの章の最後でもう一度議論することにしましょう。

4　日本の相続税の仕組みと特徴

（1）相続税額の計算

ところで、相続税額の計算は、他の土地税制に比較するとかなり複雑ですので、相続税額の求め方について説明しておきましょう。まず、遺産総額から、相続にかかったさまざまな費用が控除されます。葬式の費用も控除されます。負債がある場合には、この金額も控除されます。そのうえで、一定額（3,000万円）に加えて、法定相続人[1)]の数に比例した金額（一人につき600万円）が控除されます。これが基礎控除です。ここで注意すべき点は、実際の相続の分配額とは独立に、法定相続人の数によって基礎控除が決まる点です。

税額の計算は、下の各式に従って求めることができます。まず（1）式に

1）　法的に有効な遺言がない場合、法律で相続する人の範囲と順位が決まります。それらの人を法定相続人と言います。

あるように、このようにして求められた基礎控除を遺産総額から差し引いたうえで、各人の法定相続分を法定相続比率に基づいて計算します。法定相続比率は、配偶者が遺産総額の半分、そして残りの半分を子供たちが均等に配分すると決められています。法定相続分はあくまで計算上用いるだけで、実際の相続額はそれと異なっていてもかまいません。

次に、(2) 式に示すように、図表8-3にある各人の法定取得分に適用される相続税率を用いて、各人の税額を計算します。このようにして求められた税額から、さらに各相続人に決められた税額控除（図表8-3）を差し引きます。

これらを合計して、相続税の総額が求められます。そのうえで、各人の相続税の負担額については、(4) 式のように、合計された税額に各人の実際の相続割合をかけることによって求めることができます。

(1) (相続財産－基礎控除額（3,000万円＋600万円×法定相続人の数））×法定相続比率＝各相続人の法定相続額・課税標準（A）

(2) 図表8-3の税率×各相続人の課税標準（A）－図表8-3の控除額＝各相続人の税額（B）

(3) 相続人ごとに求めた税額（B）をすべての相続人で合計する＝納税額（C）

(4) 納税額（C）×各人の実際の相続割合＝各人の納税額

つまり、法定相続分どおりに相続した場合の税額を計算し、各相続人はその税額を実際の相続分に比例して負担することになります。したがって、長男が一人で全遺産を相続する場合でも、相続人の兄弟姉妹が多いほど、(1) 式の基礎控除が増加し、課税標準も下がるので、税負担は低くなるという構造になっています。

(2) 日本の相続税の特徴

いま述べた日本の相続税制度にはいくつかの特徴がありますが、ここでは最も重要な二つの点について簡単にまとめておきましょう。第一の特徴

図表8-3 相続税の速算表：法定相続分に応ずる取得金額・税率・控除額

課税標準	税率	控除額
1,000万円以下	10%	—
3,000万円以下	15%	50万円
5,000万円以下	20%	200万円
1億円以下	30%	700万円
2億円以下	40%	1,700万円
3億円以下	45%	2,700万円
6億円以下	50%	4,200万円
6億円超	55%	7,200万円

（注）この速算表で計算した各相続人の税額を合計したものが相続税の総額になる。
（出所）国税庁のホームページ（https://www.nta.go.jp/taxes/shiraberu/taxanswer/sozoku/4155.htm）より。

は、その累進度が高い点にあります。図表8-3にあるように、基礎控除額を超えると最初から10%の税率がかけられ、その後の累進度も高いのが特徴的です。

第二の特徴は、現預金、株式などの金融資産に比較して、土地や建物の課税上の評価が低いことです。金融資産が市場価格に等しく評価されるのに対して、土地や建物の評価はそれに比べると7～8割程度であると言われています。さらに、その土地に建物を建てて賃貸する場合には、相続税の評価はさらに低くなります。これらは借地権や借家権を反映していると考えられます[2)]。

この第二の特徴を利用すると、金融資産を保有するよりも、土地や住宅に投資するほうが相続税対策として有利です。さらに土地に建物を建ててアパート経営をすることは、土地の評価がさらに下がるために、相続税の節税対策として重要であることはよく知られています[3)]。この点について

2) これとは別に、農地の場合には特別の税額控除があります。1975年に導入されて、長期営農（生産緑地）制度によって農地に対する相続税は実質的に免除されています。また、固定資産税も大幅に減額されます。この制度は2022年度に廃止されることが決まっています。

は、次節以降でくわしく考えてみましょう。

(3) 金融資産と土地・住宅で相続した場合の納税額の比較

次のような例を用いて実際の納税額を計算してみましょう。いま金融資産で3億円の遺産を2人の子供で相続するケースと、それと同額の土地・住宅で相続するケースを比較してみましょう。相続人は2人の子供だけとします。

金融資産で相続するケースでは、基礎控除が4,200万円ですので、各相続人の課税評価額は3億円－4,200万円＝2億5,800万円です。子供一人の課税標準は、1億2,900万円です。

これに対して、土地・住宅を相続する場合はどうでしょう。3億円の土地・住宅の課税評価額を市場価値の8割とすると、それは約2億4,000万円になります。ここでの基礎控除は同じく4,200万円です。これを控除すると、土地で相続する場合の課税標準額は1億9,800万円です。したがって、子供一人当たりの課税標準額は約9,900万円になります。

図表8-3の該当する税率を用いて、二つのケースの納税額を求めてみましょう。

金融資産で相続するケースの各相続人の納税額
＝1億2,900万円×0.4－1,700万円＝3,460万円
土地・住宅で相続するケースの各相続人の納税額
＝9,900万円×0.3－700万円＝2,270万円

この結果、相続人2人の納税額の合計額は6,920万円と4,540万円です。

実質的な市場価値は同額であるにもかかわらず、納税額には2,380万円の差が生じます。つまり、土地・住宅で保有していたケースは、金融資産

3) 2019年現在では、税額控除としては、図表8-3にはありませんが、配偶者の税額控除が最も大きいものです。配偶者が実際に相続した正味遺産総額が1億6,000万円以下、あるいは1億6,000万円を超えても正味遺産総額に対する配偶者の法定相続分までは税額が控除されます。したがって、実質的な意味で配偶者は法定相続分を相続する限りにおいて税額はゼロとなります。

で相続するよりも2,380万円の節税になります。この金額は相続額の約7.9%（＝2,380/30,000）にもなります。

土地の評価を7割にして税額を計算すると、基礎控除後の金額は1億6,800万円になり、8,400×0.3－700＝1,820万円が一人当たりの納税額になります。その結果、納税額の合計は3,640万円で、節税額は3,280万円とさらに大きくなります。したがって、土地での節税額は遺産総額の10.9%に拡大します。

このように、土地・住宅で遺産を残すことは金融資産に比較して、はるかに有利です。さらに、この土地・住宅を賃貸すると、後述するように大きな節税が可能になります。

5　相続税と住宅の賃貸借市場

それでは、こうした特徴をもった日本の相続税制が、住宅の賃貸借市場にどのような影響を及ぼすかについて考えてみましょう。都市近郊にけっして良質とは言えないアパートがたくさん建設されています。これらは相続税の節税対策として建てられた可能性が高いと思われます。とくに農地を宅地に転用して建てられたアパートが、賃貸借市場に無視できない影響を及ぼしていると考えられます。この点について考えてみましょう。

（1）農家の節税対策

都市近郊の市街化区域内にある農地を大規模に所有している農家にとって、土地を遺産として遺していくときに、どのように節税をするかという点はきわめて重要です。農家に潤沢な流動性があり、生活資金が容易に調達できる場合には、農家は何もしないのがよいです。とくに都市近郊の農家であれば、生産緑地の指定を受けることによって、相続税は実質的に免除されます。生産緑地に指定されると、長期間にわたって営農することが義務づけられますが、その認定は形式的なものにすぎず、乱暴な言い方をすると、宅地に転用しなければよいという程度です。

実際、生産緑地には、手入れの簡単な桑の木や野菜が植えられているケースが多いのです。東京や大阪・名古屋といった大都市圏にも、こうした生産緑地が依然として存在します。これらの農地は相続税だけでなく、固定資産税の減免も受けているので、できるだけ転用や売却は遅らせたほうが農家にとっては有利です[4)]。

しかし、そうした農業では十分な収入を得られない農家にとっては、所得を得るために、生産緑地の一部を売却することによって、収入を得る必要があります。郊外に農地を転用して開発された30坪足らずの宅地分譲地や小規模のアパートが数多くみられるのは、こうした理由です。

その際にも、農地を売却して金融資産で相続する場合と、相続時点を考慮して、農地を宅地に転用してアパート経営をする場合には、納税額は決定的に異なります。農地を売却譲渡すると、その際にまず譲渡所得税がかかります。譲渡所得税は農地を売却した価格から農地の取得価格を引いた値上がり益、すなわちキャピタルゲインについて課税されます。一般に農地の取得時点は古いので、譲渡所得税の控除額3,000万円を上回るケースが多いと思われます。さらに、売却資金を預金で相続する場合には、そのまま相続税がかかるという意味で、こうした農家は譲渡所得税と相続税のかなり高い税率に直面することになります。もちろん、相続時点までの間にその売却資金を使って消費してしまえば、相続税負担は増えません。

したがって、農地を売却して小規模宅地で分譲するような農家は、小規模に宅地を分譲して、売却益を小額にして、譲渡所得税や相続税負担をできるだけ減らそうとします。

(2) アパート経営が有利な理由

これに対して、農地を宅地に転用して、そこにアパートを建設する場合はどうでしょうか。まず、農家は土地を売却しないで済むので、この場合には土地譲渡所得税を負担する必要はありません。家賃収入が得られるので、生活資金や流動性を確保することもできます。また、その農地の上に

---

4) 金本（1994）や浅田ほか（2002）を参照。

資金を借りてアパートを建築・管理をする場合には、資金の負債額は相続課税対象の資産から金額控除されます。

仮に1億円を借りて（負債）1億円のアパート（資産）を建てると課税上何が起こるのでしょうか。確かに純資産（資産－負債）は増加も減少もしていません。しかし課税対象となる資産の評価が以下の二つの点において大きく変化します。ひとつは、1億円の借金をして賃貸住宅を建てることによって、土地の評価が下がります[5)]。

第二に、そこにアパートを建設、賃貸すれば借家権の割合だけ、建物の評価も下がります。およそ建物の価値の3割程度が借家権の価値として減額されると言われています。すると1億円の貸家であれば課税上は7,000万円くらいの価値しかありません。既に述べたように、土地の評価も下がることになるので、1億円の負債で課税の対象となる遺産評価額をかなり減らすことができます。

さきほどの子供2人で3億円の土地を相続する例を用いると、土地は8割で評価されるとすると、2億4,000万円になります。さらに1億円の借入れで、その土地上にアパートを建設すると、基礎控除を除いた相続税評価額は1億5,000万円以下になるでしょう。そのときの相続人の課税評価額は7,500万円以下になるので、一人当たりの納税額は、多くとも7,500万円×0.3－700万円＝1,550万円になります。

その結果、2人の納税額の合計は3,100万円となりますので、金融資産での納税6,920万円と比較すると、この差は約3,820万円になることがわかります。土地だけで、借金をしてアパートを建てない場合に比較して、さらに1,440万円（＝3,820－2,380）節税額は増加します。

繰り返すことになりますが、負債額は1億円増えるので、この部分について相続資産は1億円だけ減少します。他方、資産評価額はそれと同額だけ増加しないために、相続資産の課税評価額が減少するので、このようにかなりの節税になります。都市近郊の農家がアパート経営に積極的に乗り

5） 相続税や固定資産税の算出にあたって、住宅用地と非住宅用地を比較すれば、住宅用地が税金が軽減されるように課税標準が算定される仕組みがあります。建物の建っていない更地は非住宅用地になりますので、税金が高くなります。

出すのは、こうした相続税の節税メリットがあるおかげです。

(3) ワンルームマンション投資の有利な理由

こうした農家以外にも、多額の資産を所有している人にとって、相続税対策は重要な問題です。多額の資産をもっている人々の有効な方法は、マンションを購入し、それを賃貸することです。バブルと言われた時代には、借金をしてワンルームタイプのマンションを購入する人々が数多く出現しました。1980年代の後半から生じた地価の上昇を受けて、多くの人々が相続税の累進的な税率に直面しました。地価の上昇により遺産の額が高まったために、以前より高い税率のもとで相続税を支払わなければならないという事態になりました。

その当時、典型的な相続対策として考えられたのは、銀行から資金を借りてワンルームマンションを購入することでした。ワンルームマンションを購入して、それを賃貸すれば、資産の評価を大幅に下げることができたのです。こうした節税のメリットは、税率の累進度が高いので、無視できないものとなります。

課税上の資産の額を圧縮することによって、例えば、1億円以上の資産を相続する人にとっては、図表8-3からわかるように、こうした節税対策によって課税評価を1億円以下にすることによって、税率を40%から30%に大幅に下げることができます。これは遺産の額の大きい人にとっては、きわめて重要です。その結果、相続が発生する前に銀行から資金を借り入れて、ワンルームマンション投資をすることによって、かなりの額の節税を達成できたのです。

こうしたことが、相続対策として重要であるという指摘が、税理士によって雑誌や新聞などでも紹介されています。これからくわしく述べるように、相続税が原因となって、賃貸住宅市場ではあまり良質とは言えない住宅が供給されることになります。とくに、農家やサラリーマンのような素人がアパートやマンション経営をすることは、賃貸住宅市場を歪める原因になっていると考えられます。

6　賃貸住宅市場への影響

農家にとってみると、なるべく安いコストで節税したいために、アパートの建築に十分な費用をかけたくないという事情があります。もともとこうした節税目的の農家が、アパート経営のノウハウやリスクを十分に理解しているとは言えないうえに、土地や住宅についての相続税を節税することが目的ですので、こうした農家にとって質のいいアパートを建設し、健全なアパート管理をするインセンティブに乏しいのです。なるべく安い資金で建設費を賄うことができれば、それでいいのかもしれません。

その結果、賃貸住宅市場では、質の必ずしもよくないアパートや賃貸住宅がたくさん供給される結果になります。ワンルームマンションについても相続税対策として購入されるために、ワンルームタイプのマンション価格は上昇し、それに対してワンルームマンションの家賃は低下する傾向にあります。

借地借家法とワンルームマンションとの関係を少し解説しましょう。借地借家法は、新規に入居する場合は自由な契約ができますが、2年程度の契約更新時期に借家人が契約更新を望んだ場合には大家さんは、正当事由という特別な理由がない限りそれを拒否できません。このため、大家さんは一度貸したら返ってこないかもしれない、あるいは家賃を上げようとしても借家人が拒否した場合には、それを実行することができないという心配をもつことになります。

学生や単身者のように移動率が高い借家人は短期で住まいを変えることが多く、そのような人たちがメインのターゲットであるワンルームタイプの賃貸マンションは借家法の制約が小さいということができるかもしれません。このためワンルームマンションは、貸す側にとって有利であると言えます。これに対して、規模の大きな賃貸マンション、すなわち、ファミリータイプの借家は居住権が保護されやすいので、投資家には有利ではありません。したがって、相続税の節税対策として、ワンルームタイプのマンションが購入され、賃貸されるのです。

ところで、日本では法人がアパートを所有して経営している事例が少ないように思われます。それはどうしてでしょうか。

アパート経営がどのような投資家に有利かどうかは、一定の期間で生じる収益率でわかります。この点をアパート経営の期待収益率で考えてみましょう。アパートを建設し、それを運用するときに得られる期待収益は、家賃と予想値上がり益（キャピタルゲイン）の合計から、税金や管理のために必要な諸費用を差し引いたものです。したがって、期待収益率は、その値をアパート価格（建設費＋土地価格）で割ったものになります。

つまり、相続対策としてのワンルームマンション投資や農家のアパート経営の期待収益率は、(5) 式で示されます。収益を示す分子に節税額が加えられている点に注意してください。

$$\frac{\text{家賃＋値上がり益－税金・管理費＋節税額}}{\text{アパート価格（建設費＋土地価格）}} \tag{5}$$

これに対して、法人のような機関投資家がアパート経営をするときの期待収益率は、次式で示されます[6)]。言うまでもなく、機関投資家のような法人には、相続税が課税されないので、節税額は発生しません。節税額が含まれる分だけ (5) 式のほうが (6) 式より大きいのです。

$$\frac{\text{家賃＋値上がり益－税金・管理費}}{\text{アパートの価格}} \tag{6}$$

その結果、相続税対策として、アパート経営やワンルームマンション投資の収益率は高くなり、かなりの資金がこれらに投入される結果、土地需要やマンション需要が増えるので地価やワンルームマンション価格は上昇

6） 通常、新聞広告などで紹介されている家賃利回りは家賃/物件価格で、そこには値上がり益や税金などの費用は含まれていません。

します。他方、ワンルームの賃貸市場でのアパート供給が増加するため、家賃は低下します。いま述べたように、相続税節税のメリットの分だけワンルームマンションの家賃は下がり、他方ワンルームマンションの価格が上昇する結果、法人が投資する際の収益率（(6) 式）はけっして高いものとは言えません。

それに対して、収益率に節税のメリットを加えた (5) 式の値は、すでにみたようなかなりの金額の節税額が生じるため、高い収益率をもたらすと考えられます。したがって、節税のメリットがない機関投資家にとってみると、こうしたワンルームマンションへの投資はけっして割に合うものではないことがわかります。これが専門的な投資家にとっては大きな障害となっています。この意味で相続税は、リーズナブルな家賃で良質なアパートを供給しようとする法人のインセンティブを阻害していると言えます。すなわち、相続税制の歪みがあるために生じる節税額が、法人のアパート経営への参入を阻害していると言えます。

7　空き家と相続税

相続税との関連で注意すべきことは、とくに地方や郊外に多くみられる空き家の存在です。第2章で議論しましたが、空き家の存在は、治安上の観点だけでなく、防災上の観点からも問題視されています。どのような理由から空き家が生じるのかについて、ここで簡単にふれておきましょう。

空き家は相続時点で空き家になる可能性が高いのです。これは相続税制によるものと思われます。既に明らかなように、相続税があるために、結局住宅や土地を利用せずとも保有しておくことが有利です。そのために、土地を売却せずに、そのまま保有し続けるといったことが起こります。そのため、もし人口の減少などによって賃貸住宅の需要が減少している場合には、賃貸もできず、空き家のまま放置される結果、治安の悪化が問題とされます。この点は第2章でくわしく議論したところです。

既に述べたように、多くの人にとって、節税目的で不動産を所有することが有利です。その結果、相続時点まで住宅や土地を所有し続けることで、有効利用の機会を逃してしまい、空き家や空き地が増えることにつながると思われます。

他方で、資産家にとっては借金をしても不動産を購入することが節税目的で有利なので、アパート経営やワンルームマンション投資を拡大します。これは賃貸住宅の供給を意味するので、郊外にある古い賃貸住宅の借家需要を奪うことになります。これがさらに空き家に拍車をかけることになるのです。

空き家が大量に存在しているにもかかわらず、相続税制の歪みのために、賃貸住宅が節税目的で毎年大量に供給されています。このような矛盾を解消するためには、早急に相続税制の歪みを解消する必要があります。

8　おわりに

この章では、相続税が土地・住宅市場にどのような影響を及ぼしているかについて考察しました。土地に対する相続税評価が金融資産に比較して低いために、遺産として土地や住宅を保有することが有利です。金融資産で多額の遺産を相続するよりも、土地や住宅で相続したほうがかなりの節税になります。

このため、平均的なサラリーマンにとって、住宅ローンを借りて土地・住宅を所有することが有利です。第10章で明らかにしますが持家は情報面でも有利なので、購入した住宅に自分で住むことになります。

さらに多額の資産保有者は、生前から相続税の節税対策として、土地や住宅に資産をシフトさせています。金融資産を減らして（あるいは負債を増やして）、土地や住宅を購入することで相続税の納税額を減らそうとしています。こうした人たちは賃貸住宅経営に乗り出すことで節税をしています。

この結果、第一に土地需要が増え地価を高めることになります。第二に、住宅に対する需要も増加し、それが賃貸住宅の供給を増やすことになります。これは賃貸住宅の家賃を低下させる結果、法人企業による賃貸住宅の供給を阻害することになると考えられます。法人企業の土地住宅所有に対しては、本来相続税が影響を及ぼす余地はないので、法人企業には土地住宅所有へのインセンティブは生じません。これが、個人の賃貸住宅経営を有利化し、法人企業のそれを不利化します。そのため、日本では、他の先進国のような法人による賃貸住宅経営が少なくなっていると思われます。

こうした賃貸住宅の供給増は、空き家を増やす結果になります。相続税の節税額がきわめて大きいために、資産家は借金をしてアパート経営や不動産賃貸を始めることが有利になります。そのため、競争に不利な郊外の古いアパートから借家人が新しい賃貸住宅に移る結果、古いアパートが空き家になっていきます。空き家を減らそうとしているのにもかかわらず、相続税制上の歪みが空き家を増やしているというのは何とも皮肉な話です。

こうした相続税の課税上の歪みを減じ土地住宅市場を効率的にするためには、土地や住宅を市場価格で評価する必要がありますが、土地や住宅は取引回数が少ないために、評価を市場価格に等しくすることは現状では難しいかもしれません。米国のように、ウェブサイトで、近隣の土地や住宅価格を簡単に検索できるシステムがあれば問題はありませんが、日本では、この可能性は現状では低いと思われます。情報開示システムの整備を早急に進める必要があります。

もうひとつの税制改正は累進度を低下させることです。税率をフラットに近いものにすることで、土地保有による節税額をかなり抑えることができます。さらに抜本的な改正として、相続税を廃止するということも検討すべきであるように思われます。相続税の意義を考えるところで述べたように、確かに相続税は公平性を実現するために必要だと思われますが、土地・住宅の評価を市場価格まで引き上げることが現実的でないとすると、消費税増税をする際に相続税を廃止してしまうことも考えられます。

しかし、こうした改正に対しては、富裕層の負担を低下させるという人々の直感のために、資産の分配をより不公平にするという反論が常に引き起こされます。このような反論が誤解であることをていねいに説く必要があります。現状でも、大きな節税額のおかげで、富裕層は相続税を逃れている可能性が高いのです。

この点に関連して、最後に外国の相続税についてみておきましょう。まず米国の遺産税の特徴は、贈与税とセットになっており、生前の贈与と遺産の合計に対して、課税されます。また、総遺産額に課税されるので、相続人の多寡は税額に影響を及ぼしません。しかし、現在は遺産税廃止の方向も含めて議論されており、今後も改正があると考えられます。2018年時点では、多額の基礎控除（1,118万ドル）が認められており、その額を超えた遺産額についてのみ、18～40％の税率で課税されます。

また、英国は一定の税率を採用しているため、節税の効果は小さいと考えられています。カナダやオーストラリアなどの国は、既に相続税を廃止しています。この点は、消費税の増税を考えるうえで、注目に値すると考えられます。消費をする時点で課税ができれば、相続税の存在意義は乏しいものになります。相続は将来の子孫の消費を支えるためのものです。したがって、子孫が消費する時点で課税されるとすると、相続時点での課税は不必要となるかもしれません。

第9章
どんどん進む高齢化にどう対応すればいいの？

1　はじめに

「消費者が不動産を所有して住宅サービスを得る」ことと、「不動産を誰かから借りて住宅サービスを得る」ことは、さまざまな制度的な要因を考えなければ大きな違いはないはずです。同じものならば、同じ価格がつくはずです。持ち家とは、「(住宅ローンを借りて）住宅を購入して、(ローンを返済しながら）住宅サービスを消費する住まい方」です。これに対して、借家とは、「ローンの返済という形ではなく、賃料の支払いという形で住宅サービスを消費する住まい方」です。両者は本質的に異なることはなく、持ち家で購入する住宅の質と、賃借する住宅の質が同じであれば、持ち家を保有する際のコストと借家の場合の家賃は等しくなります。

しかし、第10章で詳細に論じますが、情報の非対称性やさまざまな制度的な要因から、持ち家と借家の間には大きな質の差が発生しています。現に2013年時点で持ち家の一住宅当たり延べ床面積は122.32㎡ですが、民営借家のそれは44.39㎡にすぎません。さらに、日本では税制上、持ち家に対するさまざまな補助がされています。とくに前章では相続税において、不動産として資産を保有することに強いインセンティブが与えられるため、高齢者が不動産資産を「もちすぎる」可能性を示しました。

相続税の課税においては、金融資産が市場価格で評価されるのに対し

図表9-1 年齢階級別、所得階級別持ち家率の推移

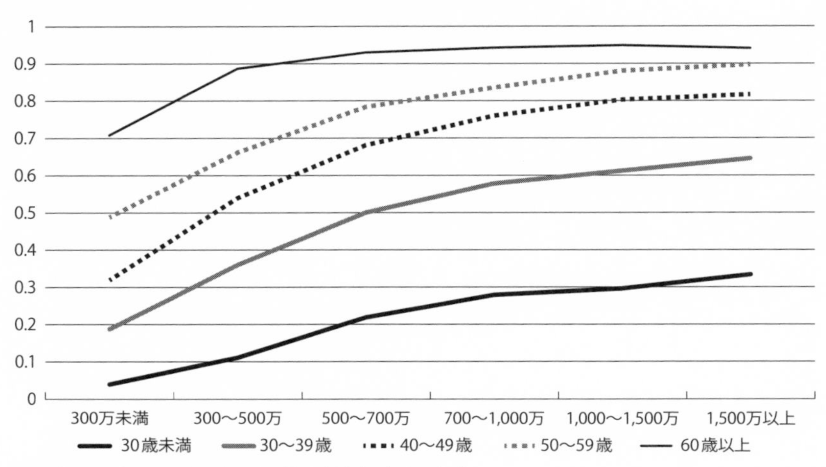

（出所）「住宅土地統計調査」（2013）（総務省統計局）より作成。

て、土地や住宅は一般に市場価格の70～80％程度でしか評価されません。そのため平均的なサラリーマンが購入する郊外の住宅は、土地を含めて相続しても相続税の基礎控除内におさまりますので、相続税を支払わずにすみます。実際に相続税が発生するのは、相続件数の5～8％という水準にあります。しかし、高齢者が保有する住宅を売却してしまって、このあとに金融資産で相続する場合は、課税評価は20～30％上昇します。相続税の税率は高いので多額の税負担が発生するかもしれません。そのため、高齢者は住宅や土地を亡くなるまで売ろうとはしません。

そのような環境の中、人々は年齢を重ねるにつれてどのような資産選択をして、高齢者はどのような住まい方に到達しているのでしょうか。図表9-1は、住宅土地統計調査（2013年）に基づき、所得階層別、年齢階層別に持ち家率をみたものです。ここからは、所得が上がるにつれ、年齢を重ねるにつれ持ち家率が上昇していく様子が描写されています。この動きを持ち家、借家別により詳細にみてみましょう。

図表9-2は、各年齢階層の持ち家居住者のうちの所得階層別の比率を描写したものです。年齢に応じて頂点が右にシフトしており、主たる持ち家

図表9-2 持ち家居住者の年齢階層別、所得階層比率

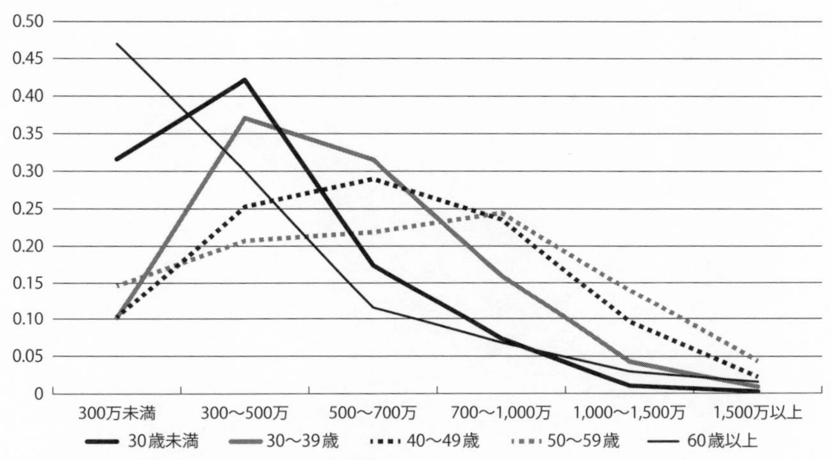

（出所）「住宅土地統計調査」（2013年）（総務省統計局）より作成。

居住者の所得階層がより高いものになっていることが明確にわかります。ただし、60歳を超えると定年を迎え所得が急激に低下するために、300万円未満の所得階層が、持ち家居住世帯でも最も多いグループとなっています。日本の雇用体系では年齢に応じて所得が上昇していくことが一般的ですから、それに応じて金融機関からの資金調達額も増加することを考えれば、図表9-2は容易に理解できます。

これに対して、図表9-3に描かれている、借家居住層の主たる所得階層はまったく別の動きをしています。30〜39歳の階層についてはやや異なる動きを示しますが、その他すべての階層で右下がりのグラフで借家居住者の多くが、300万円未満の最も低い所得階層で固定されています。60歳を超えてその傾向は一層強まっています。

日本の雇用体系においても、年齢に応じて所得を増やすことのできない職業や働き方の人たちが存在します。非正規雇用や何らかの事情によりさまざまな職業を転々と変更した場合、年齢に応じた所得上昇は期待できません。図表9-2および図表9-3からは、年齢に伴う所得上昇の結果、ほとんどの人々は持ち家を取得し、それから取り残された者が高齢期において

図表9-3　借家居住者の年齢階層別、所得階層比率

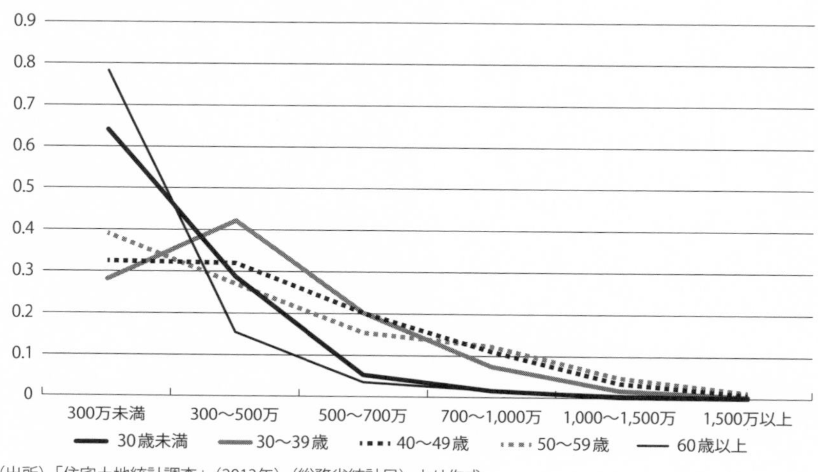

（出所）「住宅土地統計調査」（2013年）（総務省統計局）より作成。

も借家という居住形態の選択を余儀なくされていることがわかります。

2　過剰なのに処分、利用できない不動産資産？

この結果、何がもたらされているのでしょうか。

政府の住生活基本計画で示されている誘導居住水準という概念があります。これは政府が「国民がこの程度の住宅に住むことが望ましい」という観点から、住宅政策によって誘導を図ろうとする、言わば目標となる居住水準を指しています。家族の人員や住宅の建て方に応じて求められる居住水準は異なります。一戸建てを前提とした一般型誘導居住水準は4人家族で125㎡、共用部分で住宅サービスの一部を得ることのできる共同建住宅を前提とした都市型誘導居住水準では95㎡となっています。そのような水準を政府が決めることができるのかという点に関する議論には、ここでは立ち入らないことにします。

この達成状況を年齢別にみてみましょう。一戸建てを前提とした一般型誘導居住水準の達成状況を示した図表9-5で特徴的なのは、水準以上の住宅に住んでいる世帯が、子供が独立して世帯分離を始める50歳代から急速に上昇していることです。75歳以上の世帯においては、450万世帯が一般型誘導居住水準以上のかなり広い家に住んでいることがわかります。これに対して、図表9-4にあるように、都市型誘導居住水準未満の住宅に住んでいる、子育て期間中の若い世帯をはじめとした数多くの世帯が存在しています。人々が自分のライフサイクルで家族の人数が一番多くなる状態を想定して、それに必要な広さの住宅を購入し、その後その不動産資産の処分や利用ができなければ、このようなことになります。

ここで住宅サービスを少し広めに考えてみましょう。「住む」ことによって得られる住宅サービスは、「広くて、立派な施設から得られるもの」のみならず、「そこに住むことの快適性や安心など、コミュニティや家族との関わり合いの中から得られるもの」もあるでしょう。もしものときの「見守り」などは、後者に属すると考えることができます。おそらく、人々は年齢にともなって、立派で広い住宅から得られるものよりも、人との関わりから得られるものを、より大切に思うようになるのではないでしょうか。

そうだとすると、高齢者が現在住んでいる広すぎる住宅を売却あるいは賃貸することで、別のサービスがついている住宅に住み替えることはきわめて理にかなったことです。それは高齢者自身のためになるだけでなく、より安価な既存住宅やより広い賃貸住宅を、若い子育て期の世帯等に供給することによって、社会全体の利益につながることになります。しかし第11章でくわしく述べますが、日本の既存住宅市場は十分に機能していない状況にあると考えられます。

さらに第10章で詳述しますが、借地借家法により賃借人の権利が強く保護されている日本では、図表9-5に示した高齢者が抱える過大な不動産を再配分することで、全体の居住水準をライフステージに応じて上げることはそれほど容易なことではありません。

このため現在、サービス付き高齢者住宅という、最低限でも見守りサービスを付けた住宅に対して、補助金や税制上の優遇、金融上の支援をしています。そしてその供給は大きく増加しています。このような高齢者の身

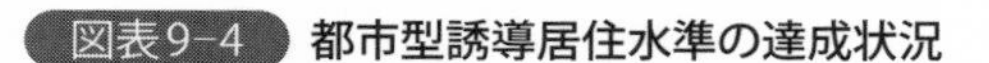

図表9-4　都市型誘導居住水準の達成状況

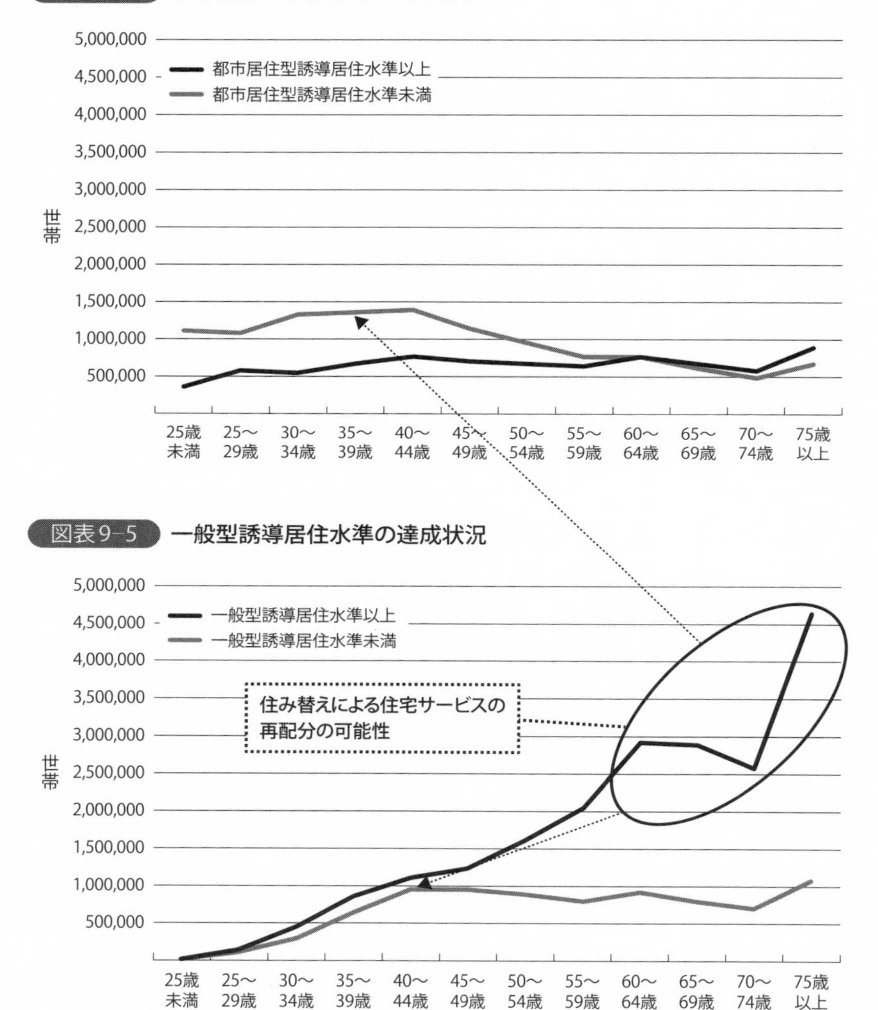

図表9-5　一般型誘導居住水準の達成状況

（出所）「住宅土地統計調査」（2013年）（総務省統計局）より作成。

体的特徴に配慮した機能を備えた（バリアフリー、見守りサービス付き）住宅の供給を増加させることで、図表9-4のような大きすぎる戸建て住宅に住む高齢者の住み替えを促進し、子育て世代への広い住宅の提供など、両者にとってWin-Winな解決が意図されたのかもしれません。

しかし、実際にサービス付き高齢者住宅の増加によって、高齢者が住んでいた戸建て住宅の流通が大きく増加したわけではなさそうです。これは既存住宅市場の活性化、借家権保護の見直しなどのより根本的な対応の重要性を示唆するのかもしれません。

また、図表9-3でふれたように、高齢期を迎える前までに十分な資産を形成することができなかった結果、賃貸住宅に居住している人たちがいます。これらの人たちは、賃貸住宅市場における高齢者差別に直面します。

職業や職場、家族構成が変わることで、家を借りても短期間で転出することが多い若い人に比べて、高齢の借家人は長期間その借家に住まい続けることが多いと言われています。借地借家法の借家権保護を考えれば、いったん入居させたら部屋を返してくれなくなるかもしれない長期間居住する居住者を、大家さんは回避したいと考えるのは自然なことでしょう。

高齢者でも長期間居住する人とそうではない人がいるのは当然としても、大家さんはその二つのタイプを見分けることができません。借りる側は自分がどのくらいの期間居住するかを（もちろん）知っていますが、貸す側はそれを知ることができません。そのため、いわゆる情報の非対称性と呼ばれる状態が出現しています。

このとき、大家さんは、長期にわたって住み続ける可能性が高い高齢者というグループを、丸ごと差別して入居を拒否することになります。これを統計的差別と呼びます。また、身体状況が変化しやすい高齢者が誰にも看取られることなく亡くなって、長期間気づかれなかった場合に、その部屋を市場価値のある状態に修復するには、一定のコストがかかりますし、隣の住民は出て行ってしまうかもしれません。

このようなリスクをできるだけ回避したいという、経済合理的な判断がこの差別を生んでいます。このため、高齢者に対する差別を禁止するという一見もっともらしい安直な対応は事態を悪化させるだけでしょう。借家に取り残された高齢者の生活の質を、どのようにして改善していくのかについては、再分配を扱った第3章に詳述しているので、そちらを参照ください。

3　高齢者はどこに住むのか？

そうは言っても、現在、高齢者関連の住宅政策と医療・介護・福祉政策の連携が急速に進みつつあります。例えば2009年に「高齢者居住安定確保法」の改正が行われ、都道府県には高齢者居住安定確保計画策定が義務づけられるとともに、2011年以降、見守りなどのサービスを付帯させた「サービス付き高齢者住宅」が急速に整備されています。

また、2015年の第6期介護保険事業計画からは、市町村に対しても、高齢者の住まいの確保と生活支援サービスの確保に向けた計画策定が求められることとなりました。地域包括ケア体制という、医療、介護、福祉、住宅、予防サービスを、それぞれの住み慣れた地域において総合的に供給する体制の構築が進められています。

日本では伝統的に、家族がひとつの住宅に同居して、高齢の親の介護や生活支援サービスを引き受けることにより、高齢期の生活の質を担保してきました。しかし、このような生活モデルはもはや少数となっています。家族が分散的に、これらのサービスを提供することができないとすれば、介護や生活支援サービスについては、規模の経済性や集積の経済を生かして提供する手法に変更せざるをえません。

前述のとおり、土地住宅市場が適切に機能していれば、住宅や不動産資産を売却、賃貸化して、それらのサービスを市場から購入すればいいでしょう。そのような場合、高齢者の住み替え先として、高齢者が一定に集積することで身体状況に応じたサービスを安価に提供できる、欧米諸国のナーシングホームのようなビジネスが自然に生まれてくるかもしれません。しかし、土地住宅市場が十分に機能していない場合は、高齢者の身体状況に合致した高齢者住宅の供給は、過小なものとなるかもしれません。また、高齢者の集積も不十分なものとなる可能性もあります。

現在展開されている高齢者住宅政策と地域包括ケア体制は、住宅市場の不完全さを補うという点に、その意義を見い出すことができます。しかし、今後急速に進む人口減少を考えた場合、地域包括ケア体制をすべての地域に展開することは困難だと思われます。この場合、高齢者の定住を前提とする政策から、高齢者の移動を明確に意識した政策に転換することが求められます。

(1) エイジング・イン・プレイスが可能な環境とは?

地域包括ケア実現のためには、医療、介護、福祉(生活支援サービスの推進)、住宅(高齢者住宅と生活支援拠点の一体的整備)、病気やけがの予防の取り組みが、包括的かつ継続的に行われることが必須であると考えられています。先進各国の高齢者政策は、共通して「住み慣れた地域での高齢者の生活を支えること(エイジング・イン・プレイス)」という大きな方向性を指向しており、日本の地域包括ケア体制もこの潮流にも沿ったものとなっています。

しかし、高齢者が住み慣れた地域でケアサービスを提供し続けるという仕組みは、人口減少、少子高齢化が急速に進むという環境のもとで維持可能でしょうか。地域におけるケアサービスの供給の効率性は、さまざまな要素から影響を受けます。とくに重要だと考えられる要素を二つ挙げましょう。ひとつは、その地域および近隣地域において、どれだけの生産年齢人口が存在しているか、つまりケアサービスに必要な労働力の確保がどれだけできるかという点です。

二つ目は高齢者の人口密度です。ケアサービスは労働集約的なサービスであり、需要者である高齢者の移動や搬送のコストが高いため、高齢者が一定の密度で集積していることも、その効率性に大きな影響を及ぼします。ケアサービスのレベルとこの二つの要素のトレードオフ関係を表したものが、図表9-6になります。

例えば、高齢者が分散していても、その高齢者に同居家族がいる場合(支え手人口比率が高い)には高い質のケアサービスを受けることが可能になります。しかし、若い人たちが転出して生産年齢人口が減少してしまった地域においても、一定の高齢者人口密度のある地域では、集約的なサービス提供を行うことによって、ケアサービスの質を確保することができます

図表9-6　支え手人口比率と高齢者人口密度のトレードオフ

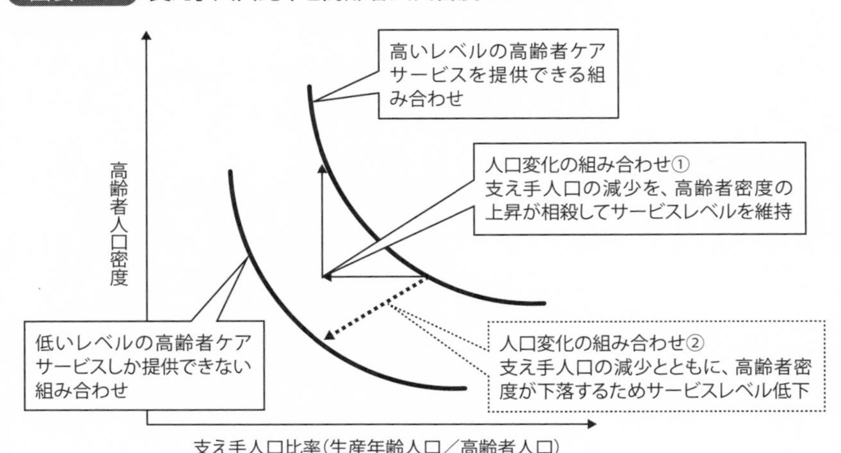

（図中①のような人口変化の組み合わせ）。このように、支え手人口比率と高齢者人口密度はトレードオフの関係にあるため、右下がりで描かれています。

一方、支え手人口比率が低下し、同時に高齢者の人口密度も低下した場合には、ケアサービスの質は低下してしまうことになるでしょう（図中②のような人口変化の組み合わせ）。

（2）支え手人口比率、高齢者人口密度の変化

それでは各地域において、地域のケアサービス供給の効率性に影響を与える二つの要素がどのように変化するかをみてみましょう。「日本の地域別将来人口」（2018年）（国立社会保障・人口問題研究所）を用いて、日本の市区町村別に、高齢者人口密度と支え手人口比率が将来どのように変化するかを散布図にしたものが図表9-7および図表9-8です。

図表9-7では現在を描くものとして、すべての市町村の支え手人口比率の2015～2020年にかけての変化率を横軸に、高齢者人口密度の変化率を縦軸にしたグラフをプロットしています。現在は、大部分の市区町村は高齢者人口密度が上昇して、支え手人口の比率が低下する領域に属しています（第Ⅱ象限）。このような変化は図表9-6の（高いレベルの高齢者サービスを

図表9-7 支え手人口比率と高齢者人口密度の変化率（2015～2020年）

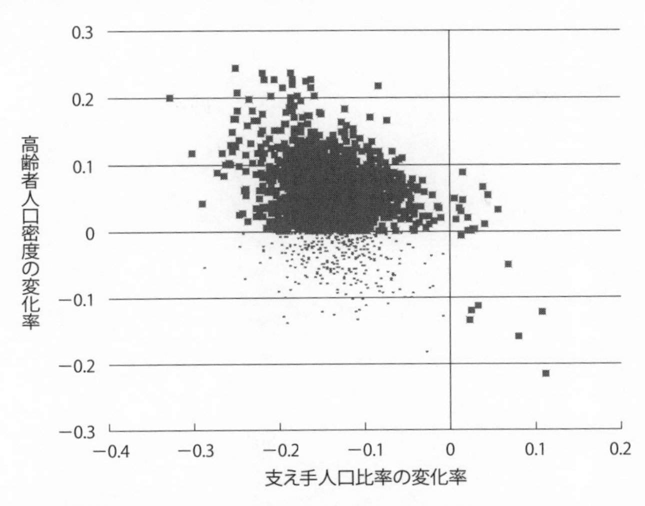

（出所）「日本の地域別将来人口」（2018年推計）（国立社会保障・人口問題研究所）より作成。

提供できる）曲線上の移動に近いものと解釈することができるでしょう（図中①のような人口変化の組み合わせ）。

前項で、「支え手人口比率」と「高齢者密度」はトレードオフ関係にあると書きましたが、両者の一方が低下しても、もう一方が上昇すれば、ケアサービスの質は同じ水準を確保できる可能性があります。高齢者人口密度が低下し、高齢者密度も低下する第Ⅲ象限にその市町村がいない限り、人口減少、少子高齢化など心配な環境変化にもかかわらず、ほとんどの市町村においては高齢者のケアサービスの質を低下させることなく何とか対応することができるかもしれません。

第Ⅲ象限に属する、二つの要素がともに悪化する市区町村を図表9-7では小さなドットで表していますが、この期においてそのような市町村は、全市区町村の18％にすぎません。これは2000年代から人口減少は始まっていますが、その程度は大きなものではなく、高齢化の影響が大きいため、2020年ころまでは高齢者人口密度の上昇が多くの市町村で起こることに基づいています。

図表9-8　支え手人口比率と高齢者人口密度の変化率（2040～2045年）

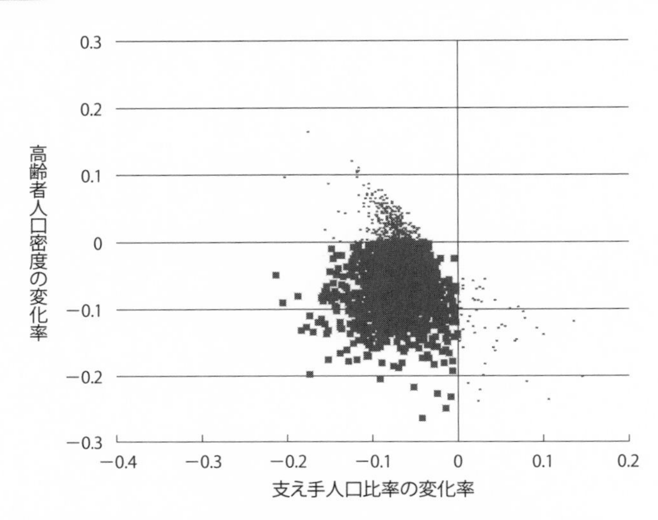

（出所）「日本の地域別将来人口」（2018年推計）（国立社会保障・人口問題研究所）より作成。

図表9-8では将来を描くものとして2040～2045年にかけての変化率をプロットしています。2020年を過ぎると人口減少の影響が、小さな市町村ほど大きく作用し始めます。このため、支え手人口の比率と高齢者人口密度の同時低下という現象（図表9-6中②のような人口変化の組み合わせ）が多くの市町村で起こるようになります。第Ⅲ象限で示されるように、明らかに介護・医療・福祉サービスの供給体制が非効率的なものになり、ケアサービスの質の低下が心配される市区町村が増加していることに注意してください。このような人口変化を経験するであろう市町村を図表9-8では大きなドットで表していますが、全体の74％にも上ります。

現在は、高齢化の影響が人口減少の影響よりも強く出ているため、大部分の地域においてある程度の効率性を確保しながら、ケアサービスを供給することが可能かもしれません。しかし、将来においては高齢化の影響よりも、むしろ人口減少の影響が強く作用することとなります。この場合、多くの市区町村において、担い手の不足や高齢者の集積が低下するため、ケアサービスの供給の効率性が、一層低下する可能性が高いと考えられます。

これまで述べたことは、市区町村という比較的大きなくくりで述べているため、より小さなコミュニティ単位では、これらの変化がより顕著に表れるのではないでしょうか。エイジング・イン・プレイスの実現のため、現在の各地域の状況を踏まえすべての地域において、耐用年数の長いケア施設や高齢者住宅を大量に供給した場合には、どのようなことが起こるでしょうか。ケアサービスの提供環境が著しく悪化することで、将来になってこのような維持管理コストが高い施設は、多くの地域で遊休化する可能性が高くなるでしょう。

これらのデータは、すべての地域においてエイジング・イン・プレイスを実現することは困難であることを示しています。その場合、中長期的な高齢者の転居や移動を明確に視野に入れた政策を構築する必要があるでしょう。

(3) 高齢者の集積は進んでいるのか？

日本の人口減少、高齢化の流れがかなり長い期間続くものとして受け止めなければならないとしたら、前項で議論したような高齢者も含めた人口集積を一層進めることが求められます。それは第6章で議論した日本の生産性を維持するためだけでなく、高齢者に対する十分なケアサービスを提供することからも、不可避な選択となります。しかし、高齢者の集積は実際に進んでいるのでしょうか。

図表9-9は市町村合併による市町村数の変化の影響をあまり受けていない、2010年および2015年の市区町村別の年齢階級（3区分）別のハーシュマン・ハーフィンダール指数（以下、HHIと言う）の変化を記述したものです。HHIとは、ものの集中度を測る値で、ここでは人口の集積の状況を描写するために用いています。対象となる年齢階級の人口が各市区町村の総人口に占める比率の2乗の和ですので、その値が大きいほど集積が進んでいると考えます。いま、ある市町村でA、Bという二つのコミュニティがあるとしましょう。この場合高齢者の集積度合いを示すHHIは、

図表9-9 年齢階級別人口分布の推移（ハーシュマン・ハーフィンダール指数）

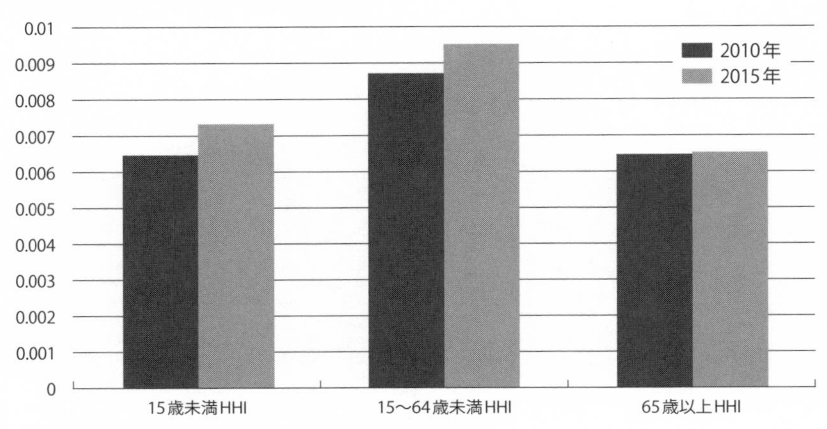

（出所）「国勢調査」（2010年および2015年）（総務省統計局）より作成。

HHI＝(コミュニティAに住む高齢者のシェア)^2＋(コミュニティBに住む高齢者のシェア)^2

ですから、高齢者がコミュニティAにのみ集中している場合はHHI＝1^2＋0^2＝1ですが、二つのコミュニティに同じ割合で分散している場合にはHHI＝0.5^2＋0.5^2＝0.5となります。

図表9-9に現れているように、年少人口、生産年齢人口においては、集積がこの5年間の間にも進んでいることがわかります。一方、高齢者人口はほとんど変化がありません。高齢者は残された余命が他の年齢階級と比較して短いため、転居から得られる便益が小さいのかもしれません。また、長い間居住地で築いてきたネットワークなどの転居によって失われるコストが高くつくこともその要因に挙げられます。このため、高齢者は衰退する地域や都市の郊外部に取り残されている可能性があります。このように、高齢者の集積はほとんど進んでいないのが実情です。

「高齢者は移動しない」というだけではなく、「高齢者がより分散的に住む」のかもしれません。これまでに日本では、人口成長、高い経済成長率に支えられて、旺盛な住宅建設を継続し、膨大な住宅ストックを築いてきました。しかし、いまや人口減少時代に入ったため、住宅需要は減少局面を迎えています。通常の財、例えばパーソナルコンピュータであれば、需要が減少すれば、供給もそれに合わせて比較的簡単に調整することができます。このように数量調整が速やかに行われる場合は、価格は比較的安定的に維持されるでしょう。

しかし、住宅は耐久性が高く、住宅とインフラが合成された形で供給されている「まち」を縮小するのは至難の業です。供給を減らすことができないときに、需要が減少すると、大きな価格下落が起きる可能性が高くなります。このことは、第2章で指摘したメカニズムです。

このような低価格な住宅ストックは誰に利用されているのでしょうか。図表9-10に、国勢調査（2015年）の市町村別の60～64歳の転入者とその年齢階級の常住者から転入率を算出し、その高い順に10市町村をピックアップしています。なお、被災地域は復興にともなう帰還の影響があることや、規模の小さな市町村ほど少ない転入者であっても転入率が高くなるため、人口の下位10％を除いています。

図表9-10で網掛けをしているのは有名な観光地、リゾート地、別荘地であり、バブル期を中心にリゾートマンションなどの建設が進み、利用率の低下した住宅ストックがたくさん存在している可能性のある市町村と考えられます。高齢者は職場と住宅の至近性について関心が薄れるため、快適な環境を低い価格で手に入れることのできる地域に積極的に転入している可能性があります。これらの地域への高齢者の転入は千代田区や中央区など大都市への転入とともに、特徴的なこととらえられるでしょう。

図表9-11は2003年と2013年の住宅土地統計調査で、図表9-10で同じように60～64歳の転入率の高い千代田区と熱海市をピックアップし、65歳以上の人がいる世帯数の増減数を算出し、その所得階級別の割合をグラフにしたものです。図表9-10に示されている典型的なパターンである大都市への転入と、リゾート地域などへの転入を比較すると、後者が低所得層に大きく偏っていることがわかります。

Glaeser and Gyorko（2005）では、需要が減退し極端な価格下落が起こっ

図表9-10　60～64歳の転入率の高い市町村

市町村名	転入者数	転入率
月形町	361	0.243767
大崎上島町	593	0.15683
御宿町	632	0.147152
千代田区	2,478	0.138822
熱海市	2,881	0.136758
箱根町	960	0.134375
厚真町	401	0.13217
軽井沢町	1,429	0.131561
湯沢町	715	0.131469
中央区	5,897	0.129557

（出所）「国勢調査」（2015年）（総務省統計局）より作成。

図表9-11　65歳以上世帯人員のいる世帯数の増減数の所得階級別割合

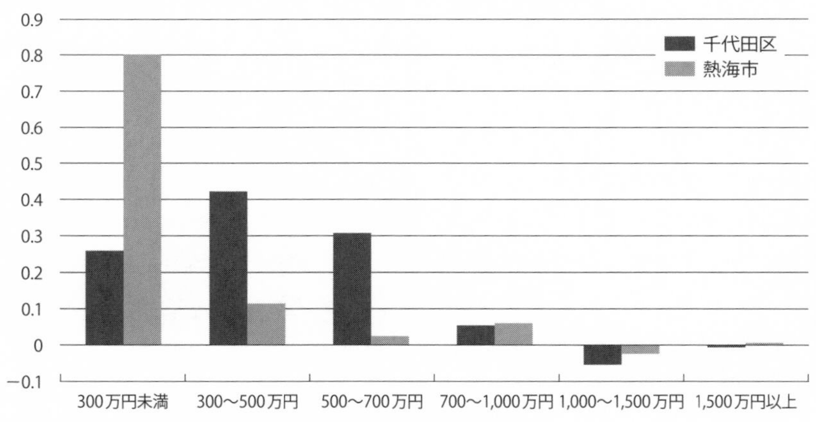

（出所）「住宅土地統計調査」（2003、2013年）（総務省統計局）より作成。

た衰退都市の郊外に、低所得者が集積する可能性を指摘しています。日本では高齢者がその役割を担ってしまっている可能性があります。確かに、身体状況に心配のない段階では大きな懸念はありません。しかし、それが悪化した場合には医療、介護、福祉などの面において地方財政への何らかの深刻な影響を及ぼさないでしょうか。そもそも高齢者比率が既に高い地域が、将来移住する高齢者を支えることができるか、などの心配が生じます。高齢者にとっての快適な環境の取得を持続可能なものとするためにも、このような動きをどのようにコントロールするかを真剣に考えなければならない時期に来ているのです。

4　おわりに

これまで述べたように、日本の高齢者は各種の税制上の歪みによって、過剰な不動産資産を人生の終わりまでもち続ける傾向にあります。さらに、既存住宅市場の未発達や、過度な借家権保護により、保有している不動産資産をうまく売却、利用することによって、自身のライフステージのニーズに合った居住サービスを購入することが妨げられています。

このことは、高齢者自身のみならず、若い人を含めた社会全体の非効率性を生んでいます。このため、このあと第10章では行きすぎた借家権保護の是正を、第11章では既存住宅市場の活性化について議論しますが、これらは高齢者の居住サービスを向上させることにも資するでしょう。しかし、それが短期的に達成できないとすれば、サービス付き高齢者住宅によって達成される一定の集積は、サービス付き高齢者住宅がなかった状態に比べたら、効率的な介護・医療・福祉サービスを実現しているかもしれません。

しかし、日本が現在経験している人口減少、少子高齢化という環境下で、高齢者の生活の質をできるだけ高いものとするためには、例えば豊田・中川（2012）にあるように、都市計画的な手法で、医療・介護・福祉施設とともに、意識的な高齢者の集積を明示的に考えた政策パッケージを検討していくことが必要だと思われます。

第4部

ライフスタイル、ライフステージに合った快適な生活を支えるために考えなければならない住宅土地問題

第10章
持ち家と借家は結局どちらが得なのですか？

1　はじめに

この章では、多くの人が人生で直面する重要な問題について考えてみることにします。住宅サービスは必需品ですので、必ず何らかの住宅に住むことを選ばなければなりません。家を購入するか他人の住宅を借りる必要があります。購入して自分で住む住宅を持ち家と言います。また他人から借りて住む住宅を借家（賃貸住宅）と言います。多くの人にとって持ち家は人生で最も高額な買物です。そのため、持ち家にするか借家にするかという選択は人生にとって最も重要な選択のひとつなのです。

ところで、「これから土地の値段や住宅価格が上昇するから持ち家のほうが有利だよ」などという話は本当でしょうか。しかし、土地の値段が上がりそうなときは、家を買って人に貸すのも有利なはずです。すると賃貸住宅の供給が増えるので、家賃も下がるでしょう。その結果、借りる人にとっては、家賃も下がるので賃貸も有利になります。結局、持ち家を買うのか賃貸住宅に住むのか、どちらが有利かわかりません。この章で、多くの人が直面するこの難問に答えを出してみましょう。これを考えるために、次のようなストーリーから始めてみましょう。

（1）ばかげた提案

ここはとある新興の住宅地です。都心から通勤圏内にあるこの住宅地には、同じ規模のとてもよく似た住宅が並んでいます。中川さんと山崎さんは、最近この住宅地に住宅を購入して転居してきました。

お隣り同士の二人が家の前で何やら次のような会話をしています。「私の家とあなたの家を交換しませんか」。まったく同じ住宅に住んでいる二人の間で、次のような提案がありました。「二人で住宅を交換してみて、お互いに家賃を払うことにしてみてはどうでしょう」。つまり、山崎さんが中川さんの家を借りて、中川さんに家賃を払います。これと同じように、中川さんが山崎さんの家に住んで、山崎さんに家賃を払います。

お互いに隣り合う住宅を借りることにして、相互に家賃を支払うという提案です。例えば、家賃は近隣の相場をみて15万円をお互いに払うことにします。しかし、この家賃は相殺されて、実際には家賃は支払わなくてすむことになります。同じ質の住宅ですから家賃も等しくなります。この提案はとてもおもしろいと思いませんか。家賃は実際には支払われないので、中川さんが所有している住宅に山崎さんが住んで、山崎さんが所有する住宅に中川さんが住んでも、難しい税金のことを抜きにすれば、家計の予算には何の影響も生じません。税金のことはあとで考えましょう。

二人の住宅は隣り合っており、まったく同じ住宅です。すると、中川さんが自分の家に住み続けること（持ち家）と、中川さんが山崎さんの家に住むこと（借家）は、まったく同じことになります。このことは山崎さんにとっても同じです。家賃が相殺されているので実際に支払いは生じませんから、家計の予算はまったく変化しません。住宅ローンがあってもこれまでと同額を返済し続ければいいのです。

二人の住宅の価格もまったく同じで、住宅ローンの額も同じだとすると、同じ返済額を同じ期間だけ返済することになります。そうすると、こうした提案どおりにお互いが住宅を交換しても、自分の消費できる所得はまったく変わらないことになります。地価が上がろうが下がろうが、自分の家に住んでも、他人の家に住んでも、現在の所得も将来の資産価値も変わりません。このため、「地価が上がるから持ち家は有利だよ」という話も通用しません。つまり、このような不確実性も税金も取引費用も存在しない世界では、持ち家が有利なのか借家が有利なのかについて明確な結論は出てきません。しかし、この世界は現実的ではありません。何が違っているのでしょう。

こうした提案をまじめに考えている二人は何てばかな人たちだと思うかもしれませんが、それでは、そのばかさ加減はどこからくるのでしょうか。なぜこんなことがばかげたことにみえるのでしょうか。以前とまったく同じように生活ができるのだとしたら、こうした提案どおりに家を交換してもいいはずです。みなさんがなぜこれをばかげたことだと考えるかについては、もう少しよく考えてみる必要がありそうです。

これは、いまのような提案がなぜばかげたものなのか、なぜ実際にはそうしたことが起こらないのかについて考えてみるための科学的な思考実験です。経済学では厳密な実験がなかなか難しいので、頭でいろいろ想像することが必要です。

(2) やはり持ち家が有利?

いまのような提案が非現実的だと思われる方は、都心に近いタワーマンションの12階にある1202号室と1203号室というまったく同じ規模のマンションに住む隣り同士の二人を考えてもいいと思います。部屋の中に入ってみれば、1202号室と1203室はまったく同じ構造になっていて、当然ですが、駅までの距離も都心までの距離もまったく変わりません。こうした新築のマンションに住み始めた二人の提案だと考えても、この話はまったく影響を受けません。

なぜこうした一見もっともらしい提案が現実には起こらないのでしょうか。実はこの提案を考えることによって、借家が抱える問題点に光を当てることができます。もともと持ち家を購入するだけの借り入れができない人(こういう人は流動性制約にあると言います)、転勤が多いなど頻繁に居住地を変えなければならない人にとって、借家が望ましい(借家のほうが取引費用が安い)と判断されることが多いように思います。そのようなさまざまな事象を最初からすべて考慮に入れて考え出すと、本質的なことを理解できなくなるかもしれません。

まずここでは、この「ばかげた提案」を用いて、本質的に持ち家と借家は、どちらが得かということを、住宅という「資産保有者」と「住宅サービスの消費者」の立場から検討してみることにしましょう。

繰り返しになりますが、なぜこのような「奇妙な提案」を検討するのでしょうか。情報の非対称性や税制のない世界では、自分がもっている資産を持ち家という不動産資産で保有すべきなのか、借家に住んで金融資産を貯めたらいいのかという選択肢は、本質的に違いがないはずです。不動産と金融資産の収益率（収益／価格）は、どちらかが有利な場合にその資産への需要が拡大し、価格が上昇するため収益率は下がりますから、二つの資産の収益率は基本的には一致するはずです。

しかし、情報の非対称性を考慮に入れると、次節で説明するように、話は変わってきます。住宅の賃貸借市場で貸し手も借り手もが同じ情報をもっていれば、いま述べたことは正しいのですが、情報が非対称で借り手のほうが情報をたくさんもっているときには、貸し手が不利になるので、賃貸住宅を持ち家と同じ条件で借りることはできなくなります。これが圧倒的に持ち家を有利にしています。これが、貸し手であり借り手である山崎さんと中川さんという奇妙な提案の人を登場させた理由です。

さらに、第8章で説明した税制や本章で説明する借地借家法などの権利保護の制度がそれを大きく歪めているのが現実です。ただしさまざまな制度を同時に考慮することは議論を複雑にしすぎますから、資産をどういう形で保有すべきかという議論はせずに、ここでは住む側（ここでは住宅サービス消費者ということになりますが）にとって、どちらが有利なのかということを検討します。

次に、税制を考慮すると、金融資産よりも不動産を保有したり、自分で住むという持ち家が一層有利になることを明らかにします。そのうえで借家が有利になる条件も考えてみましょう。

2　情報の経済学とゲーム理論

さきの提案について情報の観点から考えてみましょう。「情報の経済学」は、1970年代以降に大きな発展を遂げた経済学の分野です。情報がすべての人に普遍的に存在しているときには、大きな問題は起こらないと言えます。

財やサービスの市場で、売り手も買い手も同じ情報をもっている場合を考えてみましょう。そのようなときには、伝統的な需要と供給の議論が役に立ちます。売り手も買い手も同じ情報をもっているという前提のもとで導かれた需要曲線や供給曲線の交点で均衡が決まって、そこで取引が成立します。

こうした市場環境のもとでの競争均衡が望ましい性質をもっていることを証明してきたのが、アダム・スミス以降の経済学の歴史です。200年前からアダム・スミスや他の経済学者が議論してきたことが、1960年代にほぼ理論的に完成しました。

そのあとに登場したのが情報の経済学で、これは売り手と買い手が同じ情報をもっていないときに生じる問題に焦点を当てたものです。より現代的な課題と言っていいものです。相手よりも自分のほうがより多くの（あるいは少ない）情報をもっているときに、どんな行動をするのかということが分析の対象になってきました。こうした分析はゲーム理論の発展とも軌を一にしています。相手よりも有利な情報をもっているときに、相手を打ち負かすことができるような戦略を考えることが、ゲーム理論の課題のひとつです。

ゲームをするときに、お互いは相手を打ち負かそうとして戦略を練っているわけですが、そうしたゲーム的な状況で何が起こるかということを分析したのがゲーム理論です。ゲームには囲碁や将棋といったものがありますが、お互いに相手を打ち負かすために一定のルールのもとで、どうやって駒を動かすべきか、碁をどこに打つかを考えます。その結果、そうした駒や碁の動かし方（戦略と言います）の良し悪しが、最終的な勝敗を決めることになります。

したがって、情報が相手よりも多い人は少ない人に比べて有利ですが、不利な人もどのように行動すればよいのかということが問題になります。こうした分析道具を用いて、現実の経済状況に応用したのが情報の経済学で、ゲーム理論の進歩とともに大きく発展しました。

3　情報の非対称性がもたらすもの

（1）情報の非対称性とは？

それでは、この情報の経済学を使って、さきほどの中川さんと山崎さんの提案内容について考えてみましょう。ここでは山崎さんと中川さんがゲームをすることになります。まず中川さんの家に山崎さんが住み、中川さんに家賃を支払うという行動を考えてみましょう。このとき住宅の持ち主（資産保有者）は中川さんで、借り主（住宅サービス消費者）は山崎さんです。

二人のゲームとは、どんなものでしょうか。心配しなければいけないことは、次のようなことです。中川さんにとっては、借り主の山崎さんが自分の住宅を大切に使ってくれるかどうかという点が一番心配です。自分の住宅を貸したあとに、山崎さんが乱暴に住宅を使ってしまえば、住宅の価値は大きく失われる可能性があります。山崎さんの躾の悪い子供は、床を傷だらけにしてしまうかもしれませんし、壁に落書きをしてしまうかもしれません。また、家族が掃除をしないために、キッチンやお風呂はひどいものになるかもしれません。

こうした使い方の悪い借り手がいると、住宅の価値は大きく下落することは言うまでもありません。一定の家賃で貸しているにもかかわらず、借り主が乱暴に使ったために、床や壁がボロボロになってしまうというトラブルを賃貸住宅ではたくさん耳にします。貸し手は借り手がどのような使い方をするかについて情報をもっていないのです。これが情報の非対称性問題というものです。

もちろん借り手である山崎さんは自分の子供たちの行儀のよさや奥さんのきれい好きについての情報をもっています。山崎さんは自分がどんな人間であるかということを知っていますが、中川さんは山崎さん一家のことをよく知りません。どんな使い方をするのかも、もちろんわかりません。それが情報の非対称性という問題です。

このとき中川さんが山崎さんとのゲームを有利に進めるためには、何が必要でしょうか。こうした情報の非対称性があると、中川さんは山崎さんに家を貸そうとはしないでしょう。住宅資産の価値が毀損してしまうかもしれませんので、山崎さんに家を貸すのは「まっぴらごめんです」という気持ちになります。

山崎さんも中川さんのことはよく知りませんが、山崎さんが最初の提案どおり中川さんと家を交換するときには、必ず山崎さんの住宅を中川さんに貸さなければいけません。すると、中川さんはどのような使い方をするでしょうか。これがわかりません。つまり、ここにも情報の非対称性があります。

いままで説明したように、中川さんも山崎さんも心配なのは、家を借りている人が「どのように住んでいるのか」を、家を貸している側がモニターできない場合、「乱暴に家を取り扱う」「維持管理のための努力をしない」のではないかということです。どうせわかりっこないのであれば、しょせん他人の住宅で「一時的に借りているもの」をていねいに扱おうとしないというのは、よく耳にすることです。技術的な問題でもあるため、補論で詳細に数値例を用いて説明しますが、このような情報の非対称性がある場合、住宅という資産を人はきちんと扱わないことが知られています。つまり賃貸に供した場合にその住宅の資産価値は下落してしまう可能性が高くなります。

この点を考えると、やはり持ち家住宅を交換するというのはばかげたことだと言えます。つまり持ち家のほうが有利です。しかし、話はまだ終わりません。もう少し追加することがあります。

(2) 敷金の役割

一般に、住宅の所有者と借り主である借家人との間には、こうした情報の非対称性が存在すると言われています。したがって、このルールのもとでは家を貸さないというのがゲームの均衡になります。しかし、誰も自分の所有する住宅を他人に貸そうとしないのであれば、賃貸住宅市場の取引はなくなってしまいます。そこで、こうした情報の非対称性を緩和するための仕組みやルールが賃貸借市場に生まれました。それは「敷金」という仕組みです。

一般に家を借りるときには、敷金を預けておかなければいけません。つまり、借り主は大家さんに一定のお金を預けておくことになります。そして、退居するときに住宅が傷んでいる場合には、大家さんに損失が発生しますので、その損失分を敷金から支払って、残りを借り主に返すという仕組みです。

例えば、敷金は家賃1か月や2か月分という水準で、それを大家さんに預けておくという契約になります。こうした仕組みがあることによって、借り主には住宅を大切に使おうというインセンティブが働きます。乱暴に使っていては敷金が戻ってこないので大切に使うでしょうし、子供たちには床や壁を傷つけないように躾けるのが親というものです。そうした敷金制度があるおかげで、賃貸住宅の価値はある程度保全されると言ってよいでしょう。その他にも、一般の賃貸住宅市場には、情報の非対称性を緩和するいくつかの制度があるおかげで、賃貸住宅市場は機能しています。

この他にも、借手が家賃を毎月きちんと払ってくれる人でないと困ります。しかし、大家（貸手）はそうした個人情報を容易に得ることはできませんので、家賃の滞納時に代わりに家賃を支払ってくれる信用保証会社の介入を契約条件とします。このとき保証会社は保証料を借り手に要求するので、借り手の支払う費用は高くなります。この点でも借家は持ち家に比べて不利なのです。

敷金や信用保証会社を導入しても、こうした情報の非対称性を解消するために十分であるとは必ずしも言えません。住宅にどれだけ傷みが発生したかということを評価するのは、言うほど簡単ではありません。自然の経年劣化と言いますが、青い畳が2年後に茶色くなったというのはどんな使い方をしても起こるものです。そうではなくて、その借り主が乱暴に使ったことによって経年的な劣化以上に住宅の価値が下がるような場合には、その住宅の傷んだ部分を修繕するための費用を計算することになります。

しかし、2年が経過したときに生じる住宅の劣化が、自然な過程なのか、借り主が乱暴に使ったせいなのかを識別するのは、それほど容易なことではありません。したがって、敷金制度は情報の非対称性を解消するための万全な対策にはならないかもしれないのです。この点についても、補論で数値例を用いて詳細に解説をします。

(3) 情報面では持ち家が有利

これまでの議論をまとめると、中川さんと山崎さんが住宅を取り換えるというのは、やはりばかげたことだと言えるのです。お互いに敷金を積んだりするというのはたいへんコストのかかることですし、さらにそうしたことをしても情報の非対称性を完全に解消することはできません。やはり、自分の家に自分で住んだほう（持ち家）が、この情報の非対称性の問題は解消できます。自分の家ですから、自分ですべての責任を負うことになります。

さきほどのゲームの理論で言えば、持ち家のときには、ゲームの相手はいないのです。つまり、自分が所有者で自分が借り主であるような持ち家の場合には、さきほど述べたようなゲーム的な状況は発生しませんし、情報の非対称性の問題も発生しません。

当たり前と言えば当たり前ですが、大家さん（資産保有者）も借り主（住宅サービス消費者）も自分ですから、自分を相手にゲームをすることはありません。自分は家を大切にすることによって、財産である住宅の価値を保全することが重要な目的として考えられるのです。

それに対して、人から借りているモノについては必ずしも大切にしなかったり、不注意という現象が必然的に発生したりします。これはモラルハザードと呼ばれる現象で、情報が非対称な場合には常に起こることです。価値の減少が不注意によるものかどうかについての情報が、当事者にしかわからないからです。賃貸住宅の場合には、十分に注意しないで家を使ってしまい、つい不注意で床を傷つけたりするようなことをしたとしても、それによって生じた損失の原因を正確につきとめる仕組みがない、あるいは不完全にしかない場合に、この問題が発生するのです。

しかし、そうしたモラルハザードは持ち家の場合には発生しません。不注意による事故はぜんぶ自分の責任になり、住宅価値が下がるので、不注意が減るのです。自分が大家で、借り主も自分なので情報の非対称性は存在しません。

また、逆選択という問題も発生するかもしれません。一定の家賃ですので、住宅を乱暴に使う人にとっての家賃は、ていねいに使う人のそれよりも相対的に安上がりにみえるかと思います。そのため借家は乱暴な借主に好まれるものになる傾向があります。借りる主体の違いによって生じるこのような問題を逆選択と言います。大家さんはどんな人なのかがわからない点で、これも情報の非対称性から生じる問題と言えます。そういう意味でも、借家という仕組みは持ち家に比べると品質上劣った性質のものであると言えるかもしれません。補論ではこの点も数値例を用いて解説します。また、次の章でくわしく説明します。

つまり、住宅を購入できるだけの十分な資力や借入れ能力がある人にとって、自分で所有・購入した住宅を自分で使う持ち家のほうが、賃貸住宅よりもこの点で有利なのです。それは住宅利用者と所有者を結ぶ賃貸契約には情報の非対称性に関わる問題が必然的にともなうからです。少なくとも「住宅サービス消費者」のタイプや行動を観察できる手段が備わっていない状況下においては、個人にとっては「好ましくない」ということになります。

ただし、住宅を購入できる資力がない人や、居住地の頻繁な変更がある人については、賃貸住宅のほうが望ましい点があります。この点はあとで考えることにしましょう。

4　制度の影響

（1）借地借家法とは？

次に、借地借家法という法律について考えてみましょう。借地借家法のもとでは、いま述べた情報の非対称性の問題がさらに強い効果を発揮することになります。借地借家法というのは、借家人の権利を保護するために作られた法律です。くわしい経緯は、たくさんの研究成果が出ていますので、それを参考にしてください。

基本的には、借家人という弱い人たちを保護する目的のために、家主よりも相対的に借家人を保護する仕組みになっている法律と言っていいと思います。例えば、契約期間が終わったあとでも、借家人がある条件を満たしていると、その借家の契約を延長できるということがあります。日本では賃貸の契約期間は2年が普通ですが、2年の契約期間が終わっても借家人が代わりになる住宅が見つからないような場合には、その借家の契約を自動的に更新できるという仕組みです。家賃も従来とほぼ同じ水準で借家契約を継続できるというのが、借地借家法のねらいです。

こうした借地借家法の考え方は、借家人という「弱い」人たちを守る制度と考えられていたのですが、実はそうしたことにはなっていないというのが、経済学者の常識になっています。というのは、大家さんはこの法律のもとでは違った行動に出る可能性があるからです。

さきほどのゲームの理論で言えば、ゲームのルールが変わってしまえば、ゲームの当事者たちは違った行動をとります。2年の契約で契約期間が終わったら、住宅を必ず返してくれるというルールのもとで大家さんがとるべき戦略と、借地借家法のように2年の契約期間が終わっても、場合によっては、住宅が返却されないというときには、大家さんの行動は当然変わってくるのです。

借地借家法によって、借家人が保護された結果、大家さんはより不利な状態になりました。こうした事情の変更によって大家さんが考えることは、住宅をなるべく貸さないほうがいいということです。いったん人に貸したら返ってこないことを念頭に置いて、大家さんは行動することになりました。

契約期間が終わっても借り主が法律を盾にとって退去しないという可能性を考えなければいけません。情報の非対称性があるので、借り主がどんな人たちなのかということもわかりません。契約が終わったらすぐ新しい契約に応じて、家賃の値上げを受け入れてくれる人なのかどうかということは、外からみたのではわかりません。借家人がそんな家賃は支払えないと言って、裁判になるかもしれません。

大家さんが物価やさまざまな状況の変化によって家賃を上げたいと言っても、借家人はそれに応えてくれるような人ではないかもしれません。裁判になると裁判官もこの法律で借り主に有利な判決を言い渡してきました。そのために、大家さんにとっては住宅を貸すのを躊躇するという事態が起こります。

そこで、土地や住宅をもっていても、それをまったく他人に貸さないというのでは収益になりませんので、借地借家法のもとでは、大家さんは住居のスペースを小さくするという戦略をとりました。小さい住宅ならば、時間が経つにつれて、借家人は自発的に退居していくだろうと考えたのです。時間が経てば家族が増えたり、学生は卒業したりしますし、仕事の都合で転居する可能性も高くなるため、ワンルームタイプのマンションや、子供が大きくなると狭く感じる40～50㎡の賃貸住宅がたくさん供給されるようになりました。

もっと深刻なのは借地です。借地借家法は借地についても適用されましたので、戦後の借地の契約というのはきわめて少ないものになってしまいました。賃貸住宅については、政府の補助があるためか、借家やアパートの供給はなくなりませんが、借地の新規の契約はほとんどなくなってしまいました。これは借地借家法の影響であると考えられます。

そのため、契約期間が到来したら必ずいったん契約が終了する定期借地権や定期借家権が1990年以降になって導入されたのは、こうした問題を緩和しようとするためです。第3章で定期借家権の簡単な説明をしましたが、定期借地や定期借家についてより詳細な知識を得たい方は参考文献を参照してください。

(2) 帰属家賃の非課税制度と水平的公平性

次に持ち家と借家に関する税金について考えてみましょう。住宅についての税制をよくご存知の読者は、帰属家賃に対しては非課税になっていることを指摘するでしょう。帰属家賃というのは、持ち家住宅が生み出している住宅サービスを金銭的に評価したものです。既に明らかなように自分が自分の家に住む場合には、一定の住宅サービスというものが生産されて、それを自分で消費することになります。一種の自給自足で、農家が自分で作った野菜や米を自分で消費している場合と同じです。

自分で作ったモノを自分で食べずに、もし市場に供給すれば、一定の売り上げと所得が発生することになります。自分で作った物を市場価格で評価したらいくらになるかということがだいたい計算できます。GDP統計の中にも、生産額として帰属家賃は一応算入されています。

しかし、そうした計算を自分の住宅サービスについて計算するのは面倒です。そのため、課税当局は自分が所有している住宅のサービスを自分で消費する場合に本来発生する所得を非課税にしているのです。つまり、自分でもっている住宅から生み出される住宅サービスについても課税すべきでありますが、現実には課税されていません。

自分で作ったモノを自分で食べるのだから、何も税金をかけるなんてそもそもおかしいじゃないかと思う人が多いでしょう。しかし、税制には、水平的公平性という理念があります。同じ所得を稼いでいる人に対しては、同じだけの税金を負担してもらうというのが水平的公平性という考え方です。同じ経済的状況にある人を公平に扱うためには、同じような税負担をしてもらうべきであるというのがこの考え方です。

つまり、人々の間の平等な税負担を達成する必要があります。したがって、家をもっている人が自分でその家に住む場合と、その家を人に貸している場合とでは、同じ所得が発生しているので、同じだけ税金を負担すべきですが、残念ながら現実にはそうはなっていません。

さきほど、住宅を交換しようと提案した二人の間にも、交換した場合には所得が発生することになります。つまり、中川さんは山崎さんに家賃を払うと、山崎さんの所得は当然前よりも増加します。また同じように、山崎さんが中川さんに家賃を支払っていますので、中川さんの所得も増えることになります。黙っていればいいかと思いますが、二人の間に賃貸契約があるので、課税当局は隠れた家賃の支払いがあることを見逃しません。そのため、二人は住宅を交換した（借家）場合、所得税という税金を支払わなければなりません。

しかし、この交換をしない場合には何が起こるでしょうか。交換をしない場合には、帰属家賃が発生しているのですが、その帰属家賃には課税されませんので、同じ環境にある中川さんと山崎さんが、持ち家を選択したときには、住宅を交換した場合に比べて消費可能な予算は税金分だけ大きくなります。

つまり、持ち家の場合には税制上は所得が発生していないことになるので、税金は負担せずにすむのです。逆に、交換してしまうと所得が発生しますので、中川さんも山崎さんもそうでない場合よりも多額の税金を納めなければなりません。そのため、税引後の所得は小さくなります。これがばかげたことに見えるもうひとつの理由です。自分の家を自分で使ったほうが有利なように税制上はできているのです。二人の提案は、税金をより多く負担しなければならないので、やめたほうがいいということになります。

（3）貸家の家賃にも補助金が……

さらに、住宅には、さまざまな税制の措置があることがわかります。持家を促進するための住宅ローン減税制度もあります。住宅ローン減税制度は銀行から資金を借りて住宅を購入した場合に、そのローンの返済利子額の一定割合が、所得税から控除されるという仕組みです。これによって、持ち家を促進しようというのが、政府が推進する持ち家促進政策のひとつです。つまり、銀行からお金を借りて自分の家を購入する人に、補助金を出すことによって持ち家を促進しようというのが、政府の考え方です。これは持ち家を有利にするもうひとつの原因です。

しかし、話はこれほど単純ではなさそうです。他方で、アパートを作って人に貸す場合にも、実は補助金が出ています。これは法人税の減税の対象になります。銀行から借金をしてアパート経営をしている人に対しては、借金の分だけ法人税が減税されるという仕組みです。これは住宅ローンに限らず、法人税一般にこうした仕組みになっています。したがって、銀行からお金を借りてアパートを経営することには、一定の補助金が出ていることになります。これは貸家の供給を増やすので、借家に有利です。

法人税は23％程度でかなり高い税率ですから、これについての減税措置は無視できません。したがって、住宅を貸す人に対してこうした補助金が出ていますので、住宅税制だけから考えると、持ち家と借家のどちらが得かということは一概に言うことはできません。

5 持ち家が有利だが、なかには借家を選ぶ人がいるのはどうして?

それでは、これまでの議論をまとめて、持ち家か借家のどちらが有利かというみなさんの質問に答えることにしましょう。情報の非対称性を考慮すると、答えは圧倒的に「持ち家有利」です。とくに借地借家法のもとでは、借家の平均的な規模は持ち家よりもはるかに小さいのが現実です。持ち家と同規模の借家は数が少ないですが、確かに供給されています。しかし、それはほとんどが日本で仕事をしている外国人用で、会社が家賃を支払ってくれるようなものです。一般のサラリーマンにはとても手が出ないほど家賃が高いアパートです。彼らはいずれ本国に帰国してしまうので、日本で持ち家を所有することはめったにありません。

これに対して、日本にいる人たちにとって、そんなに高い家賃を毎月支払うのであれば、住宅を購入して持ち家を選んだほうが得です。これは持ち家が借家よりも有利なことを示すひとつの証拠になります。外国人は会社が払ってくれるので、大きな借家に住んでいるのです。

税制に関しては一概に何とも言えませんので、総合的には、持ち家のほうが有利という結論になります。第8章で議論した相続税まで考えると、相続時点まで不動産を保有することが有利です。相続税も持ち家を有利にしています。山崎さんと中川さんの提案がみなさんにばかげたものに見えるのは、借家に固有の問題を直感的に理解した結果だと思います。

さて、資力の観点は別にして「借家が有利」という議論をときどき目にすることがありますが、それはどのような場合でしょうか。「持ち家が有利」という、これまでの結論はどうなるのでしょうか。転勤が多いサラリーマンには持ち家は有利ではないのでしょうか。

最後にこの点を考えてみましょう。将来頻繁に転勤することが予想されるサラリーマンが持ち家を購入したとしましょう。住み始めて2年後に地方転勤が言い渡されたとき、このサラリーマンの選択肢は①会社を辞めて、地元の会社に転職する、②住宅を売却する、③住宅を他人に貸す、の三つです。家族がいれば、家族を残して単身赴任という選択肢も出てきますが、これはあとで考えましょう。

まず①の選択肢は、もともと転勤することを予想して就職したはずですから、この可能性はきわめて小さいでしょう。すぐに地元の会社が見つかる可能性も低いです。

②は既存（中古）住宅を売却することになりますが、日本の既存（中古）住宅市場の取引量は諸外国に比較してきわめて低い水準にあります。この点は第11章でくわしく議論しますが、そのせいか適当な価格で売ることは難しく、かなり低い価格で売却せざるをえません。すると多額の売却損が出ることになります。したがって②も現実的な選択肢にはなりません。

最後に③ですが、自分が大家になって他人に住宅を貸すときの問題が生じます。情報の非対称性と借地借家法の問題です。借家人は住宅をていねいに使ってくれるでしょうか。転勤から戻ったときに契約期間が終了するように賃貸契約を交わしても、本当に借家人は住宅を返してくれるでしょうか。地方転勤が長期にわたるときには、契約更新もしなければなりません。そのとき、相場の上昇に応じて借り手は家賃の増額に応じてくれるでしょうか。考えるだけで面倒になります。すると、③も現実的ではありません。

このように、いま住宅を購入すると、将来の転勤時点で三つのいずれも困難な状況に陥ってしまうのです。それならば、転勤の多いサラリーマンは、いっそのこと持ち家購入はあきらめてしまうことになりそうです。

つまり、転勤の多い人にとっては「持ち家よりも借家のほうが有利」というのは、こうした三つの将来の可能性を考慮した結果と言えます。いま述べたように、住宅の売却や賃貸には多額のコストがかかるので、最初から持ち家をあきらめて借家に住むというのが合理的になります。

ところで、家族がいる場合はどうでしょう。家族とともに比較的大きな住宅に住むことを考えると、転勤先で住宅を購入する必要があります。借家で大きな住宅は望めません。資金の制約もあるので、いまある住宅を売却して転勤先で同じような住宅を購入しなければなりません。

これを転勤のたびにくり返すのはコストもかかり面倒なので、多くの家族が選択するのは夫の単身赴任という解決策です。家族が持ち家の有利性を生かす方法として考えられた苦肉の策と言えます。こうした家族のあり方は不自然ですが、中古住宅市場や賃貸住宅市場、日本の雇用制度を考えると仕方がない選択なのです。

したがって、働き方改革も当然必要ですが、中古住宅市場、賃貸住宅市場の整備がいかに重要であるかがわかります。

6　持ち家促進よりも借家市場の整備を

それでは実際には日本人はどのような住まい方を選んでいるのでしょうか。逆に借家という居住形態を「平均的に」どのような人が選んでいるのでしょうか。この議論はテニュアチョイスと呼ばれ、個人が行う持ち家、借家の選択の問題のことです。この選択に政府がどれだけ介入すべきかという議論は重要な意味をもちます。このため、ここでは第9章とやや重複した議論を再度行います。日本では所得が上がるにつれ、年齢を重ねるにつれ持ち家率が上昇します。この傾向は、この章で明らかにしてきたように、所得水準が高くなればなるほど、持ち家の有利性が大きくなる点とぴったり一致します。

もうひとつ興味深いのは高齢の人のほうが持ち家率が高いことです。この点は相続税と関係がありそうです。この点については第9章で議論しました。この動きを持ち家、借家別に簡単に復習してみましょう。

第9章では、年齢にともなって、持ち家率の最も高い所得階層がより高いものになっていることが示されました（図表9−2）。ただし、60歳を超えると所得が急激に低下するために、300万円未満の所得階層が、持ち家居住世帯でも最も多いグループでした。60歳以上の持ち家所有者のうち50％近くが300万円未満の所得で暮らしています。

日本の雇用体系では年齢に応じて所得が上昇していくことが一般的であり、それに応じて金融機関からの資金調達額も増加することがこの傾向の背景にあるものと考えられます。

いま述べたことの裏返しになりますが、借家居住層の主たる所得階層は、まったく対照的な動きを示します。つまり、所得水準の上昇に伴って借家に住む人たちが減っていくのです。このため、ほとんどの年齢階層で主たる借家居住者は、300万円未満の最も低い所得階層で固定されています。60歳を超えてその傾向は一層強まっています（図表9−3）。

日本の労働市場をみると、年齢に応じて所得を増やすことのできない職業や働き方が存在します。非正規雇用や何らかの事情によりさまざまな職業を転々とした場合、年齢に応じた所得上昇を期待できない人々がいます。一方、年齢に応じた所得の上昇から貯蓄をして、ほとんどの消費者は持ち家の取得という選択をしています。このため、それから取り残された人たちが高齢期においても、借家という居住形態の選択を余儀なくされていることが示唆されます。現在の日本の借家はこのような資力の乏しい人に対する居住手段として、機能していると考えるべきかもしれません。

現在日本では、持ち家を購入する際の住宅ローンの残高の1％を所得税から控除するなどの持ち家を促進する政策がとられています。通常経済学では、政府が強制力をもって何らかの規制や、強制的に徴収できる税やそれを財源とした支出をするためには、いくつかの場合に限定されると考えられています。代表的なものは、この章で解説した情報の非対称性などの市場の失敗と呼ばれるケースや、第3章で解説した所得再分配と呼ばれる公平性、公正性を確保する必要があるケースです。

このことを考えるならば、この章でみてきたように情報の非対称性の程度が低いであろう持ち家の取得に政府が大きな支援をするというのはなぜでしょうか。むしろ、所得分配の公正という観点から、借家市場をより整備・発展させることが持ち家促進策よりも重要だと考えられます。持ち家促進策は金持ちを有利にしている点を再度確認してみる必要があります。

補論　数値例による情報の非対称性の解説

以下では、第1節で述べた「ばかげた提案」の帰結を明らかにするために、数値例を用いて、この一見「ばかげた提案」のどこに問題があるかを考えてみます。その数値例の前提が図表10-1に描かれています。

図表10-1では中川さんが保有している住宅に注目しています。この住宅を1期間山崎さんに賃貸することを考えています。1期間その住宅を提供することについて、中川さんは少なくとも13万円（以下、万円という単位を省略します）をもらいたいと考えています（これをオファー価格とか供給価格と言います）。これは人が手元にある商品、財を手放す際に最低限この程度は欲しいと考える価格のことです。つまりこの場合、中川さんは13以上ならば貸してもよいと考えています。

これに対して、山崎さんは住宅を借りて、居住、つまり住宅サービスを受けることに、最大で17支払ってもいいと考えています（これを付け値とか需要価格と言います）。二人の交渉力は同等でちょうどその中間の15（市場価格）に定まったものとしましょう。この場合、中川さんの利得も山崎さんの利得も2となります。

中川さんから家を借りた山崎さんは慎重に注意深く住むことで、その住宅の品質をもとのまま維持することができます。ていねいな住まい方をすることで、ほんの少しだけ、山崎さんには1の努力のコストが発生するものとしましょう（高い注意努力水準）。子供や奥さんに注意することも面倒なも

図表10-1　数値例の前提

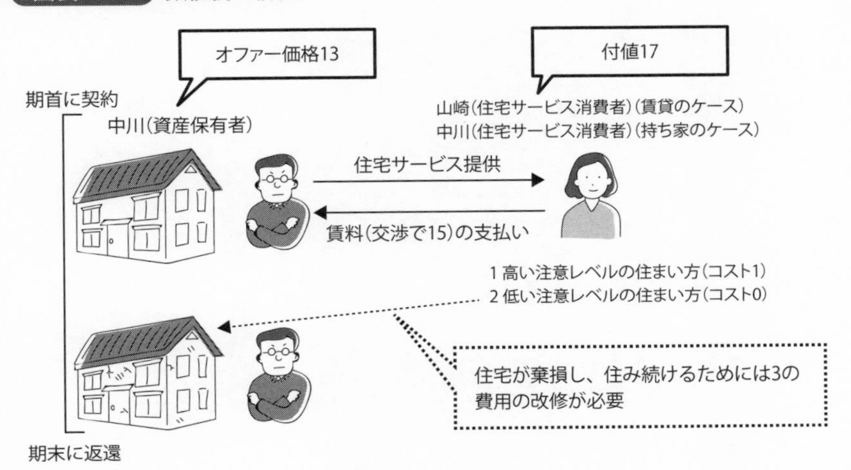

のです（これを経済学ではコストと考えます）。このとき住宅は傷まないので、住宅所有者の中川さんにコストは発生しません。

これに対して、まったく気を配らずに住むことにすれば、努力のためのコストはかかりませんが、住宅としての機能や見栄えが悪くなってしまいます（低い注意努力水準）。このため、そうした乱暴な住まい方をした場合には、大家である中川さんは期末に3のコストを支払って修繕しなければならないものとしましょう。3のコストを支払って修繕しなければ、3だけ住宅の価値が下がると考えてもよいでしょう。いずれにしても、中川さんは3だけ負担が増えます。

ここでは、借主である山崎さんの住まい方はもともと決まっているのではなく、山崎さんが選択できると考えてみます（これをゲーム理論では戦略を決めると言います）。

情報の非対称性を抑制する仕組みがないケース

図表10-2では、このやりとりを相互に手番が回ってくるゲームとして構成しています。住宅を保有している中川さんは、最初に、「住宅を賃貸に出す」か「そのまま住む」かを選択します。ここでは、ひとまず図表10-2の

図表10-2 中川さんの住宅に関する中川さんと山崎さんの利得

資産保有者およびサービス消費者の利得の計算

	ケース1および3	ケース2および4
資産保有者の利得(中川)	15−13=2	15−13−3=−1
サービス消費者の利得(山崎、中川)	17−15−1=1	17−15=2

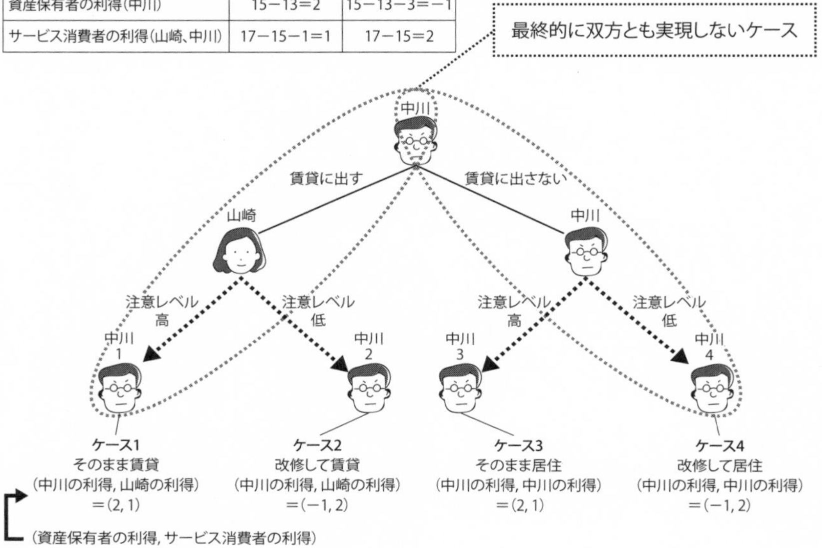

最終的に双方とも実現しないケース

中川

賃貸に出す　賃貸に出さない

山崎　中川

注意レベル高　注意レベル低　注意レベル高　注意レベル低

中川 1　中川 2　中川 3　中川 4

ケース1
そのまま賃貸
(中川の利得, 山崎の利得)
=(2, 1)

ケース2
改修して賃貸
(中川の利得, 山崎の利得)
=(−1, 2)

ケース3
そのまま居住
(中川の利得, 中川の利得)
=(2, 1)

ケース4
改修して居住
(中川の利得, 中川の利得)
=(−1, 2)

(資産保有者の利得, サービス消費者の利得)

左側の賃貸に出すケースだけをみてください。次に、山崎さんはその住宅の住まい方の注意レベルを決定します。それだけの単純なゲームです。これでゲームは終わり、山崎さんが選択した注意努力の水準点（管理レベル）に応じて二人の負担するコストが自動的に決まります。

このような設定のもとで、中川さんが「住宅を賃貸に出す」という戦略をとった場合にもたらされる、中川さんと山崎さんの利得が、図表10-2の一番下に描かれています。まず、山崎さんがていねいに住んでくれた場合のケース1について説明します。中川さんのこの期間の利得は、市場価格とオファー価格の差ですから、この期で、(15−13)=2の利得を得ます。

他方、山崎さんのこの期間の利得は、付け値と市場価格の差から注意深く住むことにともなうコストを引いたものですから、(17−15−1)=1となります。

つぎに、山崎さんの住まい方が乱暴なケース（ケース2）ではどうなるで

図表10-3 「ばかげた提案」に対する中川さんと山崎さんの利得表

中川＼山崎	高い注意レベル	低い注意レベル
高い注意レベル	(2+1=3, 2+1=3)	(−1+1=0, 2+2=4)
低い注意レベル	(2+2=4, −1+1=0)	(−1+2=1, −1+2=1)

（注）表の利得は、（中川の資産保有者としての利得＋中川のサービス消費者の利得,山崎の資産保有者としての利得＋山崎のサービス消費者としての利得）として記述。

しょうか。中川さんは、改修費用3を負担しなくてはならなくなります。このため中川さんのこの期間の利得は、(15－13)－3＝－1にとどまります。しかし、山崎さんは注意深く住むことにともなうコストを支払う必要がありませんので、(17－15)＝2となります。

これまでに中川さんが貸し手で、山崎さんが借り手である場合のみを取り上げましたが、二人は「ばかげた提案」によりお互いに住宅を貸し合っているわけですから、貸し手でもあり借り手でもあります。逆の山崎さんが貸し手で中川さんが借り手の場合は、図表10-2の名前をちょうど反対にしたものとなります。

ここでは「ばかげた提案」を実施した場合のことを考えていますから、資産保有者としては図表10-2の「住宅を貸す」という選択肢しかとれません。しかし、借り手という立場からは、二つの注意レベルの戦略をとることができます。中川さんと山崎さんがとった戦略ごとの利得を、図表10-3の利得表として示しています。

図表10-3では、中川さん、山崎さんともに、住宅を借りた場合にとりうる二つの注意レベルを選択した場合に、どれだけの利得を得ることができるかを表現しています。例えば、高い注意レベルを双方とも選択した場合は、資産保有者としての利得も、サービス消費者としての利得も図表10-2のケース1のものになります。また、中川さんが低い注意レベルを選択し、山崎さんが高い注意レベルを選択した場合は、中川さんは（自分が貸した家を山崎さんに大切に扱ってもらえるのですから）資産保有者としては図表10-2のケース1の利得を、サービス消費者としては（借りた住宅を何の気づかいも

なく使うため）ケース2の利得を得ることになります。

同様に、山崎さんは資産保有者としてはケース2の、サービス消費者としてはケース1の利得を得ることになります。このようにして、図表10-3では起こりうるすべての戦略の組み合わせに対応した両者の利得が示されています。

この場合、中川さんの立場に立てば、山崎さんが「高い注意レベル」という戦略をとった場合に、自分も「高い注意レベル」を選択した場合の利得は3ですが、「低い注意レベル」を選択した場合の利得は4ですから、後者の戦略をとったほうが望ましいことになります。さらに、山崎さんがとった戦略が「低い注意レベル」の場合はどうでしょうか。同じように中川さんのとりうる二つの戦略に応じた利得を比較すると、「低い注意レベル」を選択したほうが利得が多いことがわかります。つまり、中川さんは山崎さんの戦略にかかわらず、「低い注意レベル」という戦略をとったほうが大きな利得を上げることができるのです。このような戦略を支配戦略と言います。

これは、山崎さんにとっても同じです。つまり、このような場合は双方とも「低い注意レベル」を選択するため、二人の利得合計は1＋1＝2にしかなりません。どう考えても、「高い注意レベル」を選択して大事に借りた家に住んだほうが、双方にとってよい結果をもたらすにもかかわらず、借りたほうは、少しの費用 (1) で大きな損害 (3) を発生させる、「乱暴に住まう」という行為をとってしまいます。このため、貸し手でもあり借り手でもある中川さんと山崎さんにとっても、社会にとっても望ましくないケース2が実現してしまいます。これを囚人のジレンマ構造のゲームと言います。囚人のジレンマについては、ミクロ経済学やゲーム理論の教科書を読んでみてください。

情報の非対称性を抑制する完全な仕組み（敷金）があるケース

次に、本論で説明したように、商慣習として定着している敷金が、不完全ながらもこの情報の非対称性を抑制する仕組みとして機能している場合を、数値例で確かめてみましょう。ここで資産保有者の中川さんは、山崎

図表10-4　中川さんの住宅に関する、中川さんと山崎さんの利得（敷金が完全に機能した場合）

	ケース1	ケース2
資産保有者の利得（中川）	2	2−3+3=2
サービス消費者の利得（山崎）	2−1=1	2−3=−1

図表10-5　「ばかげた提案」に対する中川さんと山崎さんの利得表（敷金が完全に機能した場合）

中川＼山崎	高い注意レベル	低い注意レベル
高い注意レベル	(2+1=3, 2+1=3)	(2+1=3, 2−1=1)
低い注意レベル	(2−1=1, 2+1=3)	(2−1=1, 2−1=1)

（注）表の利得は、（中川の資産保有者としての利得＋中川のサービス消費者の利得,山崎の資産保有者としての利得＋山崎のサービス消費者としての利得）として記述。

さんから敷金をもらって契約更新時に住宅の状況を調査し、住宅の棄損した部分の改修費用をその敷金から充てるものとしましょう。

問題の所在をはっきりさせるために、情報の非対称性がない状況、つまり住宅の棄損額は山崎さんの乱暴な住まい方によるものなのか、自然に生じた老朽化によるものなのかを完全に識別することができる場合をさきに説明しましょう。

その場合、図表10-4にあるように、乱暴な住まい方をしたケース2において、住宅の資産価値の下落分がすべて山崎さんの住まい方によることがわかるため、敷金3はすべて住宅の修繕に充てられることになります。このため、住宅保有者である中川さんの利得は2−3＋3＝2となります。山崎さんのほうは敷金がまったく返ってこないことになりますので、2−3＝−1の利得になります。ケース1の場合の利得は図表10-2と変更がありません。

この場合の両者がとった戦略ごとの利得表を図表10-5として示します。例えば、中川さんが「低い注意レベル」を選択し、山崎さんが「高い注意

図表10-6 中川さんの住宅に関する、中川さん、山崎さんの利得（敷金が不完全にしか機能しない場合）

	ケース1	ケース2
資産保有者の利得（中川）	2	2−3×(3/4)＝−0.25
サービス消費者の利得（山崎）	2−1＝1	2−3×(1/4)＝1.25

図表10-7 「ばかげた提案」に対する中川さん、山崎さんの戦略による両者の利得表（敷金が不完全にしか機能しない場合）

中川＼山崎	高い注意レベル	低い注意レベル
高い注意レベル	(2＋1＝3, 2＋1＝3)	(−0.25＋1＝0.75, 2＋1.25＝3.25)
低い注意レベル	(2＋1.25＝3.25, −0.25＋1＝0.75)	(−0.25＋1.25＝1, −0.25＋1.25＝1)

（注）表の利得は、（中川の資産保有者としての利得＋中川のサービス消費者の利得,山崎の資産保有者としての利得＋山崎のサービス消費者としての利得）として記述。

レベル」を選択した場合、資産保有者としての中川さんの利得はケース1のものが、サービス消費者としての利得はケース2の場合が該当しますので、2−1＝1となります。逆に資産保有者としての山崎さんの利得は（乱暴に扱われるものの、敷金で改修費用を完全に賄うことができますから）ケース2のものが、サービス消費者としての利得はケース1のものが該当しますので、合計は2＋1＝3となります。この場合、図表10-3と同じように考えれば、中川さん、山崎さん双方にとって、「高い注意レベル」を選択することが支配戦略となることがわかると思います。

このように、敷金が完全に機能した場合には、社会にとって望ましい、双方とも「高い注意レベル」を選択するケースが実現します。

情報の非対称性を抑制する不完全な仕組み（敷金）しかないケース

しかし現実はどうでしょうか。住宅の資産価値が下落したことが、経年劣化によるものなのか、山崎さんの住まい方によるものなのかを識別することは一般に難しいと言えます。ここで、原因特定の精度が低いため、（本当は山崎さんの住まい方が原因であったとしても）資産価値下落の25％程度しか敷金から引き当てられない場合を考えてみましょう（図表10−6）。

この場合ケース1は変わりませんが、ケース2においては、中川さんは住宅の改修費用3のうち25％程度しか敷金から引き当てることができません。このため、中川さんの利得は2−3×0.75＝−0.25となります。一方山崎さんは敷金の75％が戻ってきますから、2−3×0.25＝1.25の利得を得ます。

考え方は図表10−3および図表10−5と同じですから、図表10−7の説明はここではしません。この場合、中川さんにとっても山崎さんにとっても、「低い注意レベル」を選択することが支配戦略になります。このように、敷金のような制度が、どの程度情報の非対称性を抑制できるかは、住宅資産価格の下落のどの程度が借家人の住まい方によるものなのかを、正確に識別できるかにかかっています。しかし、図表10−7のように限定的にしか識別できないと考えるのが現実により近いのではないでしょうか。

持ち家のケース

これまでは資産保有者である中川さんが「自分が所有している住宅を賃貸に出す」という選択をした場合を、つまり図表10−2における左側の状態のみを扱っていました。ここで、資産保有者である中川さんが、住宅サービスの消費者である中川さん自身に賃貸するケースを考えてみましょう。これが持ち家のケースです。ここで、図表10−2の左右で異なるのは、相互手番のゲームで、左側は中川さんが「住宅を賃貸に出すか否かという選択」をしたあとに、どんな行動をするかわからない山崎さんが「注意レベルの選択」をしたのに対して、右側では最後の「注意レベルの選択」をできるのが中川さん自身だということです。

当たり前のことだと思われるかもしれませんが、中川さんは資産保有者であり、また住宅サービスの消費者ですから、付け値と供給価格の差を両者で分け合う必要はありません。また、自身の住まい方が結局自分のコストに影響することがわかっています。このため、中川さんは図表10−2において資産価値に注意して大切に住んでいるので（ケース3)、資産保有者の利得＋サービス消費者としての利得＝2＋1＝3の利得があることがわかっています。

他方、乱暴な住まい方をすれば（ケース4）、資産保有者の利得＋サービス消費者としての利得＝－1＋2＝1の利得しか得られないことも、中川さんはわかっています。このため中川さんは、少ない労力（1のコストをかける注意深い住まい方）を惜しんで、大きな修繕コスト（3のコスト）を選ぶことはありません。このため、持ち家を選択した場合は、資産保有者＋住宅サービスの消費者である、中川さん、山崎さんにとっても、望ましい状態が実現します。

それでは最後に、資産保有者が行う「賃貸住宅に出す」か否かという選択を考えてみましょう。これまでに、図表10-2の点線で囲まれた、「賃貸する＋借手がていねいに住む」（ケース1）、「持ち家で、乱暴に住む」（ケース4）ケースのいずれもが出現しないことがわかりました。それでは、最初の選択をする資産保有者である中川さんはどちらを選ぶでしょうか。資産保有者の利得は賃貸に出さないケース3が明らかに、賃貸に出したケース2を上回っています。このため、合理的な選択を行うのであれば、第1節で述べたような「ばかげた提案」が実現することはないという結論になります。

これまで述べてきたようなゲームの均衡を、人々は当然のように選んでいるので、持ち家が借家よりも有利であり、持ち家を選んでいる人が多くなるのです。

しかし、借家を選ぶ人もいます。本文で述べたように、それは持ち家を購入するための資金が十分になかったり、住宅ローンを借りることができなかったりするといった理由が考えられます。住宅ローンが借りられないのは、賃貸住宅と同じ「情報の非対称性」があるからです。資金の貸し借りにも、借り手の行動についての情報の非対称性があります。この点については金融の教科書を読んで考えてみてください。

第11章

既存住宅の価格は安いのに、誰も買わないのですか？

1　はじめに

政府は既存住宅（中古住宅のことです）の流通を活性化するための取り組みを、急速に進めようとしています。図表11-1には、全住宅流通量を既存住宅流通と新築住宅着工に分けたものが示されています。全住宅流通量に占める既存住宅の比率をみると、日本が14.5％であるのに対して欧米主要国のそれは70～90％に上っています。

2016年に改定される以前の住生活基本計画においては、政府はこの比率を2015年までに23％にするという目標を掲げていました。また、2009年には「長期優良住宅の普及の促進に関する法律」に基づき、耐用性能の高い住宅に対する補助金や税制だけでなく、金融上の支援も行っています。

さらに、住宅に関する修繕履歴などを蓄積することも進められています。しかし、既存住宅の流通量が少ないのは、日本の住宅は木造が多いために寿命の短いものが多くなるから、仕方がないという議論もあります。それは本当でしょうか。

図表11-1 全住宅流通量に占める既存住宅流通戸数の国際比較

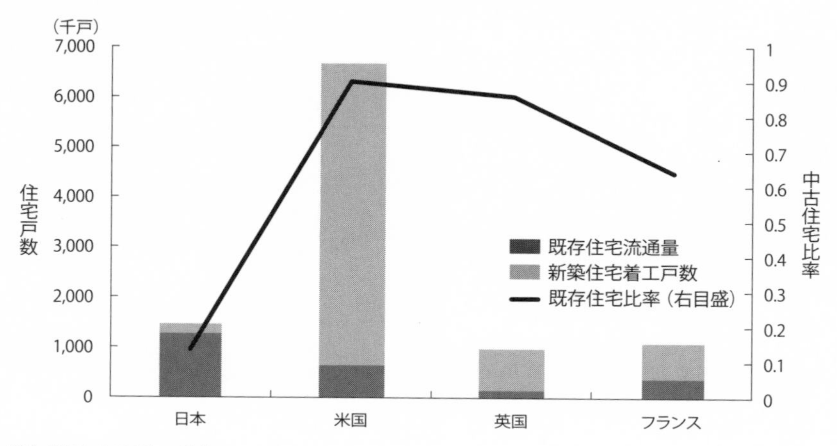

（注）各国とも2018年の数値。
（出所）国土交通省資料による。

2　何が既存住宅の流通を阻害しているのか？

（1）情報の非対称性問題

このような「日本の不動産流通の特徴」を引き起こしている原因として、「情報の非対称性」がたびたび指摘されます。売り手と買い手がもっている、財の品質に関する情報量に格差がある場合は、「逆選択」と呼ばれるメカニズムが働く結果、良質な財が市場で取引されなくなってしまうという現象が生じます。

住宅については、売り手がそれまで住んでいたこともあり、その品質のことをよく知っているのに対して、買い手がそれを知る手段は限られています。少なくとも、内見してわかる情報以外、例えば耐震性能などについては、売り手が嘘をついてもそれを見破ることができません。

また、実際に住んでみなければわからないことが多くあります。既存住宅では、それまでに住んでいた売り手がどのように住んでいたか、品質の

図表11-2 情報の非対称性の構図

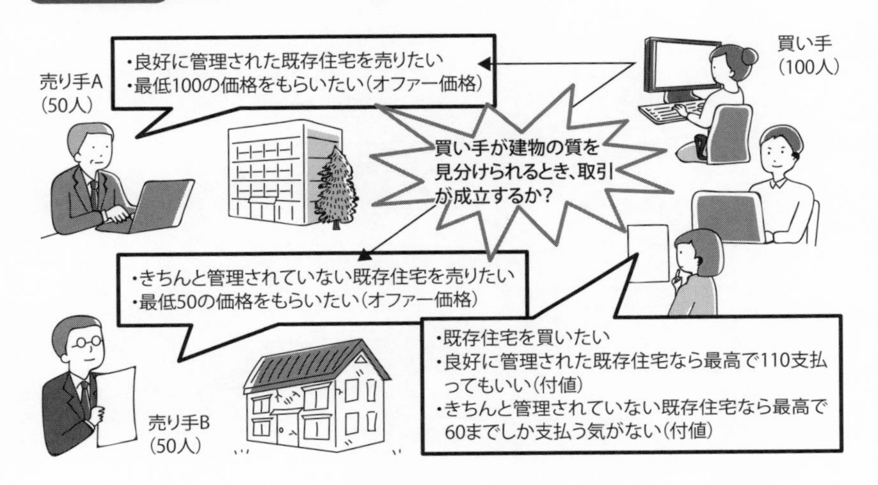

劣化に対して、こまめな補修を通じて維持管理を十分にしてきたかどうかを知るすべが買い手にはありません。そのため、この情報の非対称性がより強く表れるとされています。

この逆選択と呼ばれる現象がどのように生じるかを説明するために、次のような仮設的な例を取り上げてみましょう。図表11-2の左側に描かれているように、きちんと手入れをされた高品質な既存住宅(Aタイプと呼びます)と、十分に補修コストをかけてこなかった低品質な既存住宅(Bタイプと呼びます)の2種類の既存住宅があるものとしましょう。売り手の数は、両タイプでそれぞれ50人(50軒)ずついます。

高品質な既存住宅はコストをかけて、ていねいな維持管理がされていますので、Aタイプの売り手は少なくとも100の値段(オファー価格)で売りたいと考えています。他方、Bタイプの売り手はこれまでにコストをほとんどかけていませんので、50の値段がつけば手放してもいいと思っているものとしましょう。

これに対して、この図の右側に描かれているように100人の買い手がいるものとしましょう。買い手は、高品質な既存住宅であれば最大110(付値)支払ってもいいと思っていますが、低品質な既存住宅であれば60までしか

図表11-3　情報の非対称性がない場合の既存住宅市場

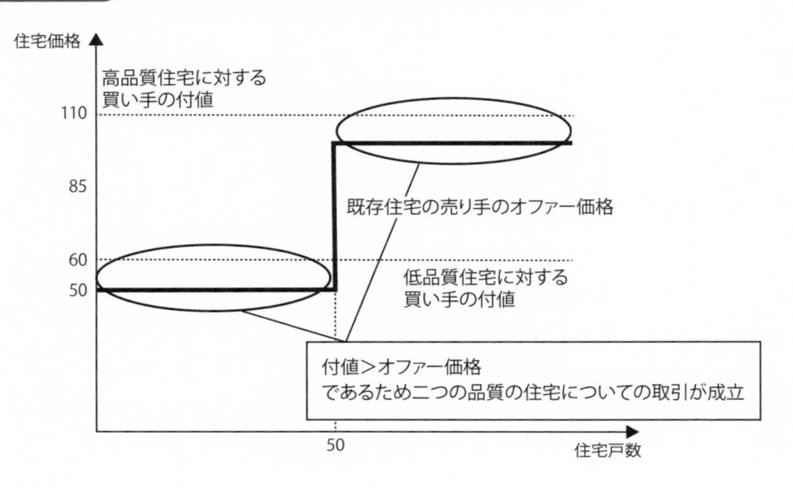

支払う気がしません。注意したいのは、買い手は高品質な住宅しか買うつもりがないわけではありません。相応の値段であれば、低品質な既存住宅であってもかまわないと思っている、ということです。

このような場合に、どのような取引が成立するでしょうか。重要な点は、買い手がAタイプの住宅とBタイプの住宅を見分けることができるかどうかです。まず、両者の住宅を内見して見分けることができるとします。これは情報の非対称性がない場合です。これはあまり現実的ではないですが、このケースから考えてみましょう。

図表11-3には、左手からオファー価格の低い売り手Bから売り手Aの順番に並べることで、供給曲線を描いています。そして、買い手の2種類の付値を重ねて描いています。低品質な既存住宅についても、高品質な既存住宅についても、それを上回る値付けをしてくれる買い手がつきますから、100戸の既存住宅は完売することになります。

売り手も買い手も交渉力が同等だと考えれば、付値とオファー価格の中間の市場価格で取引されることになります。売り手には（市場価格－オファー価格）の、買い手には（付値－市場価格）の利得が生じることになります。しかし、これは自分が買おうとしている住宅が「高品質」なものなの

図表11-4 情報の非対称がある場合の既存住宅市場

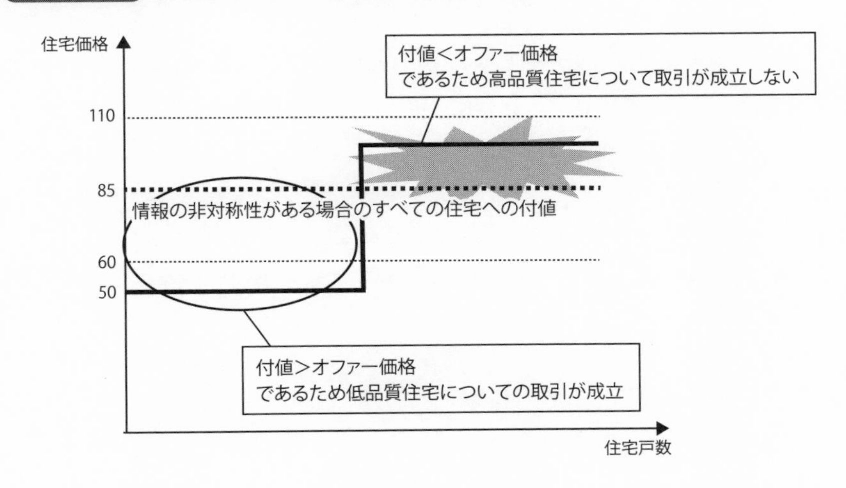

か「低品質」なものなのかを見分けられる場合にのみ生じることです。繰り返しますが、これは情報の非対称性がない場合です。

次に、情報が非対称な場合ではどうでしょう。もし、自分の目の前に差し出された住宅の品質が見分けられない場合には、どのようなことが起こるでしょうか。買い手は、100人の売り手のうち50人が高品質な既存住宅を、50人が低品質なものを売ろうとしていることを知っているとしましょう。しかし、どれが高い品質の住宅か、低い品質かは内見してもわかりません。品質の高い住宅が買えるかどうかは運（1/2の確率）次第です。

このとき、買い手は自分の目の前にある住宅が、50/100の確率で高品質な既存住宅で、50/100の確率で低品質なものだと考えるでしょう。このような住宅に買い手は（0.5×110）+（0.5×60）＝85の付値をつけることになります。これは統計学でいう期待値になります。それが図表11-4として描かれています。

この場合買い手は、すべての既存住宅について85という平均的な付値をつけるということになります。低品質な既存住宅の売り手Bは50もらえればいいと思っていますから、50以上の価格ならば、大喜びで既存住宅を手放すでしょう。一方、高品質な既存住宅の売り手Aはどうでしょうか。少なくとも100は欲しいと思っているところに、買い手がつけた値段が85ですから、このタイプの売り手は自分の住宅を売ることはありません。

このような情報の非対称性がある市場では、Aタイプの売り手が、高品質な住宅にふさわしい値付け（110）をしてくれる買い手をいくら待っても、残念ながらそのような買い手は現れません。Aタイプは自分が高品質の既存住宅を売っていると叫んでも、Bタイプの売り手も嘘をついて同じことを言いますから、誰も信じてくれません。どちらが本当のことを言っているかわからないのです。この差を証明する方法もないというのがこの問題なのです。

このため、結局Aタイプのような品質の高い住宅の売り手は市場から退出してしまいます。これを「逆選択」と言います。市場は本来、品質の高い住宅が選ばれ、質の悪い住宅を排除していく機能をもっていますが、情報が非対称な世界では、この機能が働かず、逆に質の悪いものが選択される結果となるのが、この言葉の由来です。

このように、情報の非対称性がある住宅市場においては、品質を高めてもそれに見合う価格で売ることができないので、既存住宅の品質を維持するために不可欠な修繕やメンテナンス等の投資が過少なものになります。ていねいな住まい方をしたり、必要な再生投資を行ったりすれば、技術的には、住宅という財は世代を超えて存続させることができるものです。

しかし、自分が住んでいる家を売却することができない場合、自分だけで「その住宅を使い切ってしまう」という居住スタイルが標準化してしまいます。その結果、住宅寿命は短いものになります。この証拠に、住宅が滅失するまでの平均寿命を国際比較すると、日本は27年（「住宅土地統計調査」（2003、2008））、米国は64年（“American Housing Survey”（2003,2007））、英国は84年（“Housing and Construction Statistics”（2003,2008））となっています。

「情報の非対称性のため、買い手は既存住宅の品質を評価することができない」「このため既存住宅の品質を保つための投資が過少なものとなる」「既存住宅市場には低品質なものしか残らないため市場全体が縮小する」という悪循環が生じることになります。その結果、住宅寿命は短くなり、将来の売却を視野に入れないカスタムメードの注文住宅ばかり増えることになり、ますます取引量は減少していきます。

このような日本と他の先進国の既存住宅市場の状況の乖離は何によってもたらされているのでしょうか。情報の非対称性を緩和する何かの政策を行えばそれが解決するのでしょうか。そのような取り組みは日本政府も努力を始めていますが、その成果を楽観的に期待することができるのでしょうか。以下の項では、両者の市場に参加するプレイヤーの意識が異なっており、その意識に基づく商習慣や各種の制度がある意味合理的ではあるが、望ましくない均衡に達しているのではないかという主張を検討してみましょう。

(2) アンカリングの可能性

ここでは、アンカリングという心理的な特性が影響を及ぼしているとする、行動経済学による説明を加えましょう。まずアンカリングとは何かについて解説します。通常、経済学が前提とする合理的な個人であれば、「不確実なもの」については、得られるだけの情報を集めて、それ（だけ）に基づいて予測します。

しかし、最近の行動経済学の研究から、次の点がわかってきました。人々の予測は何らかのアンカー（錨）となる値を出発点に、得られた情報に基づいて微調整を加えていくというやり方で形成されているというのです。それもアンカーとなる値は、何の根拠もないものかもしれないというのです。その場合、「まっさらな状態」で得られた情報をもとに形成された合理的な予想とは、乖離した予測が行われてしまいます。

典型的な例としては、Tversky and Kahneman（1974）の実験が有名です。この実験では、まず被験者に0から100までの数字が書かれたルーレットを回してもらいます。このルーレットは特定の数字（10か65）で止まるような仕掛けになっていますが、被験者にはそのことを知らせず、止まった数字をみせたあとに、「国連加盟国に占めるアフリカ諸国の比率は、何％か」という質問をします。

正しい答えは28％ですが、被験者の回答は異なりました。ルーレットで

「10」を出した被験者の回答の平均は25％で、「65」を出したあとの被験者の回答の平均は45％になりました。この実験にあるように、被験者は、まったく無関係なルーレットの数字にも明らかに影響を受けているというのです。これが「アンカリング効果」であり、「10」や「65」といった数字が「アンカー」となって、予測値が「アンカー」に引き寄せられるという結果になりました。

不動産の価格に関してアンカリング効果を研究したものは、Northcraft and Neal（1987）です。この研究では、不動産取引の専門家である不動産業者と一般学生の被験者に対して、特定の住宅の販売価格を見積もるという作業を依頼しました。被験者には、実際の不動産取引に使われる情報と同様の10ページのパンフレットを渡し、住宅の見学にも行ってもらうという、現実に近い設定をしました。

その際、学生を4グループ、不動産業者を2グループに分け、それぞれに異なった売り手の希望売却価格を「アンカー」として告げています。そして、適正市場価格などの見積もりをさせました。その結果、学生も不動産業者のどちらの査定価格も、低い希望売却価格を知らされたグループのほうが、高い希望売却価格を知らされたグループよりも有意に低いという結果が報告されています。

「物件の客観的な状態」から判断されるべき査定価格とは、本来無関係な売り手の希望売却価格というアンカーが、査定額に影響を及ぼすということが示されたのです。プロであるはずの経験豊かな不動産業者についても、学生たちと同様にこのアンカリング効果が生じることがわかりました。遠藤・中川・浅田（2016）では、日本においても顧客の希望価格がアンカーとなって、不動産業者の価格査定が行われている可能性があることが実験的に明らかにされています。

日本の不動産評価においては、20～25年経った住宅の建物価値はゼロと評価するという慣行が長い間続いてきました。国税庁からも、そのような評価を前提とした課税評価が通知されています。つまり、税制上もこうした評価を正当化してきました。

このような環境では、既存住宅流通市場では、「まっさらな」状態から、建物品質を構成するさまざまな要素に基づいて、客観的な価格付けがされると考えることは難しいのではないでしょうか。むしろ、広く流布している「20～25年経った既存住宅は無価値である」という、アンカーに引きずられた建物評価がされる可能性は、きわめて高いと思われます。

しかしそのアンカーには、客観的なバックグラウンドは何もなく、「思い込み」に近いものなのです。つまり過去の「根拠のない」慣例や実態が、アンカーとなって、現在の既存住宅の取引価値を低下させ、取引量を減少させる結果になっている可能性があります。

こうした慣行があると、予想が現実化するという事態が生じます。つまり、アンカーが実際に30年後の住宅価値をゼロにしてしまいます。予想が現実になるので、「誤った」予想でも正しいと解釈されてしまうのです。そのため、このような慣習が自己実現してしまうので、これを変革するのは容易なことではありません。この点を次項ではくわしく考えてみましょう。

(3) 複数均衡問題

日本政府は、耐用年数の長い長期優良住宅を普及させるだけでなく、情報の非対称性問題を解決するためにさまざまな対応をしようとしています。これまでにも、住宅履歴情報の蓄積を進める政策がとられてきました。米国で普及している詳細な不動産情報システムであるMLS（Multi Listing Services）をモデルに、不動産取引において売り手も買い手も相互に活用できる豊富な情報を蓄積する「情報ストック構想」や、専門家によるインスペクション[1]を通じて建物を客観的に評価するという政策が講じられようとしています。

しかし、本当にこのような政策の施行によって、既存住宅流通の活性化は進むのでしょうか。ここで、既存住宅の売り手と買い手が登場する簡単なゲームによって、日本の既存住宅市場の状況を描写してみましょう。図

1） 米国では住宅ローンを借りる際に、その担保になる住宅の状態についてインスペクターと呼ばれる専門家が調査することが一般的です。日本においても、不動産取引の際に不動産業者は、買い手に建物の状態について調査（インスペクション）が行われているか否かを明らかにしなければなりません。

図表11−5　既存住宅市場の売り手と買い手の利得表

売り手＼買い手	既存住宅の品質を調べない	既存住宅の品質を調べる
自分の家の維持管理レベル低	(10, 10)	(10, 0)
自分の家の維持管理レベル高	(0, 10)	(20, 20)

(注) 表中（売り手の利得、買い手の利得）として表示。

表11−5には、売り手の管理水準についての戦略と買い手のインスペクションについての戦略の組み合わせが描かれています。売り手は、現在居住している住宅に関する管理レベルを選択します。他方、買い手は売りに出されている既存住宅の品質を調査、つまりインスペクションをするかしないかを選びます。「調査しない」という戦略と、「調査する」という二つの戦略があります。

ゲームの2人のプレイヤーの選ぶ戦略の組み合わせは4通りあります。〈管理レベル低×調べない〉という組み合わせを基準にして、図表11−5で（売り手の利得、買い手の利得）を整理しました。そのときは、(10, 10)の利得が両者に発生します[2)]。

次に、買い手はインスペクションをしないときに、売り手だけ〈管理レベル高〉という戦略に変更したとしましょう。このとき、品質に関する調査が行われないので既存住宅の管理状態がよいかどうか、買い手には、わかりません。そのため住宅は高い価格では売れません。この場合、管理レベルを上げたコストが無駄になり売り手の利得が0に低下します。このとき、両者の利得は（0, 10）になります。

---

2)　この10という利得のレベルの設定は、このような利得表作成の際によく行われますが、ひとまず標準として設定したというもので、この大きさ自体には意味はありません。その他の利得も、管理レベルを上げたコストやインスペクションのコストが同様に10だという設定にしていますが、これ以外の数値でももちろんかまいません。標準よりも、それらのコストにより利得が下がればかまいません。好ましい結果として提示している20も同様です。利得が標準より上がる設定でありさえすればかまいません。このように変化の方向性には意味がありますが、数値の大きさ自体に意味はありません。

買い手のみがインスペクションを行っても、売り手が高いレベルの管理を行っていない限りよいものを手に入れることはできません。このときもインスペクションのコストをかけた分だけ買い手の利得は低下して0になります。このとき、両者の利得は（10，0）になります。しかし両方が同時に戦略を変えた場合は、買い手は良質な既存住宅を手に入れることができ、売り手も相応の対価を得ることができるため、双方の利得は（20，20）に倍増します。

このようなゲームは、複数均衡問題として知られており、買い手や売り手だけでは、「解決が困難な問題」です。市場では相手が見えないので、うまく解決できません。このゲームでは、〈管理レベル低×調べない〉という状態と、〈管理レベル高×調べる〉という状態が双方とも「ナッシュ均衡」と言われる状態になっています。ナッシュ均衡とは、お互いに自分のとっている戦略が、相手のとっている戦略に対する最適対応になっていて、戦略を変える意味がないという状態です。

例えば、〈管理レベル低×調べない〉という状態を出発点にしてみましょう。売り手は買い手の「調べない」という戦略に対して、「管理レベル低」という戦略を採用しています。もし売り手が「管理レベル高」という戦略に変更した場合には、売り手の利得は10から0に低下してしまいます。

つまり、売り手の選んでいる「管理レベル低」という戦略は、買い手の選んでいる「調べない」という戦略に対する最適対応となっています。これは買い手にとっても同様で「調べない」という戦略は、売り手が選んでいる「管理レベル低」という戦略に最適な対応をしています。

ただし〈管理レベル高×調べる〉という組み合わせも同様にナッシュ均衡です。このことは自分で確認してみましょう。つまり、このゲームには二つの安定的な状態があることになります。しかし、日本のように〈管理レベル低×調べない〉という均衡に社会がある場合に、双方にとってより望ましい〈管理レベル高×調べる〉という均衡に移行することができるでしょうか。

それは内在的には困難なことだとされています。外から圧力を加えないと、プレイヤーだけでは難しいのです。図表11-5から明らかなように、一方だけが戦略を変えても、相手が戦略を変えない場合、戦略を変えたほうの利得は低下します。このため、二つの均衡のうち社会的な価値が低い均衡を、価値が高い均衡に移行させることは、自然には実現しません。それは売り手と買い手が同時に選択を変更することが必要になるからです。さきほど述べたように、こうした望ましくない均衡が定着して慣例になると、それがさらにアンカーとなって既存住宅の取引を阻害することになるでしょう。

こうした悪い均衡を望ましい均衡に移行させるひとつの手段は、政府が既存住宅の取引の際にインスペクションを義務づけるという方法が考えられます。こうすれば、品質の悪い住宅は売れなくなるので、売り手は維持管理の努力と投資をするようになり、図表11-5の均衡を良い均衡に移すことができるでしょう。複数均衡問題の解決のためには、Big Pushと呼ばれる当事者以外の外からの強い働きかけが求められると言われていますが、これはその典型的な例かもしれません。

ただし、英国では2007年にHome Information Pack法という、売り手に建物の状態を含む詳細な情報提供を義務づける法律が成立しました。しかし、売り手の負担を性急に増加させたため住宅取引が収縮して、2010年に廃止されてしまったという経験も報告されています。確かに、(土地ではなく) 建物の売却益に興味がない人にインスペクションを求めるのは、効率的なことではないかもしれません。しかし、そのような混乱を回避するための工夫が凝らされた設計が行われるならば、Big Pushはとても魅力的なものになるでしょう。

これらの議論は、売り手に建物の不具合から生じる損失に関する責任を求めることが前提となっています。米国では、基本的にこれらの責任は買い手が負うことになっています。買い手は通常住宅ローンを借りますので、住宅ローンの貸し手である金融機関は、住宅の担保価値を確認しないことにはお金を貸そうとはしません。このため買い手は、住宅ローンの審査を通すためにインスペクションを自ら行うという商習慣が根付いています。Sishimo (2020) では、日本における責任の割り当ての変更を提案しています。これもBig Pushの提案と言えるかもしれません。

3　好ましいビジョンの共有

前にも述べたように、売り手と買い手というゲームに登場するプレイヤーが「同時に行動を変える」ことが必要ですから、売り手と買い手のみならず、それをサポートする業界も、既存住宅市場の活性化が望ましい結果をもたらすというビジョンを共有することが求められます。

既存住宅市場が発達していると考えられている、米国の住宅市場と日本のそれを比較してみましょう。2018年時点では、日本は総人口が1億2,644万3,000人に対して、住宅着工戸数は92万4,000戸、住宅ストック数は6,240万7,400戸であるのに対して、米国では3億2,612万8,000人の総人口に対して、住宅着工戸数は131万7,900戸、住宅ストック数は1億3,539万4,000戸となっています。

これらの数字をもとに、両国の人口規模の差を勘案するために、一人当たりの住宅ストック数、住宅着工戸数の比較をしてみましょう。図表11–6には、日本の数値を1とした濃い実線と、日本の数値を基準とした場合の米国の指数を薄い実線で示しています。これをみると、一人当たりの住宅ストック数は日本のほうがやや多くなっていますが、これは日本に空き家が多いことと関係ありそうです。その点を考慮すると、一人当たり住宅数は両国でほぼ同じです。これに対して、米国の住宅着工戸数は人口規模を考慮すれば日本の半分程度であることがわかります。これらは日本の住宅の滅失率が高く、新築住宅が中心であることを物語っています。

次に、質の差をみるために金額ベースで比較してみましょう。日本の年間の住宅投資額は17兆2,210億円、米国は7,867億ドル、住宅資産額は日本が373兆1,305億円、米国が28兆3,828億ドルとなります。これを、2018年の平均為替レートで評価し、一人当たりに換算すると、米国は投資額では日本の2倍程度、資産額では3倍程度に評価されることが示されています。

日本のほうが住宅着工戸数が多いのにもかかわらず、米国のほうが住宅

図表11-6 日米の住宅市場構造の比較

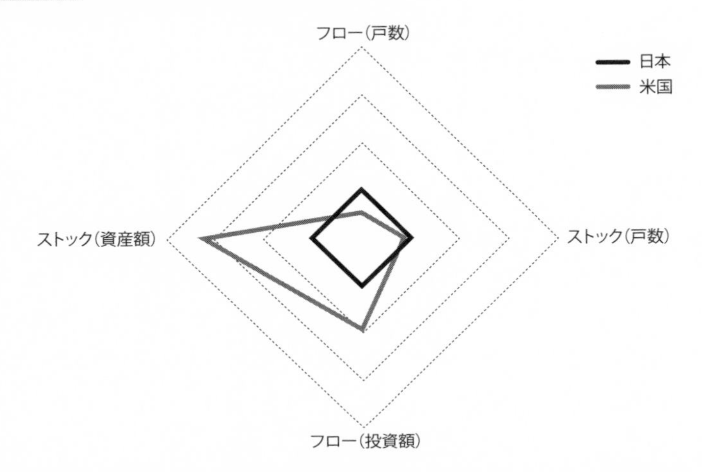

(注1) 日本の総人口は2018年、人口推計（総務省)、住宅ストックは2018年、住宅土地統計調査（総務省)、新設着工数は2018年、住宅着工統計（国土交通省)、住宅資産額は非金融資産中「住宅」の2017年末、住宅投資額は2017年度、総固定資本形成中、民間住宅、公的住宅、双方とも国民経済計算年報（内閣府)。
(注2) 米国の総人口は2018年、"Monthly Population Estimates for the United States"（Census Burea), 住宅ストックはTotal units, 2017年, "American Community Survey"（Census Bureau), 住宅新築着工戸数はNew Residential Construction（Permits), "Monthly New Residential Construction", 住宅投資額は2018年、Gross private domestic investment 'Residential', Bureau of Economic Analysis, 住宅資産額は2018年、Households, Owner-Occupied Real Estate Including Vacant Land and Mobile Homes at Market Value, "Financial Accounts Guide"（Board of Government of the Federal Reserve System)。
(注3) 米国の資産額、投資額については2018年の為替レートで円に換算。

投資額が多いというのはどうしてでしょうか。その第一の理由は、米国の方が一戸当たりの投資額が大きいことで、質がよく広い住宅に住んでいることが考えられます。第二の理由は、こうした広い住宅に毎年、リノベーションなどの投資をして、一層質を高める努力をしていることが考えられます。

いずれにしてもこの結果は、耐用年数のみならず広さなども含めた住宅の質が、日本よりも米国のほうが高いことを反映している可能性があります。質のよい住宅が転々流通していく社会では、住宅資産の価値が高いのはもちろん、それを供給、維持管理するための投資額も大きなものとなっているのだと考えられます。そして、それらが継続している点を考えると、住宅のメンテナンス投資以上の価値が住宅価格の上昇に結びついており、投資が十分な収益率を生んでいることが示唆されます。

米国のように既存住宅の流通性が高く、住宅の寿命が長い社会では、需要側の居住用資産が高いだけでなく、住宅の投資水準も高いなど供給側を含めたすべてのプレイヤーが得をするいわゆるWin-Winの状況を生み出すことができる可能性があることが示されています。少なくとも日本より米国のほうがより望ましい均衡にあると思われます。

本稿では国際比較による直感的な説明をしていますが、ストックフローモデルという経済学のモデルで、どのような条件下でそのような状態が実現するのか、およびそのような条件下で、具体的にどのような変化が消費者、住宅供給者にもたらされるかについて、「より進んだ内容」では数値例を交えた解説しています。

4　何が必要なのか？（ビジョンの共有手段としての計画）

それで米国型のより望ましい均衡に日本の住宅市場を移行させるためには、何が必要なのでしょうか。これまでに述べたように、既存住宅市場の活性化を図るためには、市場の重要なプレイヤーが一斉に行動を変える必要があり、そのためには既存住宅市場の活性化が自身にとって良い結果をもたらすというビジョンを共有することが重要です。

2016年に現行の住生活基本計画がスタートしました。この計画では、今後の住宅政策の方向性が示されると同時に、それによって実現する国民の住生活、住宅市場の将来像が示されています。その中では、2013年時点で市場規模4兆円の既存住宅の流通市場を、2025年に8兆円に倍増し、2013年に7兆円であるリフォーム市場を2025年に12兆円とする、という目標も掲げられています。

住宅市場には、住宅に居住する側の個人、住宅を貸す側の個人、事業者、住宅を建設し売却する側の事業者など、さまざまなプレイヤーが登場します。その中では、公的な関与が直接は及ばない個人を含む民間セクターがとても大きな役割を果たしています。そして、需要者はいつ、どんな形態で、どこに、どのくらいの規模の住宅に住もうとするのか、供給者は同様の視点でどのような住宅を供給するのかを、それぞれが住宅市場の姿に関する予測に基づいて意思決定をします。その際に、それぞれのプレイヤーの予測値がバラバラで、大きく離れている場合は、住宅市場が大きく不安定化する可能性があるかもしれません。示された予測値が必ずしも正確でなくても、共通の参照点をそれぞれのプレイヤーがもっている場合には、予測値の誤差を修正しながら、最適な点に安定的に移行することが可能になるのではないでしょうか。

それでは、住生活基本計画によって示されたビジョンとは、どのようなものでしょうか。

図表11-7に示されているように、2003年の住宅ストックは5,389万戸でしたが、10年後にはそれが6,063万戸へと、674万戸増加しています。一方、図表11-7の真ん中に描かれている、2003～2012年度の10年間の住宅着工戸数は1,030万戸です。つまり、住宅着工戸数のうち、5,389万戸＋1,030万戸－6,063万戸＝356万戸はストック増に結びついていません。この中には、老朽化が進展してやむなく建て替えられたものだけでなく、建物の質などに不安があるために、あえて建て替えられたものも多く存在するでしょう。

さらに、6,063万戸－5,389万戸＝674万戸のストック増加にしても、世帯増により必要に迫られて供給されたものは524万戸にすぎず、残りの150万戸は過剰なストックの増加を結果としてもたらしています。その中には第2章で問題とされた、十分な管理がされない、「その他空き家」として分類され、実質的に市場から排除されているストックの増加も含みます。

新しい住生活基本計画では、図に示された世帯増がむしろ世帯減に転換するということを前提に（5,367万世帯（2019年）→5,244万世帯（2025年））、既存住宅流通市場の市場規模を倍増するために、既存住宅の品質を調査するインスペクションの充実を含むさまざまな政策手段を講じることが謳われています。

このことは、物理的に必要ない建て替えなどを抑制し、その他空き家の発生を防止するため、図表11-7の灰色の部分は縮小することが予想されま

図表11-7 現在の住宅市場の構造

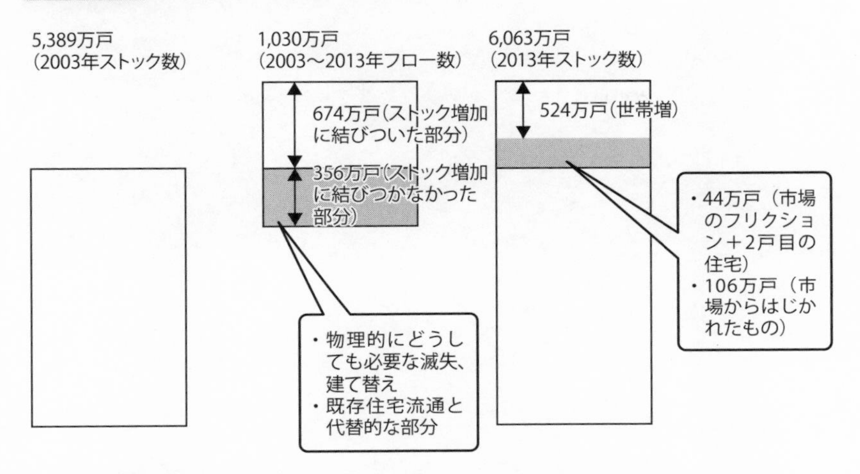

（出所）「住宅土地統計調査」（総務省統計局）および「住宅着工統計」（国土交通省）より作成。

す。そのような意味において、新築が引っ張ってきたと考えられるこれまでの住宅市場とは異なるビジョンを、住生活基本計画は示しているものとも受け止められます。市場予測の科学的な根拠を明らかにし、政府の政策上のコミットメントをより明確なものとすることで、この計画をさまざまなプレイヤーのアンカーとして機能させることが今後は求められるように思われます。

しかし、繰り返し述べてきたように、日本の住宅市場は大きな構造転換を迫られており、よりよい均衡に社会が移行するためには、すべての市場参加者の行動を同時に変える必要があります。さきほど述べたように、政府が既存住宅の取引にはインスペクションを義務づけるという強力な手段もひとつの方法ですが、そのうえで、構造転換を求めるビジョンを描くことも必要です。

そのような大きな転換をともなうビジョンの提示は、既存の利害関係者の調整からは出てきそうにありません。その場合には、住宅サービス市場における需要者の行動、資産市場における裁定取引、供給者の行動などを整合的に説明できるモデルに裏打ちされた、つまり科学的根拠をもったビジョンを、強いメッセージとして送ることが求められるのではないでしょうか。

第12章 マンションは買って大丈夫ですか？

1　はじめに

シェア・エコノミーという言葉が、たびたびメディアに登場するようになってから、もうずいぶんと時間が経ちます。シェアという言葉には、「分ける」という意味があり、いままで一人で使っていたモノを何人かで共同で使うということを意味します。シェア・エコノミーが注目されるようになったのは、これまで一人で利用していたモノの中には、みんなと共同で利用することに経済性があるものがあり、そうしたシェアを支えるインターネットの技術が開発された結果だと思います。サブスクリプション[1)]などというサービスもシェアの一種だと思われます。

みんなでひとつのモノを利用することには、多くの利益があります。自動車で言えば、駐車場で止まっている時間帯は、何の役割も果たしません。そうした時間に他の人たちが自動車を使うことができれば、より多くの人にとって便利なことは言うまでもありません。

共同で消費したほうが安上がりになるようなモノは、これまでにもたくさんの例があります。べつにシェアすることが新しいわけではありません。

1）　CDやDVDを所有するのではなく、一定の会費を支払うことによって、動画配信サービスや音楽配信サービスの利用権を獲得する方式で、Netflixや Spotifyなどが有名です。そのほかにもいろいろなサービスが生まれ、「サブスク」と呼ばれています。

例えば、映画館のサービスやテレビ放送・ラジオ放送といったものは、共同でみんなが利用できるサービスです。これらの設備には、多額の固定費用がかかりますが、多くの人々が同時に利用することができるので、一人ひとりが負担する費用をかなり下げることができます。多くの人々が共同でシェアしたほうが安上りになるモノがあるのです。

こうしたサービスの中には、政府・自治体が供給する公共財にもなっているものがあります。道路や公園、防衛や治安といったサービスは、多くの人たちが共同してシェアすることができるものなのです。また、みなさんも利用している方が多いだろうスポーツジムや、古くからはテニスやゴルフのクラブが、共同で消費ができる財・サービスとしてよく知られています。ゴルフやテニスクラブにある広大な敷地や設備を一人の人が独占利用するとしたら、どんなにお金があっても足りませんが、多くの人とシェアすると、一人当たりの固定費用を下げることができるので、みんなが安い料金でゴルフやテニスを楽しむことができるのです。

これを住宅に応用すると、どういうことになるでしょうか。共同住宅というものがあります。これは地価の高い都心部などで土地の面積を節約して多くの人たちが住むために考えられたものです。一定の土地面積に一戸建ての家を造り、一家族で住むのは、土地を贅沢に使う方法です。もちろん、その人にとっては望ましい方法かもしれませんが、とても高価なものになります。

これに対して、一定の土地面積の上に資本と費用を投下して、中層や高層の建物を建てて、その建物をシェアするようになったのが、アパートやマンションといったものになります。このように共同で利用するという考え方は、住宅では古くから応用されています。このように多くの人々が住んでいる共同住宅というのは、このシェア・エコノミーの先駆けと言ってもいいものかもしれません。

もちろん、住宅から生まれるサービスを共同消費するというのは、一定の面積の土地も共同で消費することになります。ひとつの共同住宅に100戸の住宅が入っているとすると、それらの人たちで一定の土地面積もシェアされることになるのです。

図表12-1　**共同住宅のシェア**

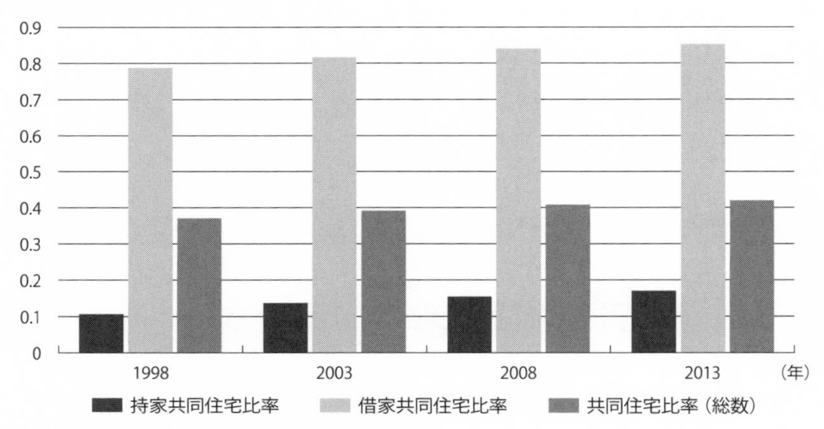

（出所）「日本の住宅・土地」（2013年）（総務省統計局）より。

都会に住む人にとって賃貸アパートやマンションが便利な住宅であるのは、住宅に必要なサービスのうち共同でシェアできる設備やサービスがあるために、一家族当たりの住居のコストを下げることができるからです。これが、日本で1960年代以降マンションが大量に建設されてきたひとつの要因と言えるでしょう。

高度経済成長に伴って都市化が進展すると、多くの人たちが雇用機会の豊かな都市圏に住居を構えようとしますし、企業も集積の利益を求めて、多くのビルを建てようとします。土地に対する需要が地価を押し上げる結果、価格の高くなった土地を節約するために、賃貸アパートやマンションという共同住宅はとても便利な住宅となったと言えます。これが地価の高い都市圏でマンションが大量に建設されるようになった原因です。

図表12-1は、持家と借家の各住宅に占める共同住宅の比率の推移を示しています。借家の共同住宅比率は、すでに高い水準に達していますが、1998年以降も依然として、79から85%まで緩やかに上昇しています。他方、持ち家の共同住宅、すなわち区分所有建物は、この間に11から17%まで上昇しており、上昇率は借家より高い水準にあります。

こうした共同住宅の比率がいずれも上昇しているのは、都市部での地価の上昇のために、土地を節約するインセンティブが働いたものと思われます。いいかえると、戸建てに比べて共同住宅のほうが共有部分があるので、共同で使ったほうが安上がりになるのです。

しかし、共同住宅の中でも人気の高いマンションには重大な課題があります。それは建て替え問題と呼ばれるもので、老朽化したマンションを建て替える際に困難な問題があることを言います。この章では、マンションにはどのような課題があるかについて考えてみましょう。

2　マンションと賃貸アパートの違い

同じ共同住宅でも、アパートとマンションは違います。その差は土地と建物を誰が所有しているかという点にあります。もともと、土地も建物も利用者とは別のオーナー（所有者）がいて、それを100戸の住宅に分けて、そして100家族が住むとなれば、これは賃貸という形での住み方になります。

所有者が保有している土地と建物を、その利用者（家族）が一定の契約期間にわたって借りるというサービスになるのです。一定の期間、特定の住宅サービスを消費し、その対価として所有者に家賃を支払うことになります。共用設備である玄関やエレベータ、屋上といった設備はアパートの住人（賃借人）が共同で利用し、その利用料は家賃に含まれています。

これに対して、土地も建物の所有者も利用者も同じ人たちなのが、マンションです。マンションというのは通称で、これが頻繁に使われるようになっていますが、正しくは区分所有建物と言います。英語ではコンドミニアムと言います。区分所有建物というのは、区分けされた住宅部分と共有部分の土地と共用設備についての所有権を有する共同住宅のことを言います。賃貸契約ではありませんので、家賃は支払う必要がありませんが、所有権を最初に購入しなければならなくなります。

つまり、建物の一区分を購入することによって、その部分の住宅を将来にわたって自由に使うことができるようになります。しかし、人々とシェアしなければならない部分が発生します。

例えば、建物の構造的な部分から言えば、屋根や壁面、エントランス、廊下、エレベータといった共有設備は、みんなが利用するために独占的な使用は許されませんし、コストもシェアしなければなりません。しかし、そうした共有部分は共同で使うことによって、一家族当たりの費用は安くなりますので、それが共同住宅の一戸当たりのコストを戸建ての住宅よりも安くしている理由になります。

ここでいま述べたことを整理しておきますと、大都市で多くみられる共同住宅の中には、アパートと言われる賃貸住宅と、いわゆるマンションと言われる区分所有建物があります。繰り返し述べているように、一定の土地面積に多くの住宅を建設するためには中高層化する必要がありますが、一般に戸建ての住宅よりも中高層の住宅を建てて、一住宅当たりの土地面積を節約することができます。こうした共同住宅の所有者と利用者が異なっているのがアパートのことであり、ここには賃貸契約が発生します。

これに対して、所有者も利用者も同じ人が、土地も建物も所有し、そして共同で自分の住宅以外の共同設備を共有し共同で利用する建物のことをマンションと言います。

3　区分所有法（マンション法）と建て替え問題

実際、都市に住む人間にとって、賃貸住宅と代替性の高い住宅は、区分所有建物いわゆるマンションです。一般に戸建ての住宅よりも低い価格で購入することができるので、都心のマンションの人気は高いものがあります。図表12-2にあるように、いまや人口の10％以上がマンションに住んでいます。

しかし、一般にひとつの物を共有したり共同で利用しようとしたりすると、そこには何らかの利害対立が発生してきます。所有権に基づき個別に住宅を自由に利用、修繕、売却、処分できる戸建て住宅と異なり、共有部分があるため、一定のルールに基づいて利用したり修繕したり処分したり

図表12-2 マンション供給戸数

○現在のマンションストック総数は約654.7万戸（2018年末時点）。
○これに2015年国勢調査による1世帯当たり平均人員2.33をかけると、約1,525万人が居住している推計となり、これは国民の約1割にあたる。

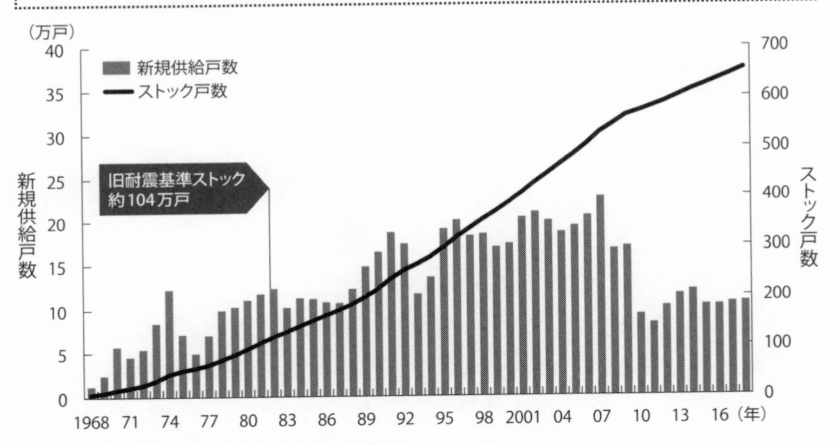

（注1）新規供給戸数は、建築着工統計等をもとに推計した。
（注2）ストック戸数は、新規供給戸数の累積等をもとに、各年末時点の戸数を推計した。
（注3）ここで言うマンションとは、中高層（3階建て以上）・分譲・共同建で、鉄筋コンクリート、鉄骨鉄筋コンクリートまたは鉄骨造の住宅を言う。
（注4）1968年以前の分譲マンションの戸数は、国土交通省が把握している公団・公社住宅の戸数をもとに推計した戸数。
（出所）https://www.mlit.go.jp/common/001290993.pdfより作成。

する必要が出てきます。

確かに、一戸建ての住宅ならば、所有者が自由に手を入れて修理したり、リノベーションしたりすることもできますし、売りたくなれば売ることもできます。屋根に衛星放送のアンテナを取り付けることも自由にできます。

しかし、マンションでは、そうはいきません。廊下の電灯が切れたからといって、住民が勝手に電球、蛍光灯などを交換することもできませんし、屋上に自分用のTVアンテナを設置することもできません。ベランダに洗濯物を干すのもルールがあります。これは共有部分があるために他の人々への影響を考慮したものなのです。こうした影響を経済学では外部効果と言います。

そこで定められたのが区分所有法[2]という法律です。さらに、マンションの管理組合が細かい規約を作って、マンションの住民たちが守らなければならないルールを決めており、安心して住むための準備をしています。それでも、これらの法律や規約だけでは十分ではありません。マンションの価値を守るには大きな障害があります。それがマンションの建て替え問題なのです。

さきほど述べたように、マンションは、専有部分である住宅部分と、廊下やエレベータなどのほか敷地についての共有部分から構成されていて、所有者が共有部分についても共有持分権を所有していることになります。戸建てに比べて、価格が安いことから、1960年代以降、区分所有建物は急速に普及し始め、2018年末までに約654.7万戸のマンションが建てられました。

しかし、今日に至って老朽化したマンションが増加し、深刻な社会問題となり始めています。とくに、1981年の建築基準法施行令改正以前に建てられた旧耐震基準の区分所有建物は約100万戸もあり、大きな地震がやって来たときに、倒壊するおそれがあります。それにもかかわらず、図表12−3にあるように、建て替え工事が完了しているマンションは、2019年4月時点で240件しかありません[3]。マンションの建て替えには大きな障害がありそうです。

内閣府・法務省・国土交通省（2008）によれば、築30年以上の区分所有建物の住民を対象としたアンケート調査の中で、建て替えが必要（修繕工事では不十分）と感じている住民の割合は5.5％ですが、全国規模では、その数は約1,000棟にも及ぶものと思われます。さらに、築40年以上に限定した場合、その割合は15.2％にもなり、老朽化マンションの建て替えは、今後より一層深刻になると予想されます。とくに区分所有建物の住宅全体に占める割合が高い都市部においては、建物の老朽化がスラム化を進行させ、都市環境が悪化することも大いに懸念されます。

このように、老朽化しても建て替えられないマンションには、どのよう

2）　正式には、「建物の区分所有等に関する法律」と言います。

3）　国土交通省ホームページ「マンションに関する統計・データ等」。
http://www.mlit.go.jp/jutakukentiku/house/torikumi/manseidata.htm

図表12-3 マンション建て替え実績

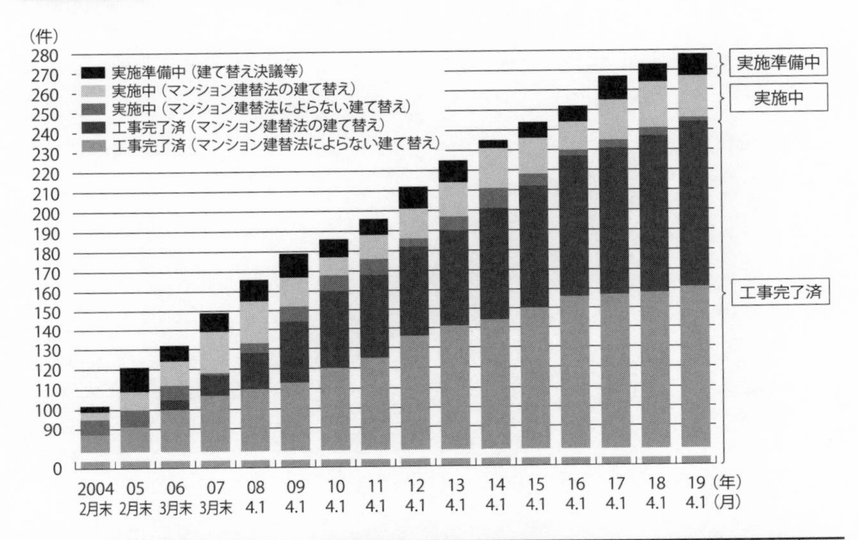

	2004年2月末	2005年2月末	2006年3月末	2007年3月末	2008年4.1	2009年4.1	2010年4.1	2011年4.1	2012年4.1	2013年4.1	2014年4.1	2015年4.1	2016年4.1	2017年4.1	2018年4.1	2019年4.1
実施準備中（建て替え決議等）	3	12	8	10	11	12	9	8	11	11	4	8	8	12	9	11
実施中（マン建法の建て替え）	4	9	12	21	22	15	9	12	15	17	20	18	14	20	23	21
実施中（マン建法によらない建て替え）	8	9	7	1	5	8	8	8	4	7	10	6	3	4	4	2
工事完了済（マン建法の建て替え）	0	0	5	10	18	31	40	43	46	49	57	62	71	74	79	83
工事完了済（マン建法によらない建て替え）	87	91	100	107	110	113	120	125	136	141	144	150	156	157	158	161

（注1）国土交通省調査による建て替え実績および地方公共団体に対する建て替えの相談等の件数を集計。
（注2）阪神・淡路大震災による被災マンションの建て替え（計112件）は含まない。
（注3）過年度の実績は今回の調査により新たに判明した件数も含む 。
（出所）https://www.mlit.go.jp/common/001290990.pdf より作成。

な問題があるのでしょうか。戸建ての建て替えとマンションの建て替えはどこが異なるのでしょうか。一戸建て住宅の建て替えを考えると、建て替えることによって、所有者の利益が増加するかどうかが重要です。建て替え費用よりもその便益が大きければ、人々は建て替えを選ぶでしょう。この便益の中には、住宅資産価値の上昇だけでなく、住み続ける場合の安全性の向上や快適性の改善といったものがすべて含まれます。つまり、コストをかけて改築して、以前よりも気持ちよく住めるかということです。建物が老朽化すればするほど、建て替えようと思うようになるのは、この建て替えの便益が大きくなるからです。

マンションの所有者も同じはずです。老朽化したマンションにいつまでも住み続けたくはありません。建て替えのコストよりも便益が大きくなれば、建て替えようと思うはずです。しかし、このタイミングはみなそれぞれ異なります。同じマンションに住んでいても、まだ建て替えなくてよいと思う区分所有者もいるでしょうし、もう十分に建て替え時機にきていると考える人もいるでしょう。十分な建て替え資金を得られる人もいますが、そうでない人もいます。そのために意見が対立します。

マンションは一人の意思決定ではどうにもなりません。多くの区分所有者の合意がなければマンションの建て替えはできません。これがマンション建て替えを難しくしている原因です。建て替えを妨げている基本的な原因は、区分所有建物における住民同士の合意形成が難しいことにあります。

そもそも、マンションの所有者は異なる年齢や経済状態にあることは言うまでもありませんが、多様な利害や選好をもっています。現在の区分所有のルールでは、こうした人々が、マンションの共有部分に関する修繕やその費用負担について、自らの発議で、合意形成を図ることが求められています。法律や建築についての専門的な情報や知見をもたない一般の住民が、自分たちのマンションについての建て替え問題を議論しなければならないことになっています。これには、時間的にも精神的にも多大な労力を必要とすることは言うまでもありません。

マンションを管理するのは住民である区分所有者たちです。自分たちの自治でマンションの維持・管理のすべてのことを決めなければなりません。マンションの管理組合の理事長には、たいした報酬もありませんが、建て替えといった大問題だけでなく、マンションに関する問題が生じれば会議を開き、議事を提案し、住民を招集し議論しなければなりません。これだけでも、たいへんな苦労だということがわかります。それも十数戸のマンションならばいざ知らず、数百戸のマンションでは、どうにもならないでしょう。理事（長）たちはマンションの住民から選出することになっているのですが、選ばれたらたいへんです。

最近では専門家に管理を委託することを容易にするように制度が次第に変化してきていますが、いまだに日本の区分所有法は、こうした問題に対処できるようになっていません。一般的に、区分所有者が多いほど合意形成は困難になります。さらに、日本の区分所有法は、区分所有建物を建て替える際や大規模な修繕を実施する際に、反対者との利害対立を助長する仕組みになっており、それが建て替えを難しくする大きな原因と考えられています。

4　現行の建て替え手続き ―補償ルールのあり方―

建て替えについての合意形成に伴って生じる建て替えの遅れや費用の増加は、「建て替え問題」と呼ばれています。最初に、建て替え問題を深刻にしている原因について考えたうえで、建て替え問題を解決するための法改正について考えてみましょう。

区分所有法62条には、区分所有建築物の建て替えには区分所有者の4/5以上の賛成が必要とあります。一般の共有物を修繕したり、売却したりする際には全員の合意が必要というのが民法の決まりですが、たった一人でも反対者がいると、建て替えできなくなってしまうというのでは話になりません。とは言っても、単純過半数では、半数近くの反対者がいる場合にも建て替えが実行されてしまうので、区分所有者の権利を十分に保護できないという問題が生じます。そこで、4/5以上の賛成という特別多数決が導入されたものと考えられます。

当然のことですが、全員合意はとても難しいことです。仮に4/5の多数決で可決した場合でも、20%近くの人々が建て替えに反対する可能性があります。

図表12-4 マンション建て替えの問題点

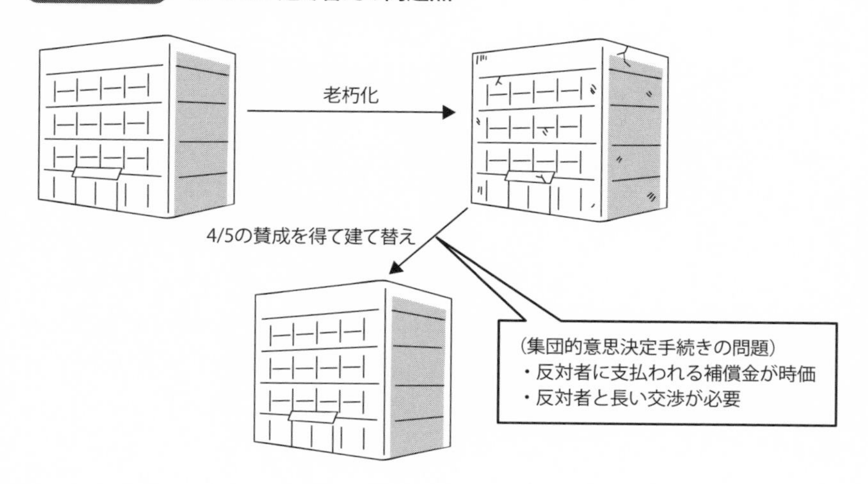

そこで、反対者への補償を定める必要がありました。区分所有法第63条4項には、建て替え決議に賛成した区分所有者等は「建て替えに参加しない旨を回答した区分所有者(反対者)に対し、区分所有権及び敷地利用権を時価で売り渡すべきことを請求することができる」とあります。

これは何を意味しているのでしょうか。この条項は、反対者の所有する区分所有権を賛成者が買い取る必要があることを意味しています。法律の文面上は、賛成者側から反対者の区分所有権を売り渡すように請求ができるとされていますが、反対者が計画に反対して居住し続ける限り建て替えはできませんので、実質的には賛成者に買い取りを義務づけることになります。

問題は、図表12-4にあるようにこの買い取り時の価格を「時価」としている点にあります。建て替えが決議されたあとでは、そのような区分所有権の価値も建て替え後の利益を反映して上昇しているはずです。その結果、賛成者が反対者の区分所有権を補償のために買い取るときには、建て替え後に得られる資産価値の上昇(開発利益)を含んだ高い価格になるということです。

現行の建て替え決議で最も深刻な問題は、この点にあると思います。建て替えに賛成する区分所有者が、反対する区分所有者に対して、建て替えによって生じる利益分まで補償として支払わなければならないということです。反対者は建て替えの利益を補償の形で受け取ることができるのに対し、賛成者はその補償を負担しなければなりません。この法律のために、賛成者になるのと、反対者になるのとでは、大きな差が生じるのです。

5　数値例による建て替え補償ルールの問題

いまこの点を、数値例を用いてもう少しくわしく考えてみましょう。いま100戸の区分所有者のいるマンションを考えてみましょう。建て替えによって各自の区分所有の価値が1,000万円上昇するとしましょう。簡素化のために、建設費の一戸当たり負担分を500万円とします。

ここで、すべての区分所有者が賛成すると、(1,000－500)万円×100人＝5億円の資産価値の上昇が生じるので、これはきわめて合理的な建て替え計画です。建て替えによって、すべての人が利益を得ることができます。

しかし、以下では、区分所有法の補償ルールが、こうした合理的な計画を破綻させることを明らかにしましょう。そこで、一人当たり誰にも500万円の利益があるにもかかわらず、何らかの理由で反対する人が20%いるとしましょう。その理由として建設費の負担や建て替え時に生じる引っ越しのわずらわしさやコストを挙げることができると思われます。高齢者は一般にその傾向が強くなります。

すると、建て替え賛成者には1,000万円－500万円の利益があると思いますが、そうではありません。反対者から区分所有部分を買いとらなければなりません。反対者20人に支払う補償総額は（1,000－500)×20＝1億円になり、それを賛成者80人で負担しなければなりませんので、一人当たりの負担額は1億円÷80＝125万円になります。

その結果、賛成者の利益は（1,000－500)－125＝375万円に減少してしまいます。これに対して、反対者の利益は500万円です。つまり、20%の人が反対する状況では、賛成するよりも反対したほうが有利なのです。

正しく言うと、実は一人でも反対者がいる場合にも同様で、反対したほうが利益になるのです。そして反対する人が増えるたびに賛成者の利益は減っていくという仕組みになっています[4)]。

いま述べたことを一度整理しておきましょう。まず、このマンション建て替え計画はすべての人にとって利益になるものでした。すべての住民（区分所有者）にとって、500万円の利益になる建て替え計画です。

しかし、現在の区分所有法のルールのもとでは、100％合意以外に建て替え決議が成立することはありません。もし一人の人が反対すると、賛成者はその反対者への補償のために利益が500万円を下回ることになるので、反対して補償をもらったほうが有利になります。

もう一人が反対すると、補償費はさらに増えますので、賛成者の利益はさらに減って、ますます反対したほうが有利になるのです。こうしたメカニズムが働くので、本当は賛成したいのに反対したほうが有利になる結果、多くの人が反対に回るでしょう。

計画に必要な80％の賛成者（20％の反対者）がいるときにも、同じような利益（賛成のときの利益325万円、反対の利益500万円）の構造なので、さらに反対が増えてしまうので、建て替え決議は不成立となってしまいます。

つまり、すべての人に利益が及ぶ計画でさえも、このルールのもとでは成立するはずの建て替え決議も不成立になってしまうのです。これが現状のルールの最大の問題点で、全員合意でなければ、マンションが建て替えられない原因のひとつと考えられます。これでは建て替えできないのも無理はありません。この問題はどのように解決したらよいのでしょうか。

6　他の議決方法について

マンション建て替えの手続きを改善するために、以下のような二つの議

4）　一人が反対する場合の賛成者の一人当たりの補償額は、500÷99＝5.09万ですから、賛成したときの利益は約495万円になり、反対したときよりも低くなります。

決方法が提案されています[5]。第一の提案は、「建て替え決議と補償額を同時に議決する」というものです。第二の提案は解消決議です。第一の提案から説明していきましょう。これは建て替えの賛否を問う際に、反対者に対する補償額を決めたうえで、投票するという方法です。反対者に対し適当であると考えられる補償額を事前に提示して、その補償額を含めて建て替えに賛成か否かを決議します。

既に説明したように、可決後に買取り価格を決定するという現行のルールは、交渉で補償額を決めることになり、交渉を長引かせ、補償額を高める要因になってしまいます。現行のルールでは、反対者にも建て替え後の価値を全額補償することになっています。そのため、賛成者が不利になる結果となってしまいます。さらに賛成者が全員に建て替え計画の利害を説明しなければなりませんので、その精神的苦痛も賛成者が負担する結果となります。

これに対して、第一の提案にあるように、補償額を提示したうえで賛否を問う場合には、この問題は回避されます。補償額を事後的に決める必要はないからです。

さきほどと同じ数値例を用いて、このルール改定について考えてみましょう。すべての住民100人に500万円の利益があるのですから、建て替え計画は5億円の資産価値の上昇が生じます。

ここで建て替え計画に同意せずに退去すると考えている人（反対者）に対しては、400万円を補償するとしてみましょう。このとき計画に賛同する人の利益はどうなるでしょうか。いま、反対する人が当初20％いるとすると、補償総額は400×20＝8,000万円になり、それを80人で負担しますので、賛成者の一人当たりの負担は100万円になります。計画による資産価値の増加は500万円でしたから、その負担後の利益は400万円に減少します。

しかし、20戸分を400万円で買い取りましたので、8,000万円の負担が生じましたが、それが1億円で売却できますので、建て替え計画を進める人たち80人には、1億の利益が生じます。それは1人当たり125万円の利

5) 瀬下・山崎（2013）を参照。

益になります。結局、建て替え計画を進める人には525万円の利益が生じ、退去する人には400万円の利益（補償）が生じます。

ここで、退去する人（建て替えに参加しない）と参加する人との間の利益格差が大きすぎる、つまり補償が低すぎると考える人が増えた結果、20％を上回るときには、この計画は否決され、補償額を高める計画が再び提案されることになるかもしれません。

このとき、例えば退去者には450万円を支払って、建て替えるという計画が再提案されるとしましょう。これに賛成して建て替え計画に参加する人々が増えれば、（不参加者は減りますので）不参加者への一人当たりの補償は450万円のままですが、参加者の利益が増えていくことになります。その結果、参加者の増加が期待できるのです。このルールのもとでは建て替えに参加しない人の利益を守りながら、参加者を増加していくことができるのです。

ここでは単純化して、すべての人々に500万円の利益が生じる建て替え計画を考えましたが、現実にははるかに複雑な利益分配が生じると予想されます。建て替えによって、まったく利益が生じない住戸が出てくる一方で、多額の利益を手にする可能性の高い住戸もあると思われます。また個人的事情で建て替えに参加できない人もいるかもしれません。

そうした利害を調整するためには、建て替える住戸の配分も含めたきめの細かな分配ルールを作る必要がありますが、標準的な住戸をモデルにして補償や分配を決めたうえでの投票により、計画の是非を判断することが求められます。

現行制度とこの提案の重要な違いは、現行制度では、補償を受け取るためには建て替え決議に反対を表明することになるのに対して、この提案では、建て替えに同意しない人が補償を受けるためには、補償額を含めた建て替え決議に賛成を投じる必要があるという点です。そのうえで、個人的に建て替えはイヤだと思う人々は建て替えには参加せずに、補償額を受け取って、転居すればよいのです。

こうすれば、建て替えに参加する人々が参加しない人々の住戸部分を取得して、再建築したその住戸を他の人々（新たな転入者）に売却して補償額を回収できるので、建て替えは円滑に進むと考えられます。

このルールの特徴は、建て替え参加者と不参加者の間の分配が建て替えにおいて公平かどうかを判断する決議になっている点です。建て替え自体が合理的でも補償が多すぎたり少なすぎたりすれば、反対者が増えて計画は否決されてしまいます。さらに、可決された場合には、建て替えに参加するかどうかは個人の事情に基づいて判断すればよくて、計画に賛成票を投じたうえで、不参加を決めてもよいのです。

この意味で、このルールは建て替え後の分配の公平性を問う決議と建て替えに参加するかどうかという判断を分離しているのです。建て替え後の利益配分についての是非を決めたうえで、参加するか否かは個人の判断になるのです。これによって、建て替え決議がスピードアップしますので、建て替えの利益が高まり、担保価値も上昇するので、銀行からの建設資金の借入れも容易になると予想されます。その結果、資金の不足した住民も建て替えに参加しやすくなると思われます。

第二の提案は、建て替え決議ではなく、米国のコンドミニアム法（日本のマンション法に該当）にあるように、区分所有建物の権利関係の解消決議を導入することです。そこでは、既存の所有者が建て替えをするのではなく、所有者は現状維持か解消かを選択し、解消が決議されれば、全所有者が一定の売却金額を受け取って、他の住宅へ転居するというルールになっています。この場合には、マンション全体の売却先と売却金額が既に決まっている必要があります。ですから、再開発用地として魅力的なマンションが対象になります。

州法によって、若干の違いはありますが、解消決議では、既存のコンドミニアムを再開発業者に売却して、その売却金額を区分所有者間で分配することになっています。分配にあたっては、鑑定士によって、それぞれの住戸の価値が客観的に査定されることになっています。各区分所有者に対して、買い取り金額が提示されてからの投票になるので、日本の区分所有法よりも問題が少ないと言えそうです。この決議には4/5の賛成が必要という州が多いようです。日本においても2014年にこの解消決議と同趣旨の敷地・マンション売却制度が創設されましたが、耐震性能に問題があるマン

図表12-5　区分所有関係解消の問題点

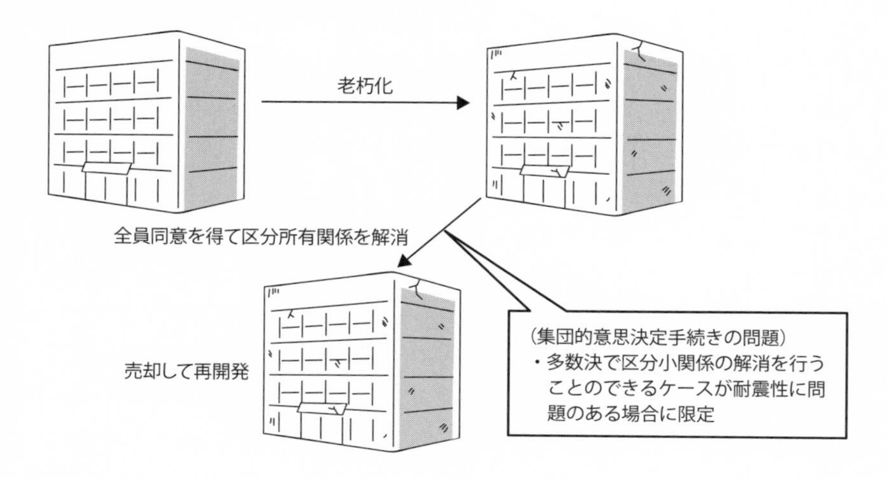

ションに限定されていることが問題として挙げられます（図表12-5)。

区分所有者が選択するのは、解消か現状維持かという決議です。最初に提示された各戸の評価額に基づいて、各区分所有者が解消の是非を決めることになります。ここでも補償の問題は解消決議と一応切り離されていますので、自分の評価と提示された買い取り価格を比較して票を投じればよいのです。

買い手である開発業者は投票が可決されるように各戸の買い取り価格を決めるでしょうから、利益分配が著しく偏ったものにならないようにすると思われます。こうしたルールのほうが現行の日本のルールよりも合理的ではないでしょうか。この点を次節で検証してみましょう。

7　建て替え問題とマンションの価値

これまで説明したように、日本の区分所有法は、区分所有建物を建て替える際に、賛成者よりも反対者の利益を優先しすぎる仕組みになっており、建て替え問題を助長する原因になっています。他方、米国のコンドミニアム法では解消決議が導入されており、反対者に対する追加的な補償が基本的に生じない点で、日本の建て替え決議よりも効率的な再開発が促されると考えられます。

もしそうだとすると、日本の区分所有建物と比較して、米国では建て替え問題によって生じるコストがない分、コンドミニアムの資産価値は高く保たれているのではないでしょうか。

少し話は難しくなるのですが、建物の建て替えや解消といった再開発を実施する最適なタイミングを経済学的に考えてみましょう。あなたが仮に築40年程度のマンションの住人だとしましょう。いまこの瞬間に、マンションを建て替えた場合の利得とは何でしょうか。

建て替えに1年くらいかかるとすれば、1年後以降耐用年数期間中に得られると予想される住宅サービスの価値の増加分に注目する必要があります。建て替えによって得られる住宅サービス価値の増加分は、建て替えをせずにこのまま得られる帰属家賃と建て替えによって得られる帰属家賃の差額を将来にわたって合計したものになります。

これは将来生じる分も含みますので、第7章で解説したように時間割引率で割り引く必要があります。一方建て替えにともなうコストとは何でしょうか。わかりやすいのは、建て替え工事にかかる費用です。これは現在発生する費用ですから現在価値に割り引く必要はありません。すると、

マンションを（いま）建て替えた場合の利得
＝建て替え後の建物が生み出す新しい帰属家賃の増加分を将来にわたって合計した割引現在価値－(建て替え費用)

となります。この利得は、建て替え時期によって異なりますから、この利得が最大になる時点を、合理的な人々は、建て替えに最適なタイミングとして選ぶことになります。

しかし、日本の区分所有建物や米国のコンドミニアムは、集合的な意思決定を必要とすることや、区分所有法およびコンドミニアム法に固有の問題点のために、最適な時点での建て替えや解消は一般的に困難です。再開

発が最適なタイミングから遅れれば、遅れるほど老朽化のためにマンション価格は低くなると考えてよいでしょう。

また、合意形成のためのコストや、建て替えや解消反対者との交渉費用および反対者を退去させるための補償額が大きくなれば、マンション価値は低下すると考えられます。

日本の区分所有建物には、建て替えにともなう費用として、物理的な解体および建設費用だけでなく、建て替え工事の際の仮住居費や移転費用、建て替え協議や交渉に費やされる時間費用や精神的苦痛も含まれます。

これに対して、米国のような解消決議は、日本の建て替え決議と比べて、スムーズに行うことができると考えられますので、米国では、日本よりも協議が遅延する可能性は低いでしょう。そのため、日本の区分所有建物と比較して、コンドミニアムの価格は高く維持され、また、マンション価値が減価するスピードも遅いと考えられるのです。

1995年に起きた阪神・淡路大震災における区分所有建物の復旧に関する研究では、マンション棟内の総戸数と、建て替えが実施されるまでの日数との間に、正の相関を見い出しています[6)]。また、日本で建て替えが実施された33事例に関する合意形成プロセスの研究では、各事例の総戸数と合意形成に費やした年数を記録しており、両変数の間に0.46の相関係数が確認されています[7)]。

合意に至るまでの時間だけでなく、解消協議に費やされる時間費用や労力も、マンション棟内の総戸数が多いほど増加する可能性が高いと考えられます。コンドミニアム内で合意形成を図る際に、顔見知りの数世帯で話し合いをするよりも、見慣れない多数の住民の意思を確認し調整することのほうが、時間的または精神的な費用を含めて、多額のコストが生じるでしょう。

もし、区分所有者数の増加によって、コンドミニアム棟内の合意形成が著しく難航するとすれば、それにともなうコストの増加や再開発の遅延の

---

6) West and Morris (2003)。
7) Meno (2004)。
8) 山崎・定行 (2013)。

ために（他の要因を一定として考えると）総戸数は建物価格に対してマイナスの影響を及ぼすと推測されます。

ここで、一般的に所有者数の多い区分所有建物ほど、合意形成が難しい点に着目して、区分所有建物と賃貸専用アパートの家賃および価格をそれぞれ推計し、比較した著者たちの研究を紹介しておきましょう[8]。

賃貸専用アパートは、一般的に不動産業者やREIT（不動産投資信託）など、本質的に単独の所有者によって管理、運営されているため、建て替えに関する意思決定を比較的自由に行うことができます。つまり、賃貸マンションでは、所有者が一人なので、もともと集合的意思決定を必要としません。

他方で、これまで述べてきたように、分譲マンションは複数の所有者によって管理、運営されているため、建て替えなどの意思決定に多くの費用と精神的な負担がかかります。こうした意思決定にかかる費用の違いが、両マンションの資産価格に反映されている可能性があります。そこで、それらの価格を比較することによって、建て替え問題にともなう影響について検証しました。区分所有のマンションでも、所有者が転居したあとに、他人に賃貸することがよくあります。そのためその家賃のデータを用いることができます。

まず、区分所有建物と賃貸専用アパートの家賃を推計し比較したところ、（賃貸されている）区分所有建物の家賃は、賃貸専用アパートの家賃に比べて、総戸数が増加するほど低くなっていることが確認されました。家賃＝a＋b×総戸数＋……という方程式を推定しました。その結果、bの符号がマイナスになったのです。つまり、区分所有者が多いほど、区分所有建物の共有部分の効率的なメンテナンスが妨げられ、住宅サービスの質が低下している可能性があり、そのため家賃が下がっていると考えられるのです。これは区分所有建物における合意形成上の問題により、修繕やメンテナンスが十分でない可能性を示唆しています。

次に、資産価格を推計したところ、一棟内の総戸数の係数に関して有意な差が観察されました。つまり、資産価格＝α＋β×総戸数＋……という方程式をデータを用いて推計したのです。すると、なんとβの値が負の符号をもっていることがわかりました。REITなどが保有する賃貸アパートの資産価値の方程式では、総戸数から統計的に有意な影響を受けないのに対して、区分所有建物の資産価値は、総戸数が増えると、有意に低下することがわかりました。これにより、日本の区分所有建物では、合意形成上の問題のために、効率的な建て替えや修繕が実施できず、資産価値が低くなっていることが明らかとなったのです。

以下の図表12-6は、平均的なマンションを想定し、築年数ごとに区分所有建物および賃貸専用アパートの資産価値を求めたものです。具体的には、都心から電車で15分、駅から徒歩7分に立地し、総戸数50戸7階建て建物の4階部分に位置する、専有面積50平方メートル、南向き角部屋の中古マンションを想定し、家賃関数および価格関数の推計値を用いて資産価値を求めたものです。

推計された築1年の区分所有建物および賃貸専有アパートの資産価値は、それぞれ3,748万円と3,811万円です。築年数が経つにつれて、両方とも資産価値は低下しますが、区分所有建物価格の下落するスピードは賃貸専用アパートと比較して速いことがわかります。築30年では、区分所有建物は2,021万円、賃貸専用アパートは2,406万円となり、その差額は385万円にもなります。両者の差額は、合意形成上の問題によって引き起こされる建て替え問題の費用を意味していると考えられます。

同様に米国のデータを用いて、日本の区分所有建物に該当するコンドミニアムの価値を分析するために、合意形成の遅れから、建物価値が低下していないかどうかについて、ハワイとロサンゼルスのデータを用いて検証しました。すると、そこでは、解消決議の合意形成の遅れが原因で、価値が損なわれているという事実は観察されませんでした。

こうした検証結果は、日本の区分所有法に比較して、米国のコンドミニアム法がより合理的であり、コンドミニアムの価値を低下させていないことを示すひとつの証拠と考えられます。日本の区分所有法を改正するうえで、解消決議を前提にしている米国のコンドミニアム法は、重要なお手本になると思われます。

これらの結果から、区分所有法を改正し、建て替えの賛成者が反対者に

図表12-6　建物の資産価値

	区分所有建物	賃貸専用アパート	差額
築1年	3,748万円	3,811万円	63万円
築5年	3,436万円	3,503万円	67万円
築10年	3,089万円	3,229万円	140万円
築20年	2,498万円	2,780万円	272万円
築30年	2,021万円	2,406万円	385万円

（注）Yamazaki and Sadayuki［2017］より作成。

対する補償を負担する方法を改めたうえで、米国の解消決議の導入も含めて、いくつかの方策を組み合わせていくことが、マンション建て替え問題を解決するために必要であると考えられます。

8　おわりに　被災マンションの取り壊しについて

これまで述べてきたように、マンションの建て替えは遅々として進んでいません。防災上の観点から、老朽化したマンションを建て直すことが重要なのは言うまでもありません。しかし、一般にマンションを建て替えるための法律上の問題点が数多くあることが明らかになったと思います。もちろん、これは地震に備えるという意味で、事前の対策であります。

しかし、事後の課題もあります。実際、東日本大震災で被災したマンションを取り壊す際に深刻な問題が生じています。阪神・淡路大震災では、区分所有者たちは被災したマンションが実際に使えなくなっただけでなく、しかもそれを取り壊すことさえも難しいという事態に直面しました。それは、マンションを建て替えるのではなく、取り壊しや売却という場合では、全員の合意が必要になるからです。全員の合意が必要ということは、一人の反対者も出ないということですが、それ以前に所有者が一人残らず意思表明をする必要があります。

例えば、区分所有者が不在で、行方が確認できない場合には、全員合意という条件を満たせなくなります。実際に、大規模修繕をする場合にも、古いマンションでは、行方の知れない所有者を探すのにたいへんな苦労をしています。

時間が経過するにつれて、建設当初の区分所有者がマンションを離れていくという事態が生じるのは自然なことです。したがって所有者を探すのもたいへんです。それを受けて、「被災区分所有建物の再建等に関する特別措置法」（被災マンション法）ができました。その法律のもとでは、政令で定められた規模以上の大災害が起こって、区分所有建物が滅失した場合には、多数決でその敷地に建物を再建することができるようになりました。

さらに、2013年に施行された改正被災マンション法によって、東日本大震災において、実際に被災したマンションを取り壊す際や、その建物の敷地を売却する際には、区分所有者の全員合意ではなく、4/5の合意があれば、よいことになりました。

その後数件の被災マンションが取り壊され、敷地が売却されるようになりました。こうした経緯は、合理的な法改正がいかに重要であるかを物語っています。

第1章

筒井義郎，佐々木俊一郎，山根承子，グレッグ・マルデワ（2017）『行動経済学入門』，東洋経済新報社．

山崎福寿（2013）「木造住宅密集地域の再開発が進まない基本的原因とその解決策について」，『都市住宅学』，83巻，pp.46-51.

山崎福寿（2014）「大災害対策と財産権補償：金融緩和期にこそ進めるべき都市災害対策」，『土地総合研究』22巻4号，pp.99-106.

山崎福寿（2014）『日本の都市のなにが問題か』NTT出版．

Seshimo. H. and F. Yamazaki（2018）"Preventive Investment and Relief Spending for Natural Disasters: Why Do Rescue Operations Cause Big Spending for Prevention?" *Regional Science Policy and Practice,* Vol.10, No.3, June, pp.161-187.

Weinstein, N. D.（1980）. Unrealistic optimism about future life events. *Journal of Personality and Social Psychology,* 39（5）, 806-820.

第2章

岩田規久男・花崎正晴・山崎福寿・川上康（1993）『土地税制の理論と実証』，東洋経済新報社．

中川雅之・山崎福寿（2020）『アジアの国際不動産投資』慶応義塾大学出版会．

山崎福寿（2014）『日本の都市のなにが問題か』，NTT出版．

山崎福寿（2015）「土地・相続・介護」，『季刊 住宅土地経済』，No.96，pp.2-7.

第3章

筒井義郎，佐々木俊一郎，山根承子，グレッグ・マルデワ（2017）『行動経済学入門』，東洋経済新報社．

中川雅之（2002）「いかにして差別を検証するか：監査調査法によるアプローチ」，『計画行政』，72号，pp.50-59.

中川雅之（2014）「消費者都市への転換：アトランタの都市政策からの教訓」，『都市とガバナンス』，Vol.22，pp.55-66.

中川雅之（2016）「サービス付高齢者向け住宅等高齢者住宅政策の評価」，『都市住宅学』，93号，pp.22-26.

中川雅之（2017）「住生活基本計画は何を目指すのか」，『住宅』，Vol.65，pp.28-34.

中川雅之（2018）「民泊とは何か？：経済学の視点」，『日本不動産学会誌』，Vol.16，pp40-46.

U.S. Department of Housing and Urban Development（2006）"Effects of Housing Vouchers on Welfare Families," Washington. DC: Abt Associates.

第4章

山崎福寿・浅田義久（2008）『都市経済学』，日本評論社．
山崎福寿（2014）『日本の都市のなにが問題か』，NTT出版．
山崎福寿（2015）「土地・相続・介護」，『季刊 住宅土地経済』，No.96，pp.2-7．
山崎福寿（2015）「『老後の選択』縛る相続税：土地住宅の優遇やめよ」，『老いる都市「選べる老後」で備えを』，日本経済研究センター報告書，pp.61-76．
Arkes, H. R. and Blumer, C.（1985），"The Psychology of Sunk Cost", *Organizational Behaviour and Human Decision Process*, 35（1），pp.124-140.
Der, L.Y. and L. W. Yan, "Managing Congestion in Singapore: A Behavioural Economics Perspective", *Journeys*, May 2009, pp15-22.
Shampanier, K., Mazar, N. and Ariely, D.（2007），"Zero as a special price: The true value of free products", *Maketing Science*, 26（6），pp.742-757.

第5章

佐々木公明・文世一（2000）『都市経済学の基礎』，有斐閣．
中川雅之（2018）「沿線開発とはどのようなビジネスモデルなのか？：経済学の視点」，『運輸と経済』，交通経済研究所，pp.106-111．
中川雅之（2018）「田園住居地域とは何か：経済学の見方」，『都市住宅学』，101号，pp.13-17．
藤田昌久，ジャック・F・ティス（2017）『集積の経済学：都市，産業立地，グローバル化』，東洋経済新報社．
Cavailhes, J., D. Peeters, E. Sekeris and J. F. Tisse（2004）"The Periurban City: why to Live between the Suburbs and the Countryside," *Regional Science and Urban Economics*, Vol.34, pp.681-703.

第6章

中川雅之（2015）「東京は「日本の結婚」に貢献：人口分散は過剰介入」，『老いる都市「選べる老後」で備えを』，日本経済研究センター報告書，pp.45-59．
八田達夫（1992）「東京一極集中：価格機構による対策」，宇沢弘文・堀内行蔵編『最適都市を考える』，第5章，東京大学出版会．
増田寛也（2014）『地方消滅：東京一極集中が招く人口急減』，中公新書．
山崎福寿・浅田義久（2008）『都市経済学』，日本評論社．
山崎福寿（2014）『日本の都市のなにが問題か』，NTT出版．
山崎福寿・中川雅之・瀬下博之（2016）「地方創生政策を評価する：経済学の視点」，『日本不動産学会誌』，No.113，pp.42-48．

第7章

筒井義郎，佐々木俊一郎，山根承子，グレッグ・マルデワ（2017）『行動経済学入門』，東洋経済新報社．

豊田奈穂・中川雅之（2013）「都市縮小に向けた戦略的対応」，『計画行政』，No117，pp.26–32.

中井英雄（1988）『現代財政負担の数量分析』，有斐閣．

中川雅之（2018）「公共施設再配置に関する利害者の対立と合意形成：埼玉県のケース」，『都市の老い：人口の高齢化と住宅の老朽化の交錯』，齊藤誠編著，勁草書房，pp.255–276.

中川雅之・栗田卓也・豊田奈穂（2014）「居住地の移動という選択肢」，『選べる広域連携：自治体による戦略的パートナー選択の時代へ（NIRA研究報告書2014.4）』，pp.117–128.

中川雅之・浅田義久・青木研・川西論・山崎福壽（2013）「都市規模の決定に関するフィールド実験」，『季刊 住宅土地経済』，第89号，pp.12–19.

西川雅史（2002）「市町村合併の政策評価：最適都市規模・合併協議会の設置確率」，『日本経済研究』，No.46，pp.61–79.

林正義（1999）『地方財政論：理論・制度・実証』，ぎょうせい．

林正義（2002）「地方自治体の最小効率規模：地方公共サービス供給における規模の経済と混雑効果」，『フィナンシャル・レビュー』，61号，pp.59–89.

藤田昌久，ジャック・F・ティス（2017）『集積の経済学』，東洋経済新報社．

横道清孝・村上康（1996）「財政的効率性からみた市町村合併」，『自治研究』，第72巻，11号，pp.69–87.

吉村弘（1999）「行政サービス水準及び歳出総額からみた最適都市規模」，『地方経済研究（広島大学経済学部付属地域経済研究センター紀要）』，第10号，pp.55–70.

Bruckner, J. K（1997）"Infrastructure FinAncing And RrBAn Development: The Economics of ImpAct Fees," *Journal of Public Economics*, No.66, pp.383–407.

Hara, K., Y. Ktakaji, H. Sugino, R. Yoshioka, H. Takeda, Y. Hizen and T. Saijo（2019）"Effects of Experiencing the Role of Imaginary Future Generations in Decision-Making: A Case Study of Participatory Deliberation in a Japanese Town," RIETI Discussion Paper Series 19–E–104.

第8章

浅田義久・山崎福寿・西村清彦（2002）「税制の変化の影響：地価を不安定化した相続税と土地譲渡所得税」，西村清彦編『不動産市場の経済分析：情報・税制都市計画と地価』，日本経済新聞社，pp.99–128.

金本良嗣（1994）「土地課税」，野口悠紀雄編『税制改革の新設計』，日本経済新聞社．

山崎福寿（2014）『日本の都市のなにが問題か』，NTT出版．

山崎福寿（2015）「土地・相続・介護」，『季刊 住宅土地経済』，No.96，pp.2–7.

第9章

豊田奈緒・中川雅之（2012）「これからの都市と医療福祉：人口減少・超高齢化を見据えた都市縮小とインフラ再編」，『老いる都市と医療を再生する』，公益社団法人総合開発研究機構，pp.15–30.

中川雅之（2018）「高齢者住宅問題とは何か？」，『日本不動産学会誌』，Vol.32，No.1，pp.70–74.

中川雅之（2016）「サービス付高齢者向け住宅等高齢者住宅政策の評価」，『都市住宅学』，93号，pp.22–26.

中川雅之（2014）「高齢者住宅政策と地域包括ケア体制の評価」，『季刊 社会保障研究』Vol.50，No.3，pp.250–262.

山崎福寿（2014）『日本の都市のなにが問題か』，NTT出版.

Glaeser, E. L. and J. Gyorko（2005）"Urban Decline and Durable Housing," *Journal of Political Economy*, Vol.1.

第10章

岩田規久男・八田達夫編著（1997）『住宅の経済学』日本経済新聞社.

山崎福寿・浅田義久（2008）『都市経済学』，日本評論社.

山崎福寿（2014）『日本の都市のなにが問題か』，NTT出版.

第11章

遠藤圭介・中川雅之・浅田義久（2016）「不動産価格付けに関するアンカリングと調整」，『2016年度秋季全国大会（第32回学術講演会）論文集』，日本不動産学会，pp.21–28.

友野典男（2006）『行動経済学：経済は「感情」で動いている』，光文社新書.

中川雅之（2014）「中古住宅流通活性化と住宅市場の将来ビジョン」，『住宅金融』，No.30，pp.26–30.

中川雅之（2017）「住生活基本計画が示す新たなビジョン：新築住宅を中心とした市場からの転換」，『FRKコミュニケーション』，pp.10–11.

中川雅之（2016）「市場経済の中の住生活基本計画」，『都市住宅学』，94号，pp.9–13.

DiPasquale, Denise and William C. Wheaton（1994）"Housing Market Dynamics and the Future of Housing Prices," *Journal of Urban Economics*, 35（1）, pp.1–27.

Nakagawa, M.（2014）"The Characteristics and the Future of the Japanese Housing Market in Comparison with U.S. Housing Market," *Journal of the Center for Real Estate Studies*, Vol.2, No.1, April, p.18.

Northcraft, G. B. and M. A. Neal（1987）"Experts, Amateurs, and Real Estate: An Anchoring-and-Adjustment Perspective on Property Pricing Decisions," *Organizational Behavior and Human Decision Processes*, 39, pp.84–97.

Potarba, James M.（1984）"Tax Subsidies to Owner Occupied Housing, An Asset-Market

た行

な行

は行

ま行

や行

ら行

わ行

アルファベット

編者

一般財団法人 土地総合研究所

1992年3月に、日本経済が地価の急激な変動を経験する中で、総合的な土地対策及び不動産業の健全な発展のための基本的な調査及び研究を行うことを目的として、当時の建設大臣、国土庁長官の許可する財団法人として設立された。現在、都市計画と法政策学、土地の所有と管理、不動産と災害に関する3つの研究会等を設け、産学官による研究を行うとともに、月刊「土地総研メールマガジン」、月刊「今月の不動産経済」の配信及び季刊「土地総合研究」の刊行、FP継続教育研修の実施のほか、その時々のトピックスを中心に有識者による「定期講演会」を年5、6回程度開催。

著者

山崎 福寿(やまざき ふくじゅ)

共立女子大学ビジネス学部教授

1954年生。東京大学大学院経済学研究科博士課程単位取得。上智大学経済学部教授、日本大学経済学部教授を経て現職。経済学博士(上智大学)。著書に『土地と住宅市場の経済分析』(東京大学出版会、1999年、日経・経済図書文化賞)ほか。

中川 雅之(なかがわ まさゆき)

日本大学経済学部教授

1961年生。京都大学経済学部卒。建設省入省後、国土交通省都市開発融資推進官、大阪大学社会経済研究所助教授を経て現職。経済学博士(大阪大学)。著書に『都市住宅政策の経済分析』(日本評論社、2003年、日経・経済図書文化賞)ほか。

経済学で考える　人口減少時代の住宅土地問題

2020年9月10日　第1刷発行
2022年8月24日　第2刷発行

編　者――一般財団法人 土地総合研究所
著　者――山崎福寿・中川雅之
発行者――駒橋憲一
発行所――東洋経済新報社
〒103-8345　東京都中央区日本橋本石町 1-2-1
電話＝東洋経済コールセンター　03(6386)1040
https://toyokeizai.net/

装　丁……………アイランドコレクション
ＤＴＰ……………アイランドコレクション
編集協力…………渡辺稔大
編集担当…………井坂康志
印刷・製本………藤原印刷
Printed in Japan　　ISBN 978-4-492-96182-7